이 책의 구성

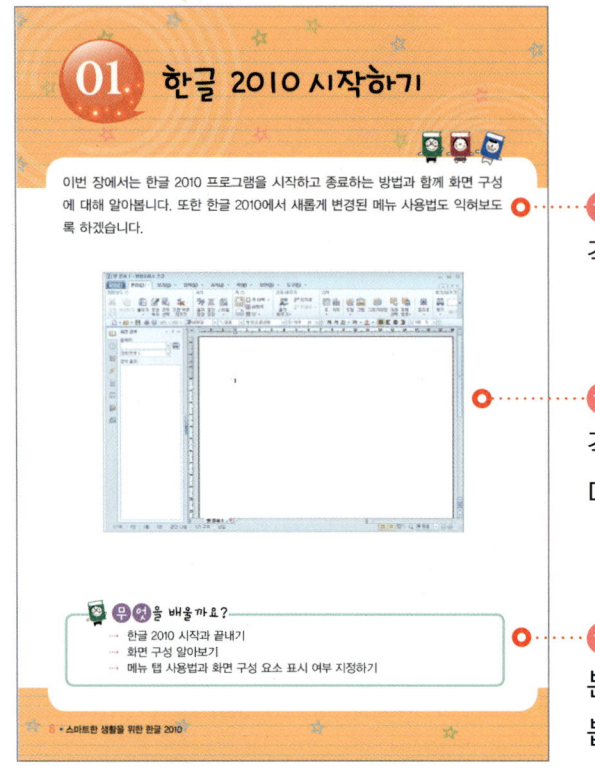

★ 들어가기
각 장마다 배우게 될 내용을 설명합니다.

★ 미리보기
각 장마다 배우게 되는 예제의 완성된 모습을 미리 확인할 수 있습니다.

★ 무엇을 배울까요?
본문에서 어떤 기능들을 배울지 간략하게 살펴봅니다.

★ 따라하기
예제를 만드는 과정을 순서대로 따라하면서 쉽게 기능을 습득할 수 있습니다.

★ 배움터
본문에서 다루지 못한 내용이나 알아두어야 할 사항들을 추가적으로 설명합니다.

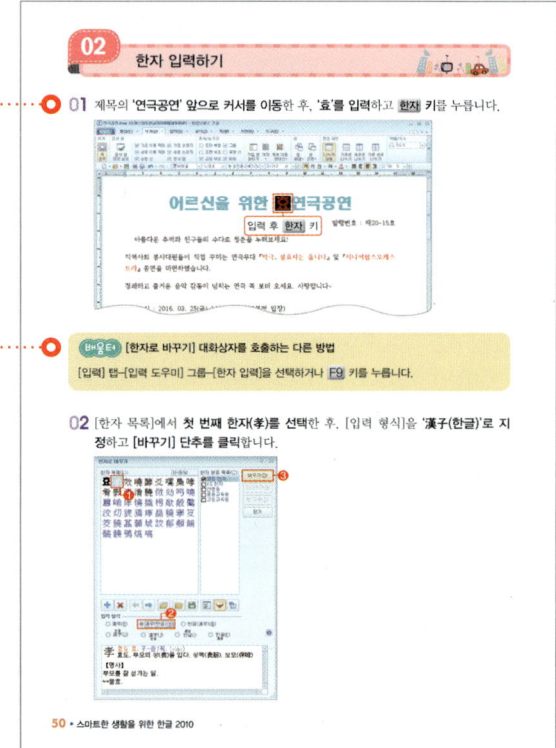

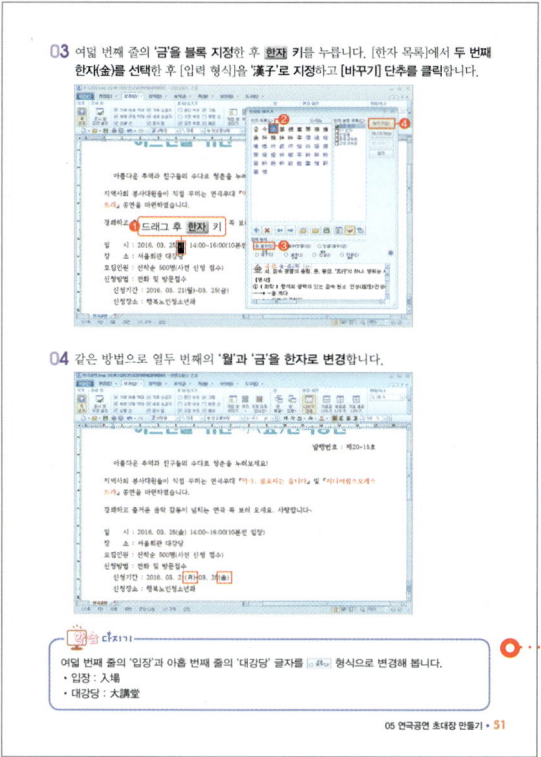

★ 학습 다지기
본문에서 사용한 기능을 응용한 문제를 제공합니다. 반복 학습을 통해 기능을 확실히 습득할 수 있습니다.

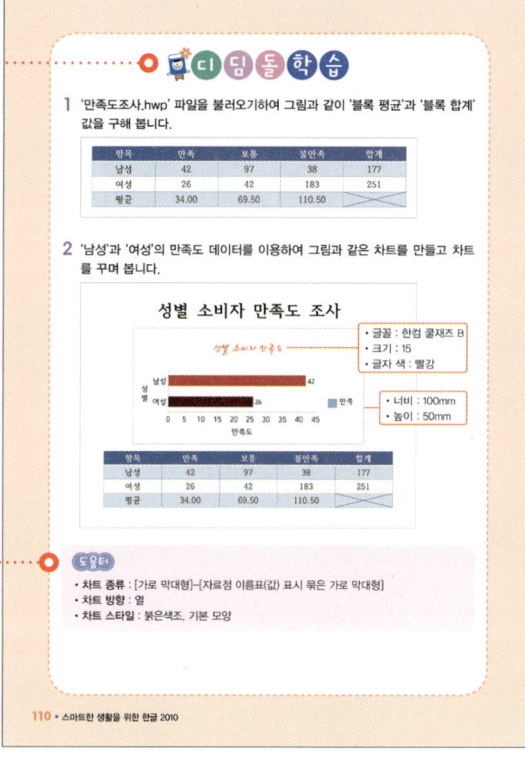

★ 디딤돌 학습
각 장마다 배운 내용을 토대로 한 번 더 복습할 수 있도록 응용된 문제를 제공합니다. 혼자 연습해봄으로써 실력을 다질 수 있습니다.

★ 도움터
혼자 연습해 볼 수 있도록 필요한 정보 또는 방법을 지원합니다.

※ 부록 | 스마트한 정보 하나 더 : 스마트한 생활을 향해 한 걸음 더 나아갈 수 있도록 스마트폰에 관한 정보를 제공합니다.

목 차

01장 | 한글 2010 시작하기

1. 한글 2010 시작과 끝내기 • 9
2. 화면 구성 알아보기 • 10
3. 메뉴 탭 사용법 알아보기 • 11
* 디딤돌 학습 • 14

02장 | 수강생 모집 안내문 만들기

1. 글자 입력 및 상황 선 활용하기 • 16
2. 영어 대/소문자 입력하기 • 19
3. 파일 저장하기 • 20
4. 파일 불러오기 • 21
* 디딤돌 학습 • 22

03장 | 신종 홍보관 주의 문구 만들기

1. 블록 지정하기 • 24
2. [서식] 도구 상자 이용하기 • 28
3. [서식] 탭의 열림 상자 이용하기 • 30
* 디딤돌 학습 • 33

04장 | 으뜸업소 홍보 스티커 만들기

1. [글자 모양] 대화상자 [기본] 탭 이용하기 • 35
2. [글자 모양] 대화상자 [확장] 탭 이용하기 • 39
3. [글자 모양] 대화상자 [테두리/배경] 탭 이용하기 • 42
* 디딤돌 학습 • 44

05장 | 연극공연 초대장 만들기

1. 문단 모양 지정하기 • 46
2. 한자 입력하기 • 50
3. 문자표 삽입하기 • 52
4. 글머리표 삽입하기 • 55
* 디딤돌 학습 • 57

06장 | 건강검진 광고지 만들기

1. 그림 삽입하기 • 59
2. 그림 편집하기 • 62
3. 글상자 삽입하기 • 64
* 디딤돌 학습 • 68

07장 | 보험상품 홍보물 만들기

1. 도형 삽입하기 • 70
2. 도형 편집하기 • 73
3. 글자 복사하기 • 78
* 디딤돌 학습 • 79

08장 | 신문기사 양식 만들기

1. 쪽 테두리와 다단 설정하기 • 81
2. 글맵시와 그리기 마당 개체 삽입하기 • 84
3. 문단 첫 글자 장식하기 • 88
* 디딤돌 학습 • 90

09장 | 취업과정 소개 표 만들기

1. 표 삽입과 셀 속성 지정하기 • 92
2. 줄 추가 및 셀 나누기/셀 합치기 • 97
3. 표/셀 크기 및 대각선 지정하기 • 99
* 디딤돌 학습 • 101

10장 | 전기 사용량 차트 만들기

1. 블록 계산식 이용하기 • 103
2. 차트 마법사로 차트 만들기 • 104
3. 차트 편집하기 • 107
* 디딤돌 학습 • 110

11장 | 예방접종 확인증 만들기

1. 데이터 파일 만들기 • 112
2. 현재 탭에 문서 불러오기 • 113
3. 메일 머지 만들기 • 114
4. 메일 머지 결과 '파일'로 만들기 • 119
* 디딤돌 학습 • 120

12장 | 보관용 문서 만들기

1. 쪽 테두리/배경 지정하기 • 122
2. 편집 용지 설정과 주석 넣기 • 125
3. 머리말/꼬리말 넣기 • 127
* 디딤돌 학습 • 132

13장 | 통일성 있는 문서 만들기

1. 서식 복사하기 • 134
2. 찾아 바꾸기 및 하이퍼링크 삽입하기 • 137
3. 쪽 번호 매기기 • 140
   * 디딤돌 학습 • 141

[부록 | 스마트한 정보 하나 더] 오피스 앱 • 142

01 한글 2010 시작하기

이번 장에서는 한글 2010 프로그램을 시작하고 종료하는 방법과 함께 화면 구성에 대해 알아봅니다. 또한 한글 2010에서 새롭게 변경된 메뉴 사용법도 익혀보도록 하겠습니다.

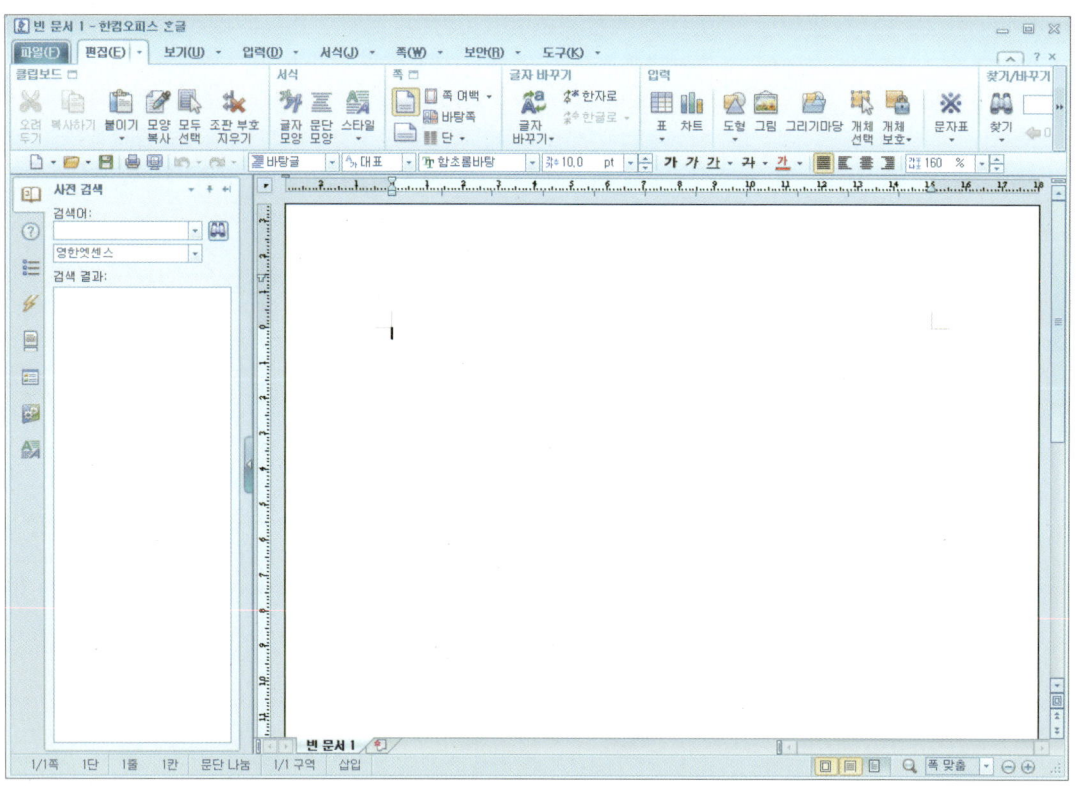

 무엇을 배울까요?

- 한글 2010 시작과 끝내기
- 화면 구성 알아보기
- 메뉴 탭 사용법과 화면 구성 요소 표시 여부 지정하기

한글 2010 시작과 끝내기

01 한글 2010 프로그램을 시작하려면 [시작( )]-[모든 프로그램]-[한글과컴퓨터]-[한컴오피스 2010]-[한컴오피스 한글 2010]을 순서대로 선택합니다.

 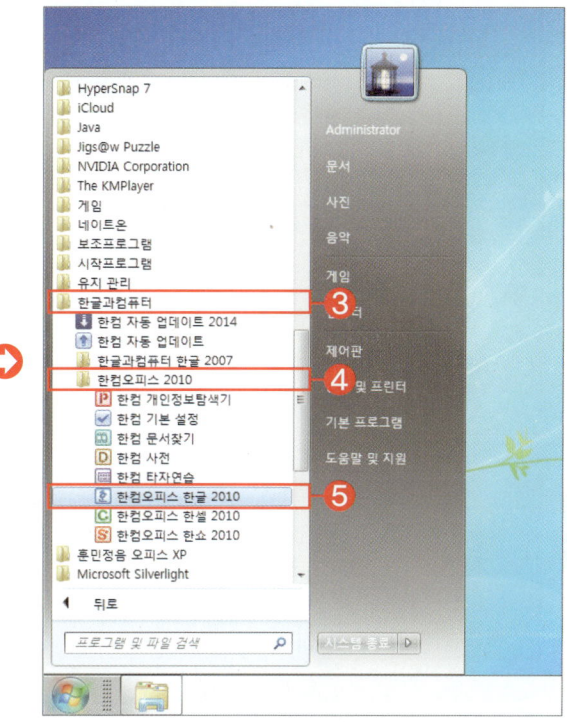

02 한글 2010 프로그램이 실행됩니다.

03 한글 2010 프로그램을 끝내려면 창 오른쪽 상단의 '**닫기( )**' **단추를 클릭**합니다.

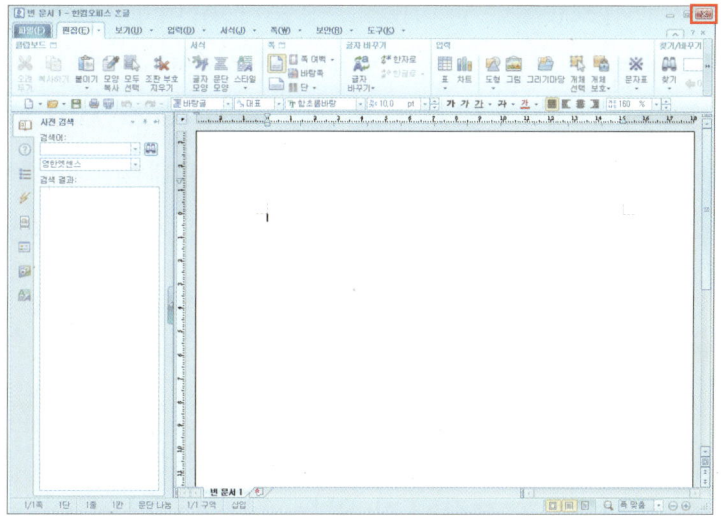

바탕 화면에 등록된 '한컴오피스 한글 2010( )' 바로 가기 아이콘을 더블 클릭하여 한글 2010 프로그램을 시작해 봅니다.

화면 구성 알아보기

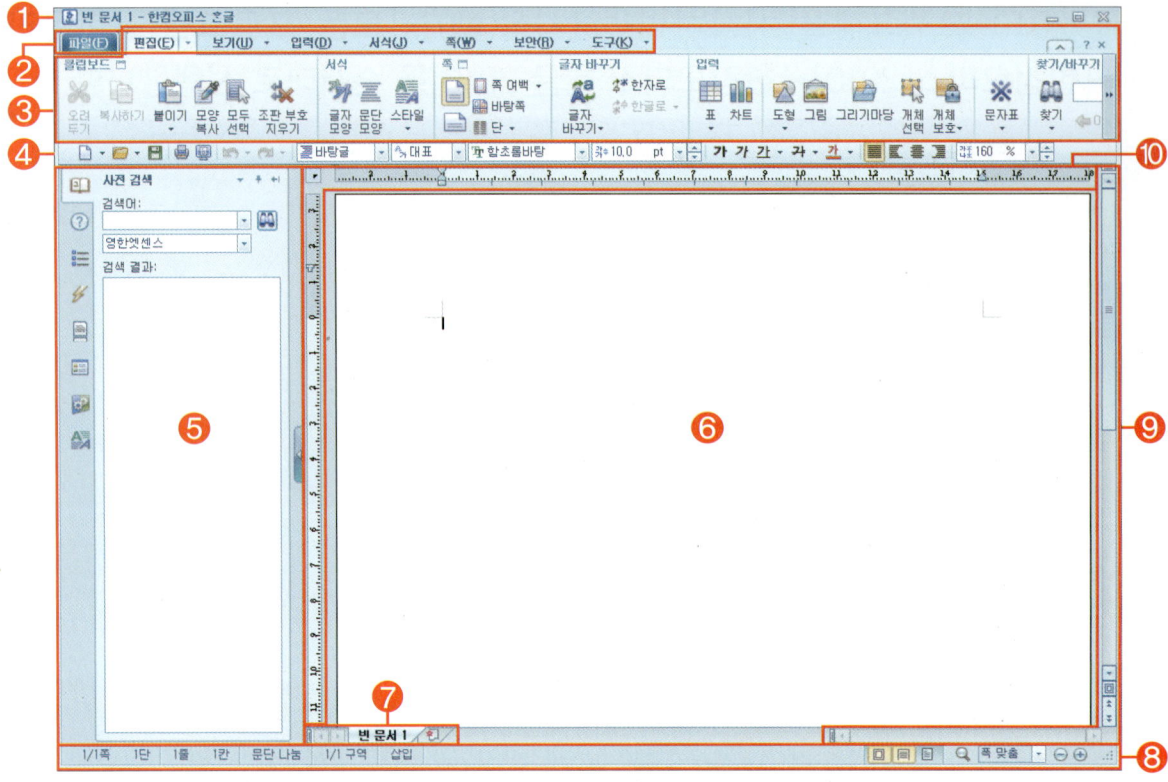

① **제목 표시줄** : 문서의 파일명, 프로그램 이름과 함께 최소화(🗕), 최대화(🗖)/이전 크기로(🗗), 닫기(❌) 단추가 나타납니다.

② **메뉴 표시줄** : 한글 2010에서 사용하는 메뉴를 비슷한 기능별로 모아 놓은 곳입니다.

③ **[기본] 도구 상자** : 각 메뉴에서 자주 사용하는 기능을 그룹별로 묶어서 메뉴 탭 형식으로 제공하며 상황에 따라 개체별, 상태별 열림 상자가 동적으로 나타납니다.

④ **[서식] 도구 상자** : 문서 편집 시 자주 사용하는 기능을 모아 아이콘으로 묶어 놓은 곳입니다.

⑤ **작업 창** : 문서 편집 시간을 줄이고 작업 속도를 높이는 등 효율적인 문서 작업을 수행할 수 있습니다.

⑥ **편집 창** : 글자나 그림과 같은 내용을 넣고 꾸미는 작업 공간입니다.

⑦ **문서 탭** : 저장하지 않은 문서는 파일 이름이 빨간색으로 표시되고, 자동 저장된 문서는 파란색, 저장 완료된 문서는 검은색으로 표시됩니다.

⑧ **상황 선** : 편집 창의 상태 및 커서가 위치한 곳에 대한 정보 등을 보여 줍니다.

⑨ **가로/세로 이동 막대** : 문서 내용이 편집 화면보다 클 때 화면을 가로 또는 세로로 이동하기 위해 사용합니다.

⑩ **가로/세로 눈금자** : 개체의 가로 위치나 너비 또는 세로 위치나 높이를 파악하기 위해 사용합니다.

03 메뉴 탭 사용법 알아보기

메뉴 탭의 열림 상자 활용하기

01 [보기] 탭의 글자 부분을 클릭하면 [보기] 탭의 열림 상자가 표시됩니다. [보기] 탭-[표시/숨기기] 그룹-[작업 창 숨기기]를 클릭합니다.

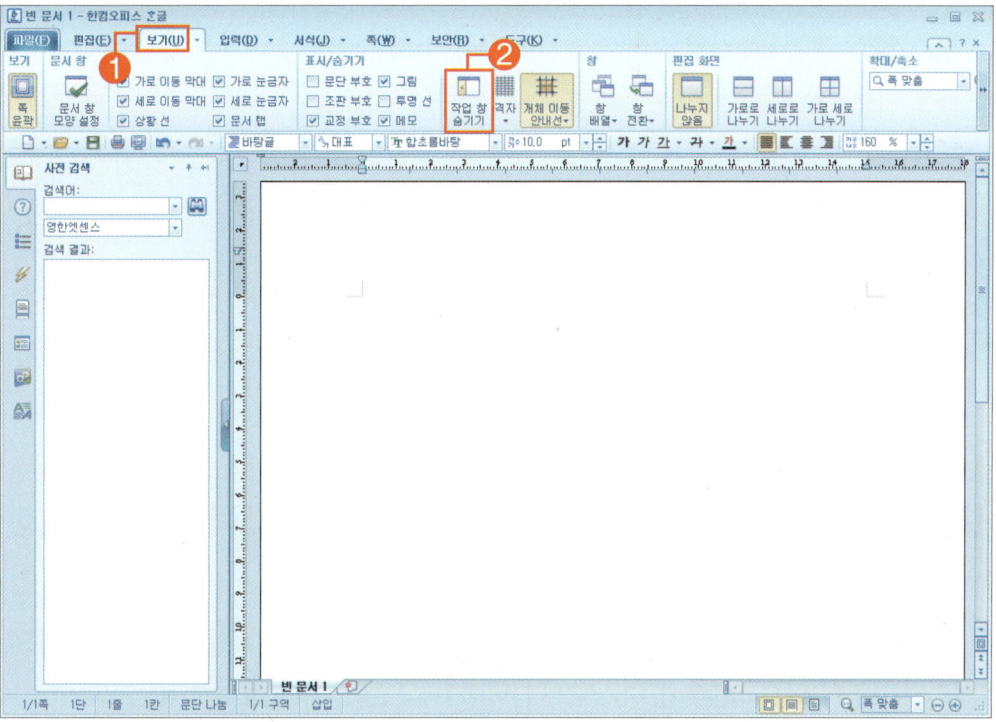

02 왼쪽의 작업 창이 표시되지 않는 것을 확인할 수 있습니다.

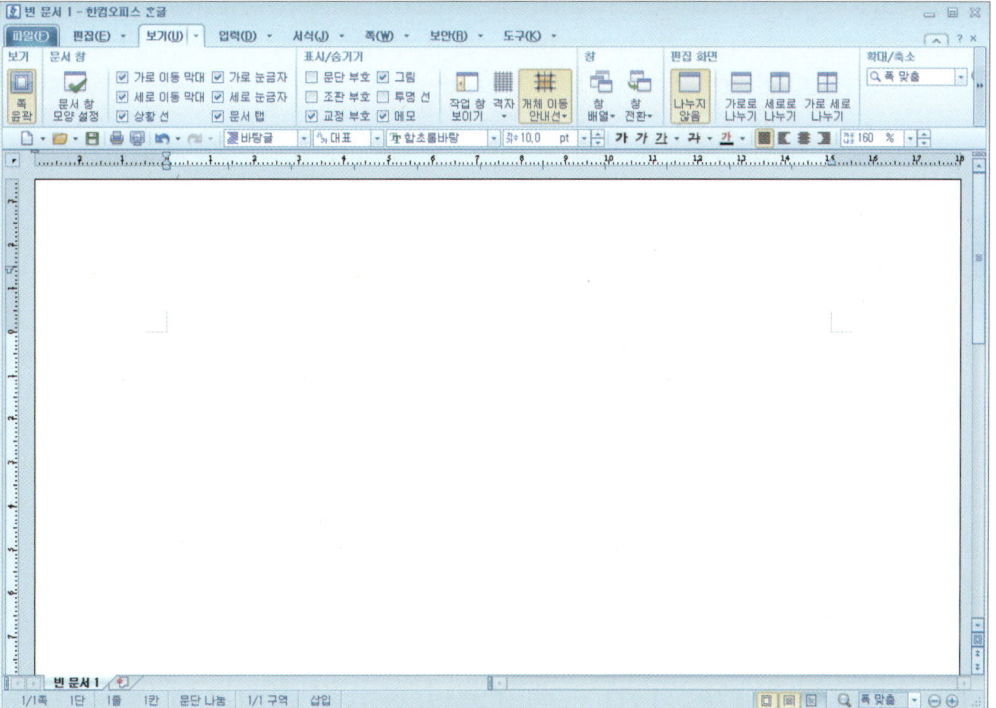

03 [보기] 탭-[문서 창] 그룹의 [상황 선]과 [문서 탭]을 각각 클릭하여 체크 표시를 해제합니다. 문서 아래쪽의 상황 선과 문서 탭이 표시되지 않는 것을 확인할 수 있습니다.

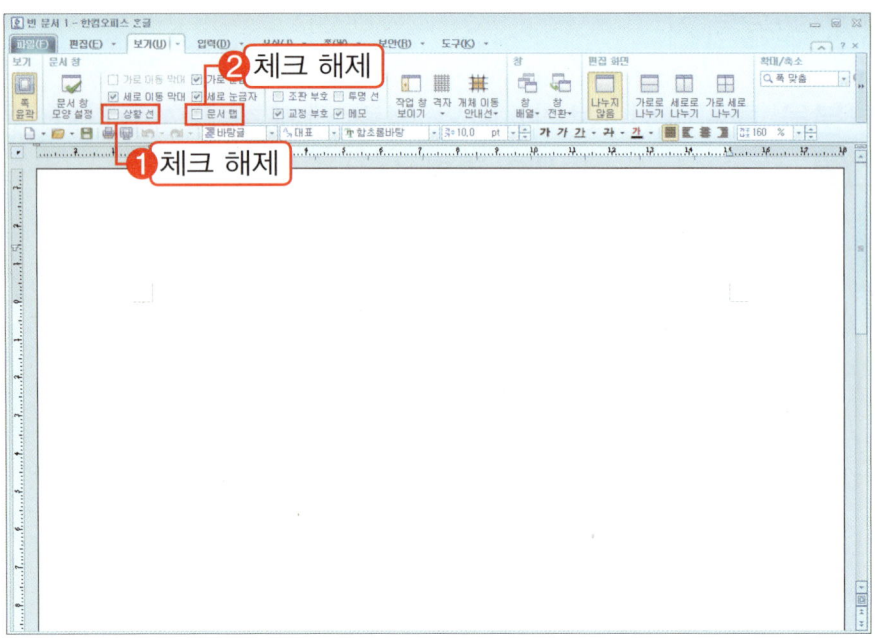

04 [보기] 탭-[문서 창] 그룹의 [상황 선]과 [문서 탭]을 다시 클릭(체크)하여 상황 선과 문서 탭을 표시합니다.

05 [보기] 탭-[표시/숨기기] 그룹-[격자(▦)]에서 그림 부분을 클릭합니다. 화면에 격자가 표시됩니다. 글자 부분(격자)을 클릭한 후, [격자 설정]을 선택하면 모양, 위치, 간격 등을 수정할 수 있습니다.

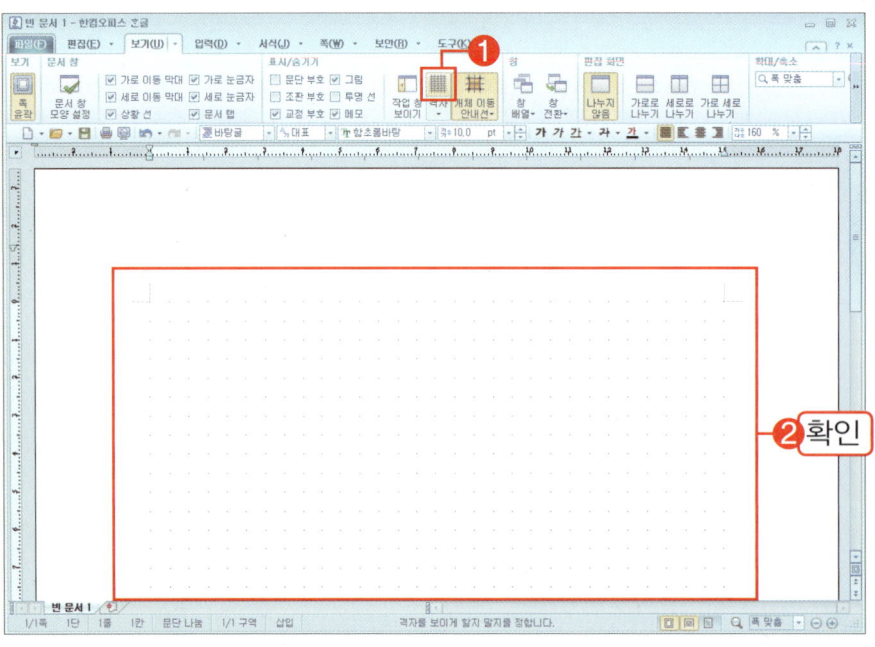

06 다시 한 번 [보기] 탭-[표시/숨기기] 그룹-[격자(▦)]를 클릭하면 숨겨집니다.

메뉴 사용하기

01 [입력] 탭의 펼침 단추(▼)를 클릭하면 [입력] 탭에 포함된 하위 메뉴가 표시됩니다.

02 편집 창의 빈 공간을 클릭하거나 키보드에서 Esc 키를 누르면 하위 메뉴가 숨겨집니다.

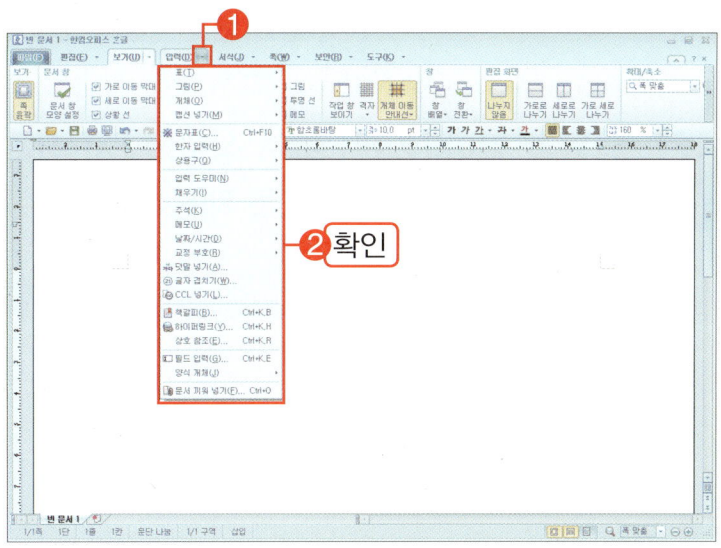

도구 상자 접기/펴기

01 화면 오른쪽 상단에서 '도구 상자 접기/펴기(^)' 단추를 클릭합니다. [기본] 도구 상자의 열림 상자가 숨겨집니다.

02 다시 한 번 '도구 상자 접기/펴기(^)' 단추를 클릭하면 [서식] 도구 상자도 숨겨집니다.

03 '도구 상자 접기/펴기(˅)' 단추를 클릭하면 숨겨진 도구 상자가 모두 다시 나타납니다.

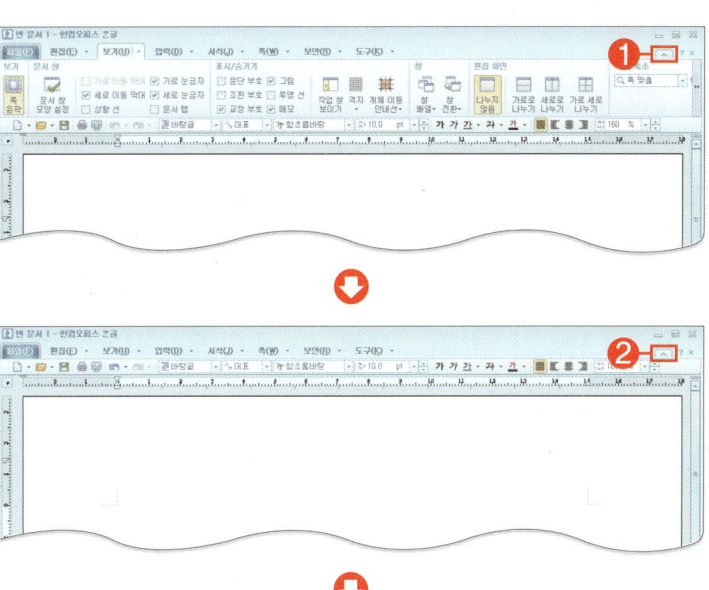

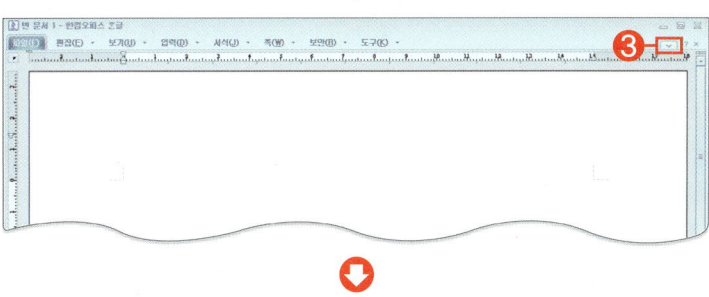

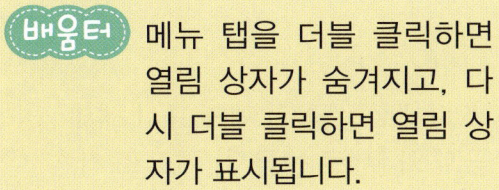 메뉴 탭을 더블 클릭하면 열림 상자가 숨겨지고, 다시 더블 클릭하면 열림 상자가 표시됩니다.

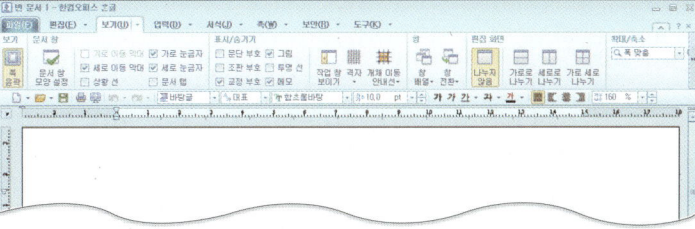

1 다음과 같이 [기본] 도구 상자와 [서식] 도구 상자가 화면에 표시되지 않도록 숨긴 후, 다시 표시되도록 해봅니다.

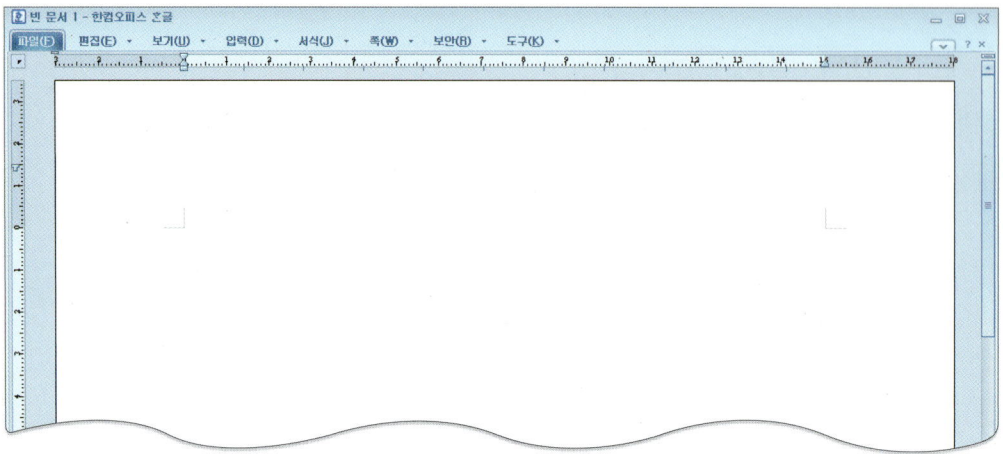

도움터
- 도구 상자 숨기기 : 화면 오른쪽 상단의 '도구 상자 접기/펴기(▲)' 단추 2번 클릭
- 도구 상자 표시하기 : 화면 오른쪽 상단의 '도구 상자 접기/펴기(▼)' 단추 클릭

2 다음과 같이 '가로 눈금자'와 '세로 눈금자'가 화면에 표시되지 않도록 숨긴 후, 다시 표시되도록 해봅니다.

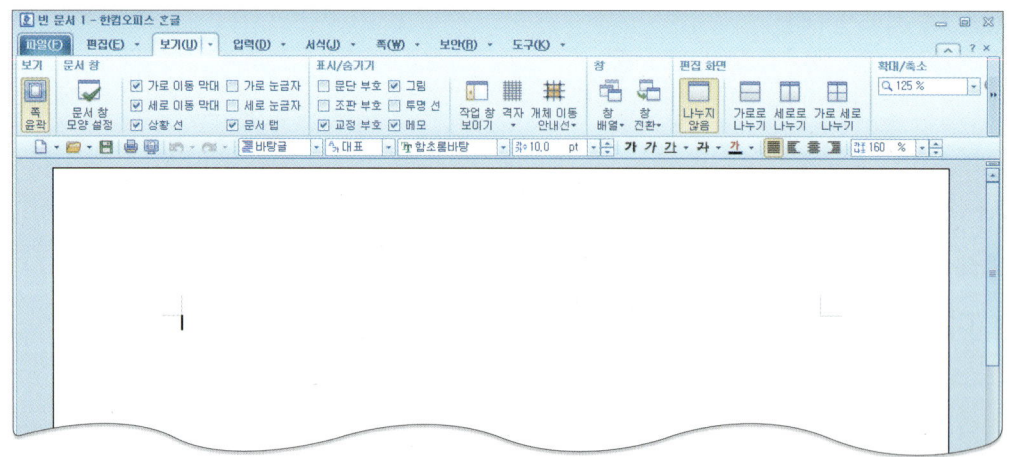

도움터
- 눈금자 숨기기 : [보기] 탭-[문서 창] 그룹-[가로 눈금자]와 [세로 눈금자] 체크 표시 해제
- 눈금자 표시하기 : [보기] 탭-[문서 창] 그룹-[가로 눈금자]와 [세로 눈금자] 체크 표시

02 수강생 모집 안내문 만들기

이번 장에서는 상황 선의 줄/칸 항목을 이용해 현재 커서의 위치를 알고 삽입/수정 상태에서 글자를 입력하는 방법에 대해 알아봅니다. 또한 영어 대소문자 입력 방법 및 완성된 문서를 저장하고 파일을 불러오는 방법도 익혀보도록 하겠습니다.

```
영어교실 수강생 모집

영어 교육의 기회를 놓친 분들을 대상으로 영어교육을 실시하고자 하오니 관심 있는 많은 분
들의 참여를 부탁드립니다.

교육장소            교육일시              모집인원         교육내용
행복도서관           (화) 오전9시~11시       15명 내외        ABC 알파벳
사랑지역센터         (목) 오전9시~11시       15명 내외        ABC 알파벳
동사무소            (목) 오후 3시~5시       10명 이상        English Song
```

 무엇을 배울까요?

··· 상황 선에서 커서 위치 알기
··· 삽입/수정 상태 변경 및 글자 입력하기
··· Caps Lock 키와 Shift 키를 이용해 대/소문자 입력하기
··· 파일 저장과 저장된 문서 불러오기

글자 입력 및 상황 선 활용하기

🖱 한글 입력하기

01 '한글 2010' 프로그램을 실행합니다. 빈 문서가 나타나면 편집 창에 **'영어교실 수강생 모집'을 입력**합니다.

> 배움터 글자를 띄어쓰기 할 때에는 Space Bar 키를 누릅니다.

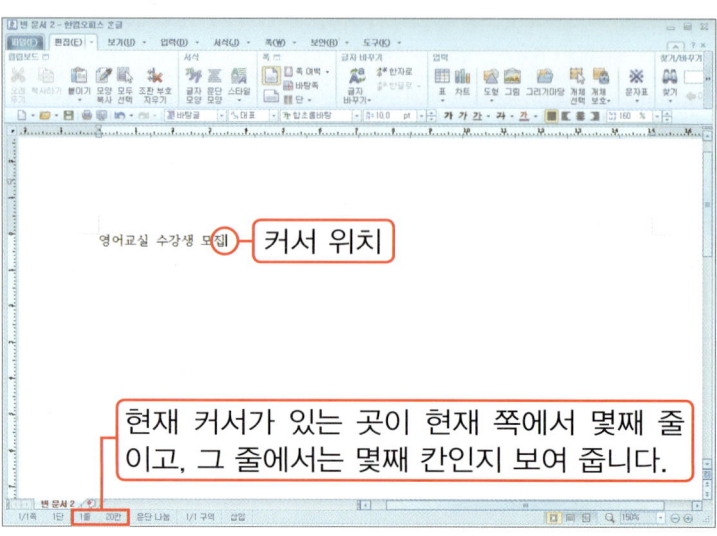

02 Enter 키를 눌러 줄을 바꾼 후, 그림과 같이 **입력**하고 다시 Enter 키를 눌러 줄을 바꿉니다.

[입력 내용]

> 영어 교육의 기회를 놓친 분들을 대상으로 영어교육을 실시하고자 하오니 관심 있는 많은 분들의 참여를 부탁드립니다.

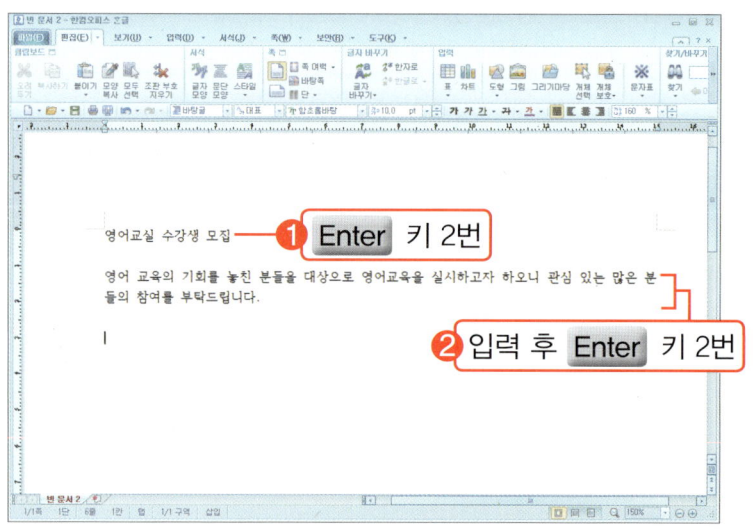

03 여섯 번째 줄의 첫 번째 칸에 **'교육장소'를 입력**한 후 Tab 키를 눌러 스물 다섯 번째 칸에 **'교육일시'를 입력**합니다.

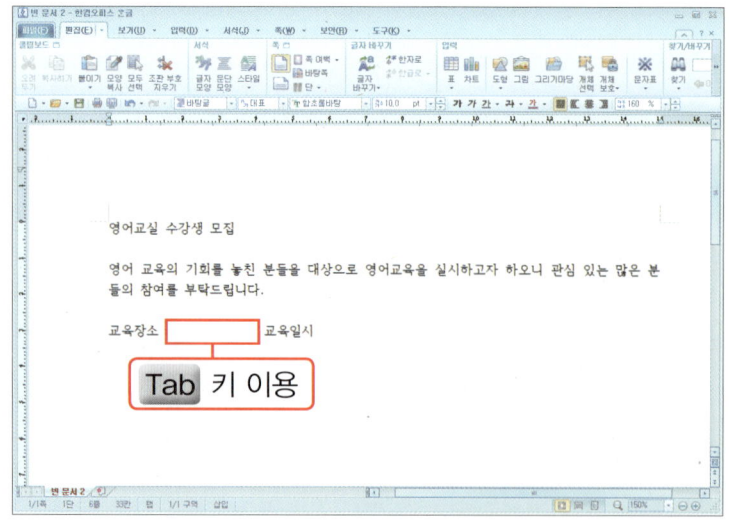

16 • 스마트한 생활을 위한 한글 2010

04 Tab 키와 Enter 키를 이용해 그림과 같이 **나머지 내용을 입력**합니다.

```
영어교실 수강생 모집

영어 교육의 기회를 놓친 분들을 대상으로 영어교육을 실시하고자 하오니 관심 있는 많은 분
들의 참여를 부탁드립니다.

교육장소          교육일시           모집인원         교육내용
행복도서관         오전9시~11시       15명 내외
사랑지역센터       오전9시~11시       15명 내외
동사무소          오후 3시~5시       10명 내외
```

삽입/수정 상태 알아보기

01 상황 선의 **[삽입] 글자를 클릭**합니다 '수정' 상태로 변경되면 **아홉 번째 줄 쉰 네 번째 칸을 클릭**하여 커서의 위치를 이동한 후 **'이상'을 입력**합니다. 새로 입력하는 내용만큼 커서 이후의 내용이 없어집니다.

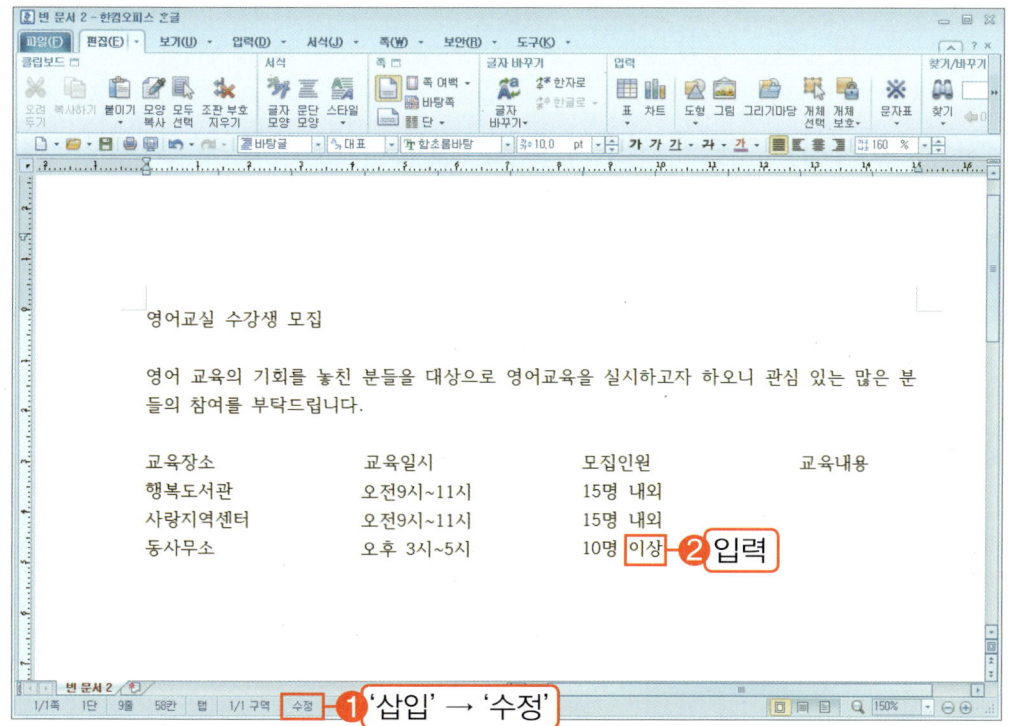

배움터 키보드에서 Insert 키를 눌러 '삽입', '수정' 상태를 변경할 수도 있습니다.

02 상황 선의 **[수정] 글자를 클릭**하여 글자가 '삽입' 상태로 변경되면 그림과 같이 **요일을 추가 입력**합니다. 이미 있던 내용이 뒤로 밀립니다.

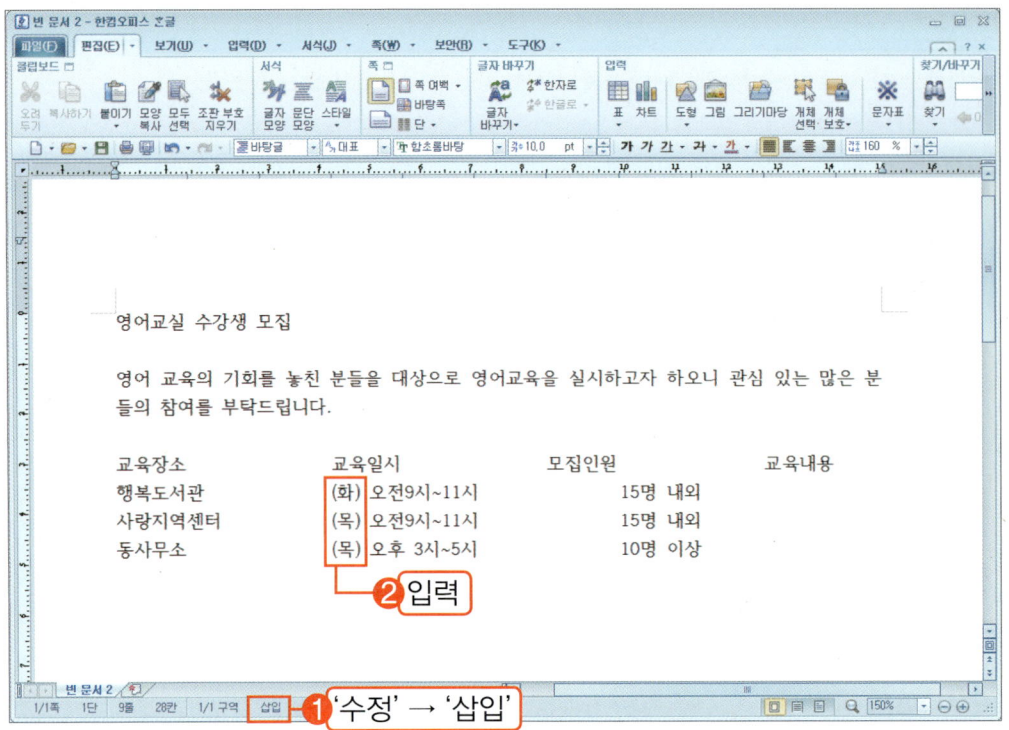

03 **[보기] 탭-[표시/숨기기] 그룹-[조판 부호]를 클릭**하면 편집 창에 파란 색 조판 부호가 표시됩니다. Delete 키를 이용하여 밀려난 위치의 탭 표시(→)를 삭제합니다.

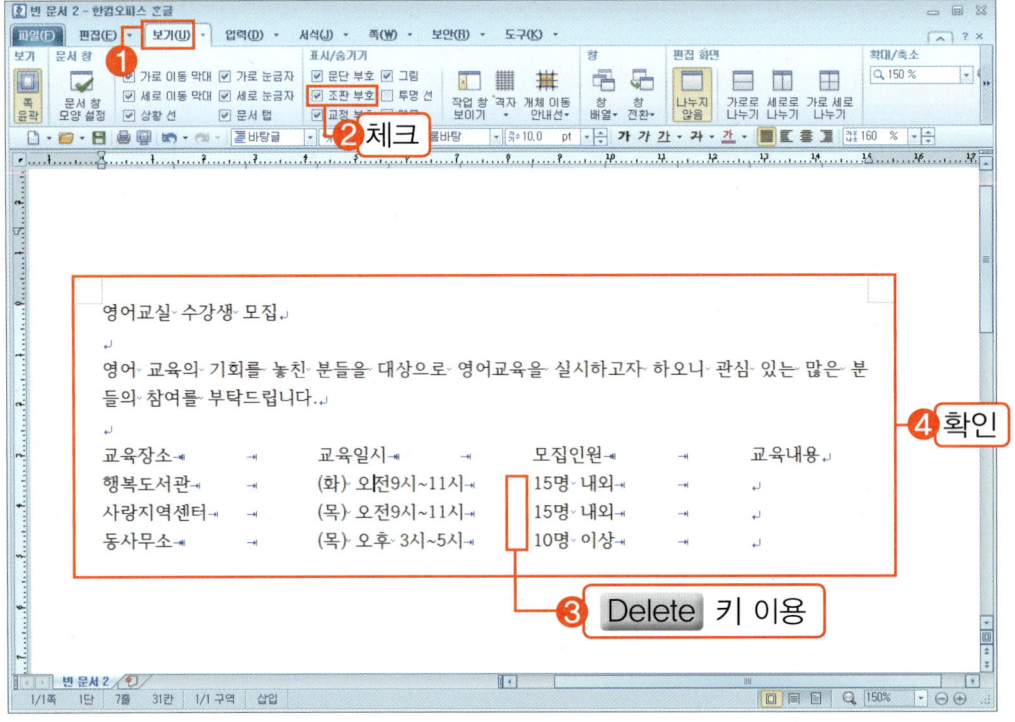

04 다시 [조판 부호]의 체크를 해제하여 숨깁니다.

영어 대/소문자 입력하기

01 **일곱 번째 줄 일흔 세 번째 칸으로 커서를 이동**한 후 `한/영` 키를 눌러 키보드의 자판을 영문으로 전환합니다. `Caps Lock` 키를 눌러 키보드의 [CAPS]에 불이 들어오면 **'ABC'를 입력**합니다.

02 `Space Bar` 키를 한 번 눌러 빈 칸을 삽입한 후, 다시 `한/영` 키를 눌러 자판을 한글로 전환하고 **'알파벳'을 입력**합니다.

> 영어교실 수강생 모집
>
> 영어 교육의 기회를 놓친 분들을 대상으로 영어교육을 실시하고자 하오니 관심 있는 많은 분들의 참여를 부탁드립니다.
>
> 교육장소   교육일시   모집인원   교육내용
> 행복도서관 (화) 오전9시~11시 15명 내외 **ABC 알파벳** ─ 입력
> 사랑지역센터 (목) 오전9시~11시 15명 내외
> 동사무소   (목) 오후 3시~5시 10명 이상

배움터

- `한/영` 키를 누를 때마다 한글과 영문이 번갈아 가며 입력됩니다.
- `Caps Lock` 키를 눌러 [CAPS]에 불이 들어온 상태인 경우 영문을 입력하면 대문자가 입력되고 불이 꺼진 상태인 경우에는 소문자가 입력됩니다.
- `Shift` 키를 누른 채 영문을 입력하면 대문자, 그냥 입력하면 소문자가 입력됩니다. [CAPS]에 불이 들어온 상태일 때는 반대로 입력되니 주의하도록 합니다.

03 **여덟 번째 줄 일흔 세 번째 칸으로 커서를 이동**한 후, 같은 방법으로 **'ABC 알파벳'을 입력**합니다.

04 **아홉 번째 줄 일흔 세 번째 칸으로 커서를 이동**합니다. `Caps Lock` 키를 눌러 [CAPS]에 불이 꺼지게 한 후, 대문자는 `Shift` 키를 누른 채 입력하고 소문자는 그냥 입력하는 방식으로 **'English Song'을 입력**합니다.

> 영어교실 수강생 모집
>
> 영어 교육의 기회를 놓친 분들을 대상으로 영어교육을 실시하고자 하오니 관심 있는 많은 분들의 참여를 부탁드립니다.
>
> 교육장소   교육일시   모집인원   교육내용
> 행복도서관 (화) 오전9시~11시 15명 내외 ABC 알파벳
> 사랑지역센터 (목) 오전9시~11시 15명 내외 ABC 알파벳
> 동사무소   (목) 오후 3시~5시 10명 이상 **English Song** ─ 입력

03 파일 저장하기

01 [파일]-[저장하기] 메뉴를 선택하거나 [서식] 도구 상자에서 [저장하기(💾)]를 클릭합니다.

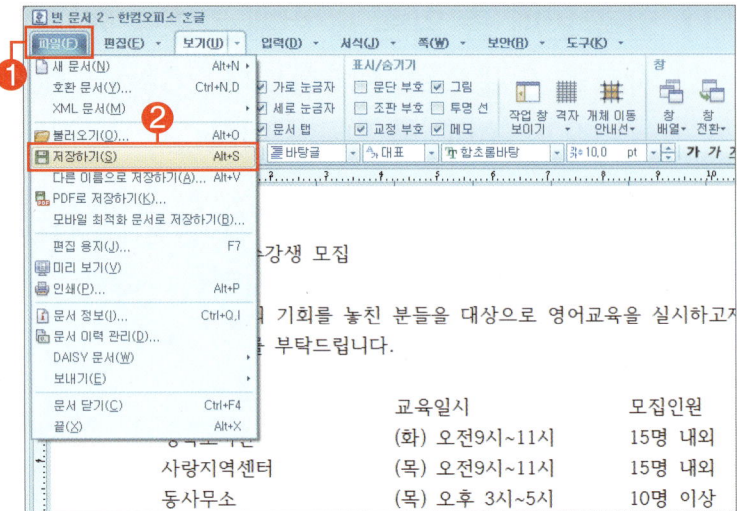

02 [다른 이름으로 저장하기] 대화 상자가 나타나면 **[저장 위치]를 지정**하고, **[파일 이름]을 입력**한 후 **[저장] 단추를 클릭**합니다.

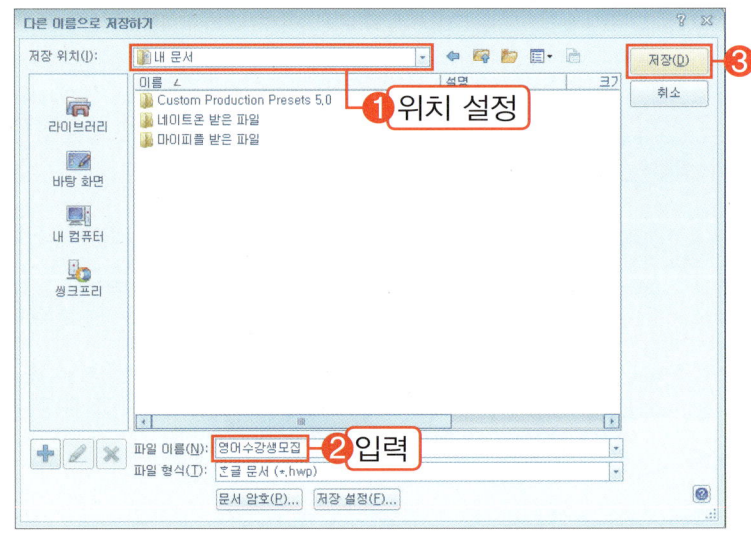

03 입력한 파일 이름으로 제목이 변경되면 창 오른쪽 상단의 '닫기(❌)' 단추를 클릭하여 한글 2010 프로그램을 종료합니다.

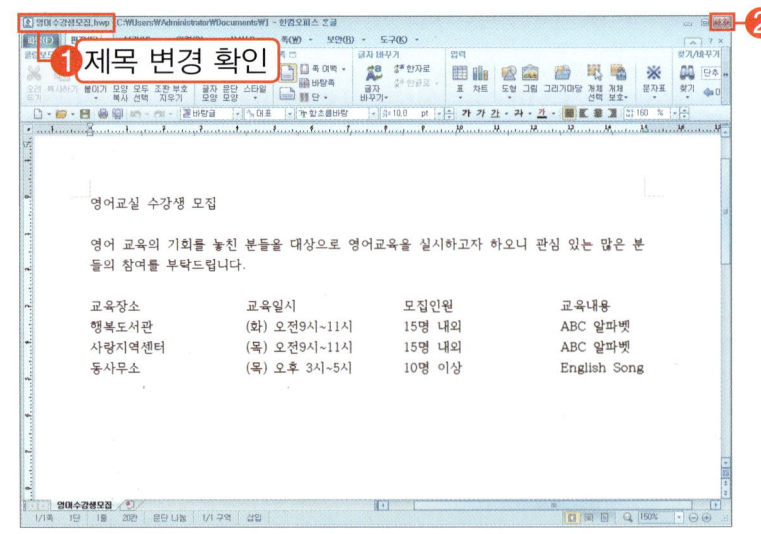

20 • 스마트한 생활을 위한 한글 2010

 **파일 불러오기**

01 '한글 2010' 프로그램을 실행한 후, [파일]-[불러오기] 메뉴를 선택하거나 [서식] 도구 상자에서 [불러오기( )]를 클릭합니다.

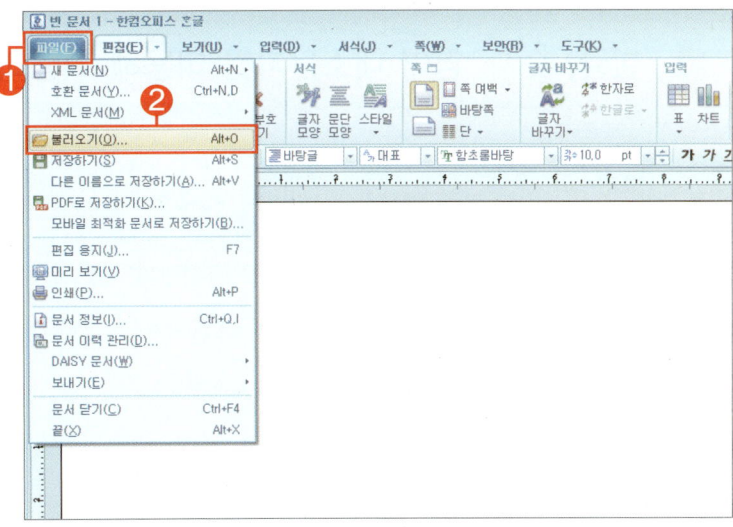

02 [불러오기] 대화상자가 나타나면 [찾는 위치]를 지정합니다. '영어수강생모집.hwp' 파일을 선택하고 [열기] 단추를 클릭합니다.

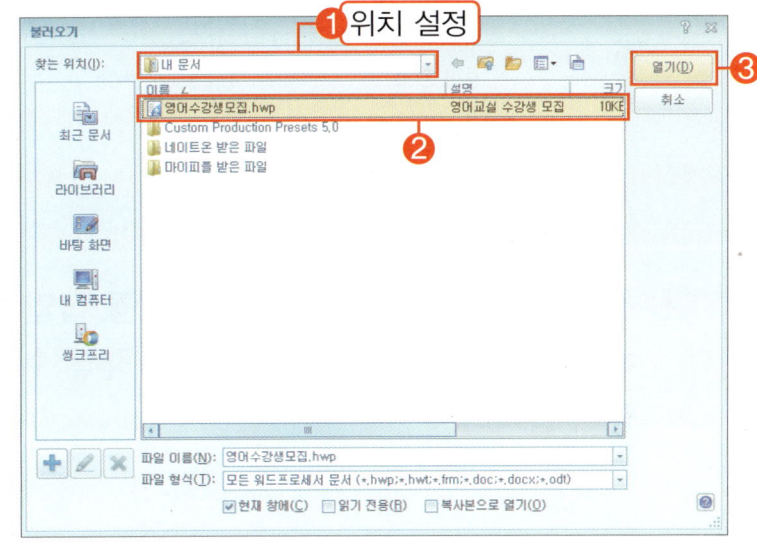

03 편집 창에 저장된 파일이 열기 된 것을 확인합니다.

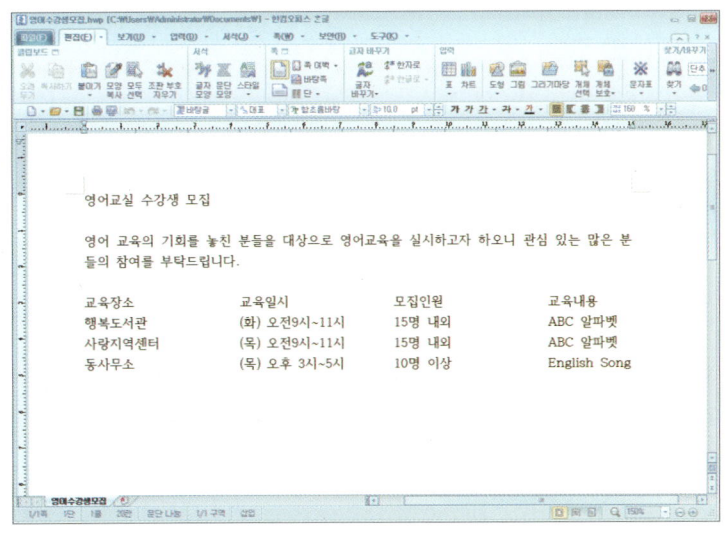

1 한글, 숫자, 영어 대소문자를 이용해 그림과 같은 문서를 만들어 봅니다.

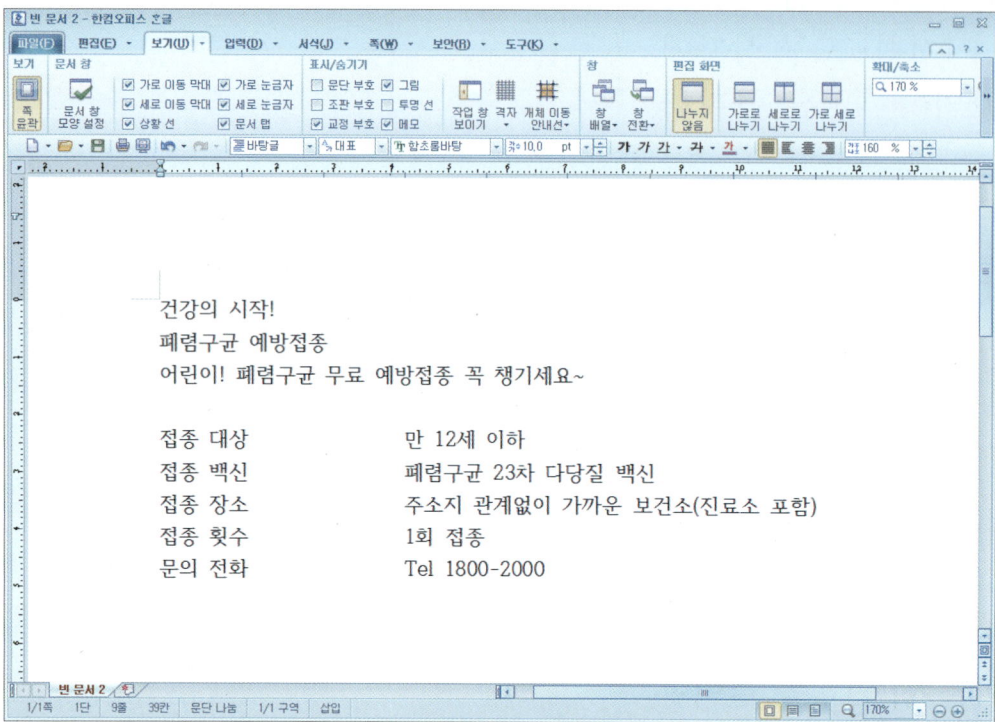

2 첫 번째 줄의 글자 사이에 '100세'를 삽입하고 '어린이'를 '어르신', '만 12세 이하'를 '만 65세 이상 어르신'으로 각각 수정한 후 '100세의 시작.hwp'으로 저장해 봅니다.

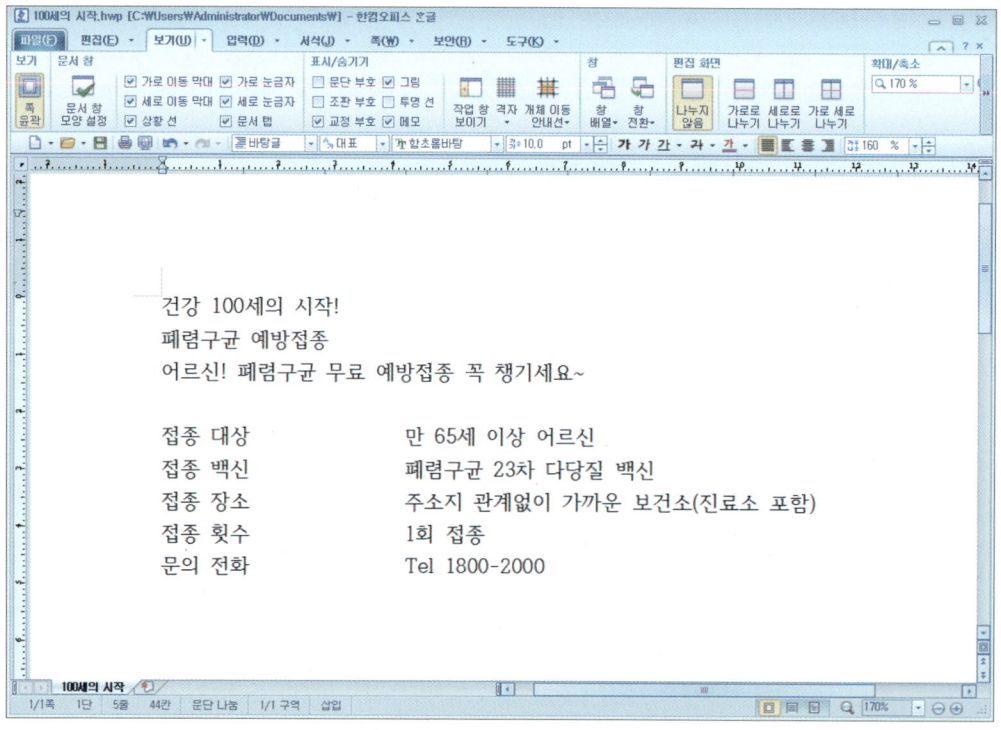

03 신종 홍보관 주의 문구 만들기

이번 장에서는 글자 모양을 변경하기에 앞서 문서의 특정 영역을 블록으로 지정하거나 블록으로 지정된 영역을 해제하는 방법에 대해 알아봅니다. 또한 [서식] 도구 상자와 [서식] 탭의 열림 상자를 이용하여 글자 색, 글자 크기, 글자 테두리, 형광펜 등 글자 모양을 다양하게 지정하는 방법도 익혀보도록 하겠습니다.

신종 홍보관(떴다방)의

허위, 과대광고 행위에
현혹되지 마세요!

불법 영업행위를 목격하시면 즉시 신고하여 주세요!

과대광고 피해 예방을 위한 소비자 행동 요령

 을 배울까요?

- ⋯ 마우스를 이용한 블록 지정과 해제 방법 알기
- ⋯ 키보드를 이용한 블록 지정 방법 알기
- ⋯ [서식] 도구 상자 이용하기
- ⋯ [서식] 탭 열림 상자 이용하기

블록 지정하기

마우스를 이용한 블록 지정과 해제하기

01 편집 창에 그림과 같은 **내용을 입력**한 후 [서식] 도구 상자에서 **[저장하기(📁)]를 클릭**하여 '**신종 홍보관.hwp**' **파일로 저장**합니다. 다섯 번째 줄의 '목격하시면' 글자 앞에 마우스 포인터를 가져가 마우스 포인터 모양이 I 로 변경되는 것을 확인합니다.

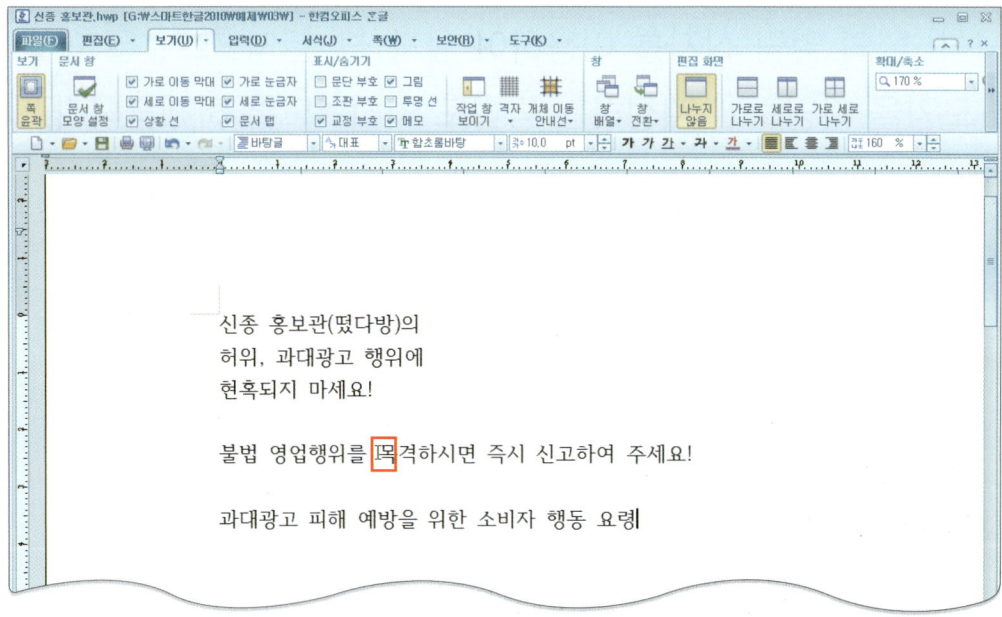

02 마우스 왼쪽 단추를 누른 채 '**목격하시면 즉시**'를 **드래그**합니다. 드래그한 영역만큼 블록으로 선택됩니다.

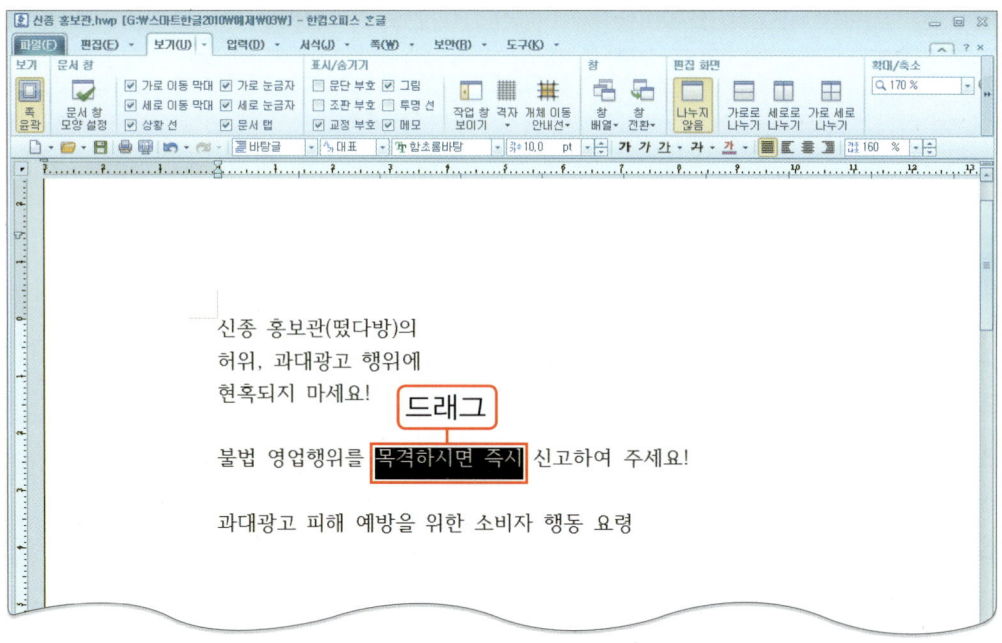

03 편집 창의 빈 공간을 클릭하여 블록 설정을 해제합니다.

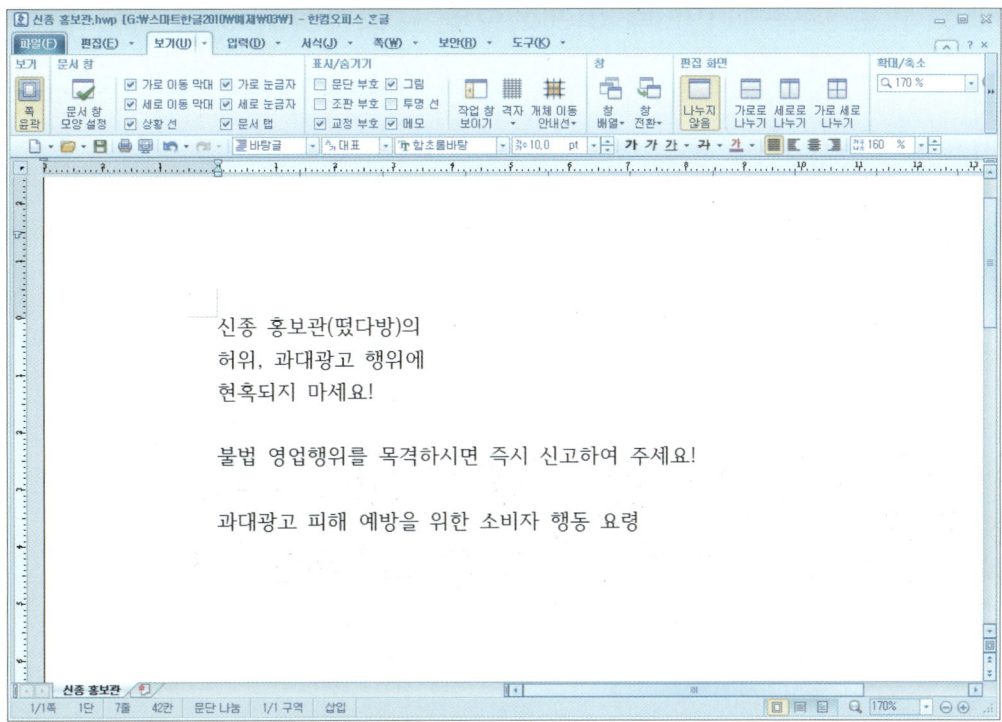

04 첫 번째 줄의 '**신종**' 글자 앞에 마우스 포인터를 가져가면 마우스 포인터의 모양이 흰색 화살표 모양(⌐)으로 변경됩니다. 이때 **클릭하면 줄 단위로 블록이 지정**됩니다.

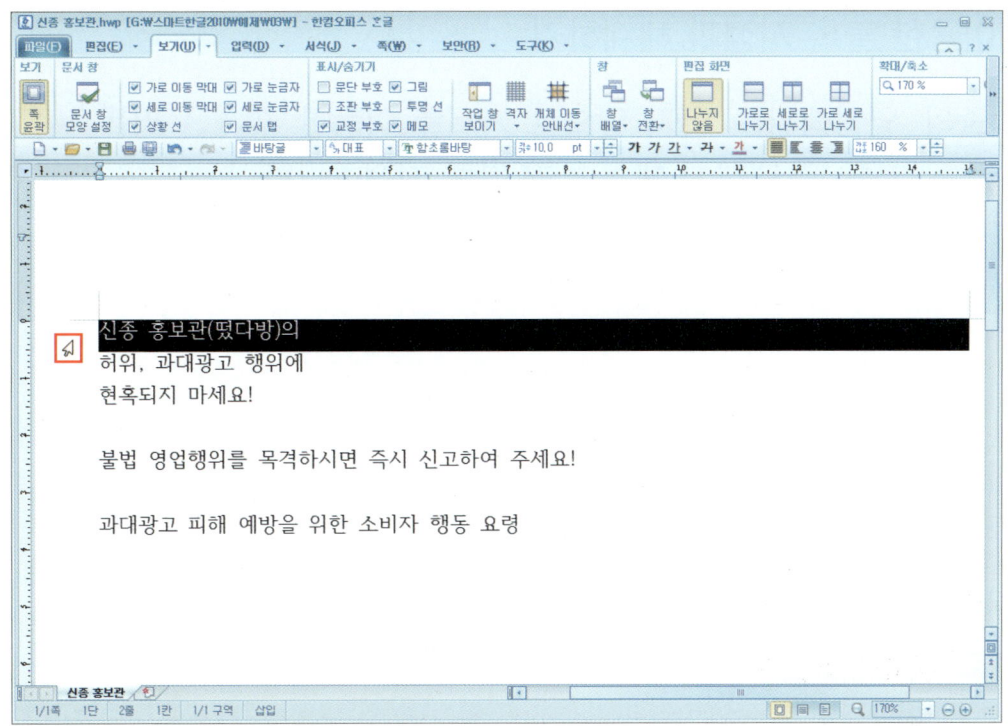

> **배움터** 블록은 편집 기능이 적용될 범위를 미리 지정하는 것입니다. 본문 중의 일부를 복사하거나 지울 때 또는 글자 모양이나 문단 모양을 바꾸고자 할 때, 먼저 원하는 내용을 블록으로 설정한 다음에 각종 편집 기능을 실행해야 합니다.

05 두 번째 줄의 '**허위,**' 글자 앞으로 마우스 포인터를 이동합니다. 마우스 포인터 모양이 흰색 화살표 모양(⬀)일 때 **아래쪽으로 드래그하여 여러 줄을 블록 지정**합니다.

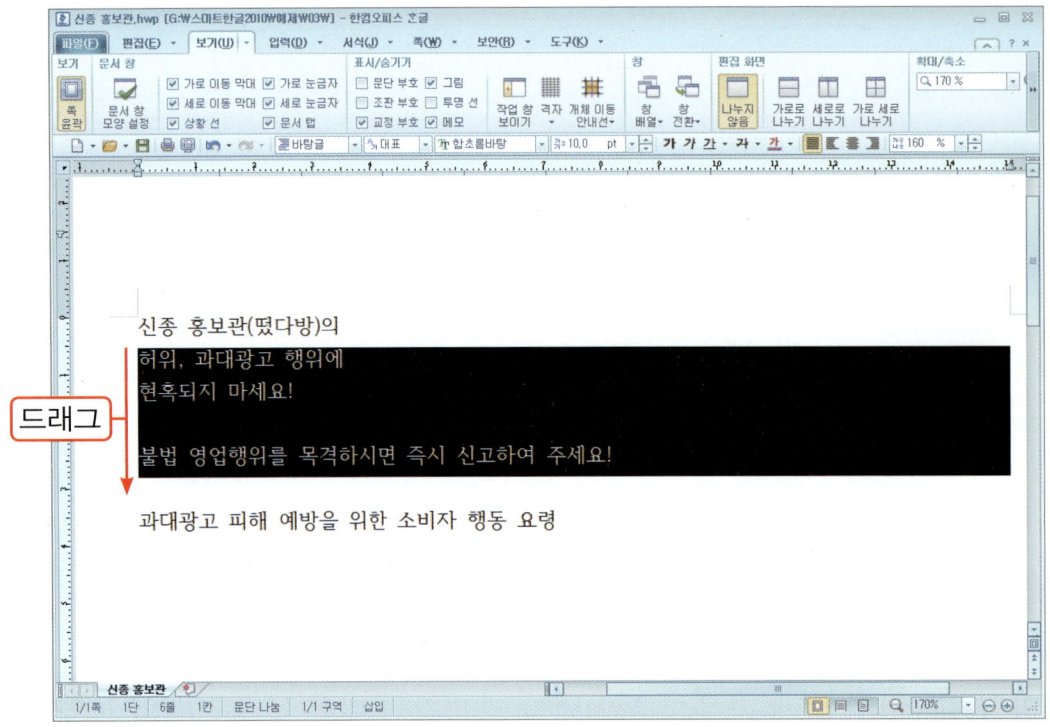

🖱 키보드를 이용한 블록 지정과 해제하기

01 다섯 번째 줄의 '**영업행위를**' 글자 앞으로 커서를 이동한 후 F3 키를 누릅니다. 방향키에서 → 키를 '즉시'까지 계속 눌러 블록 지정합니다.

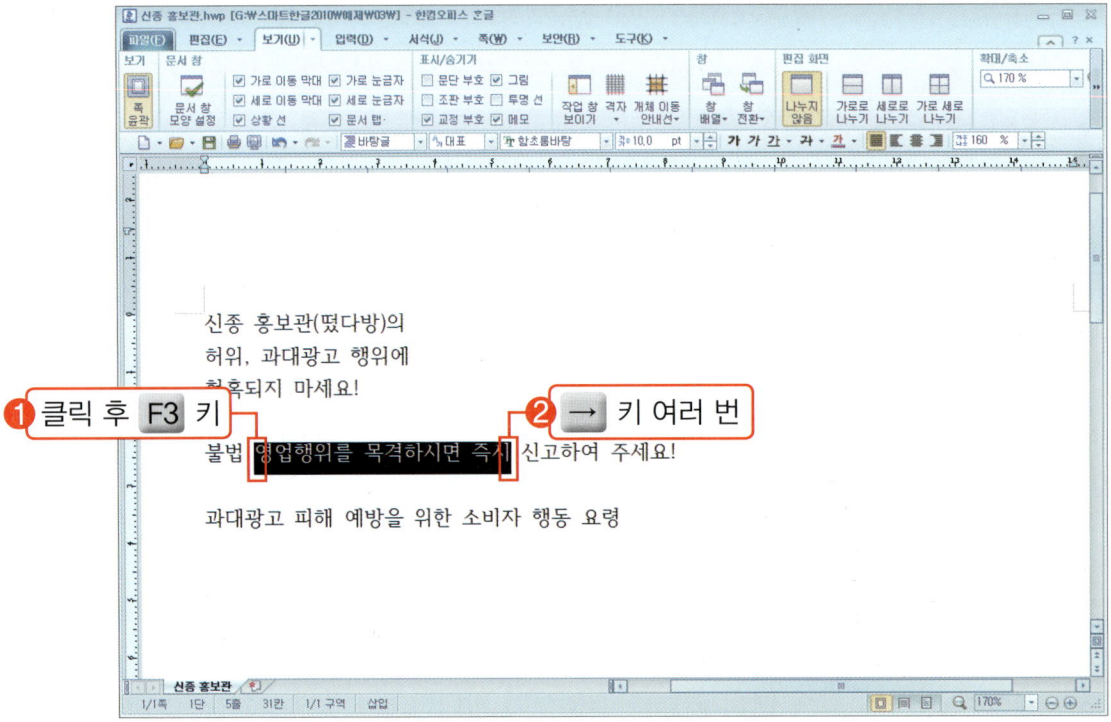

02 Esc 키를 눌러 블록을 해제한 후 **'영업행위를'** 글자 앞으로 커서를 이동합니다.

03 F3 키를 누른 후, End 키를 눌러 마우스 위치부터 해당 줄의 마지막 줄까지 블록 지정합니다.

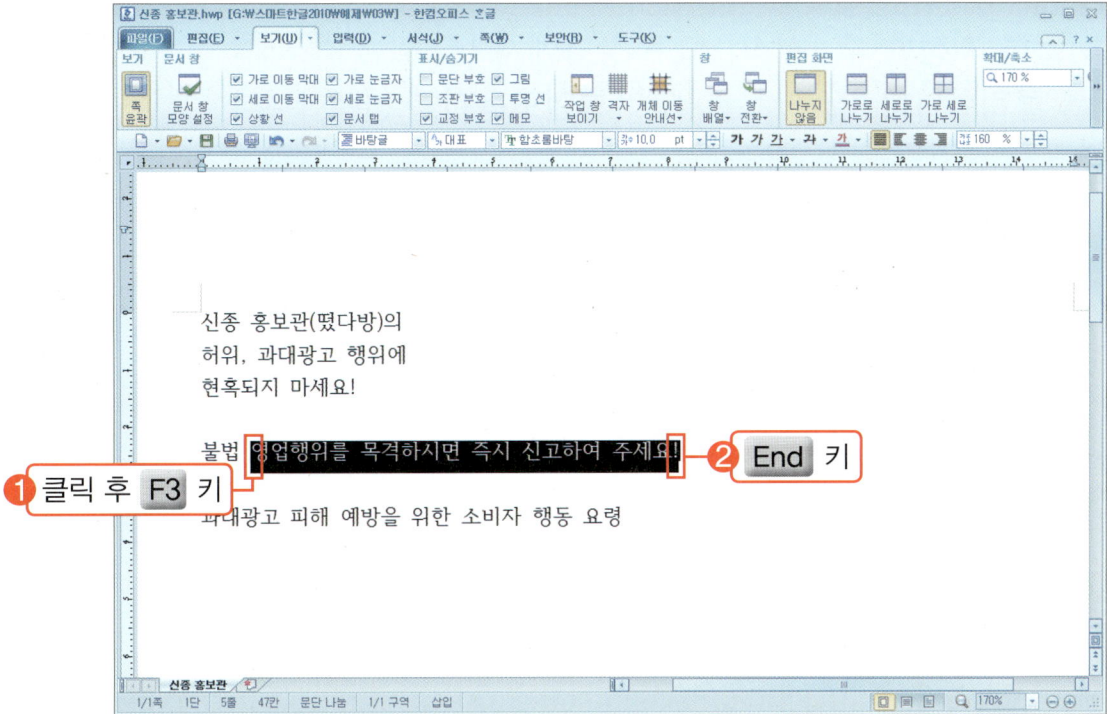

04 Ctrl 키를 누른 채 A 키를 눌러 문서 전체를 블록 지정합니다.

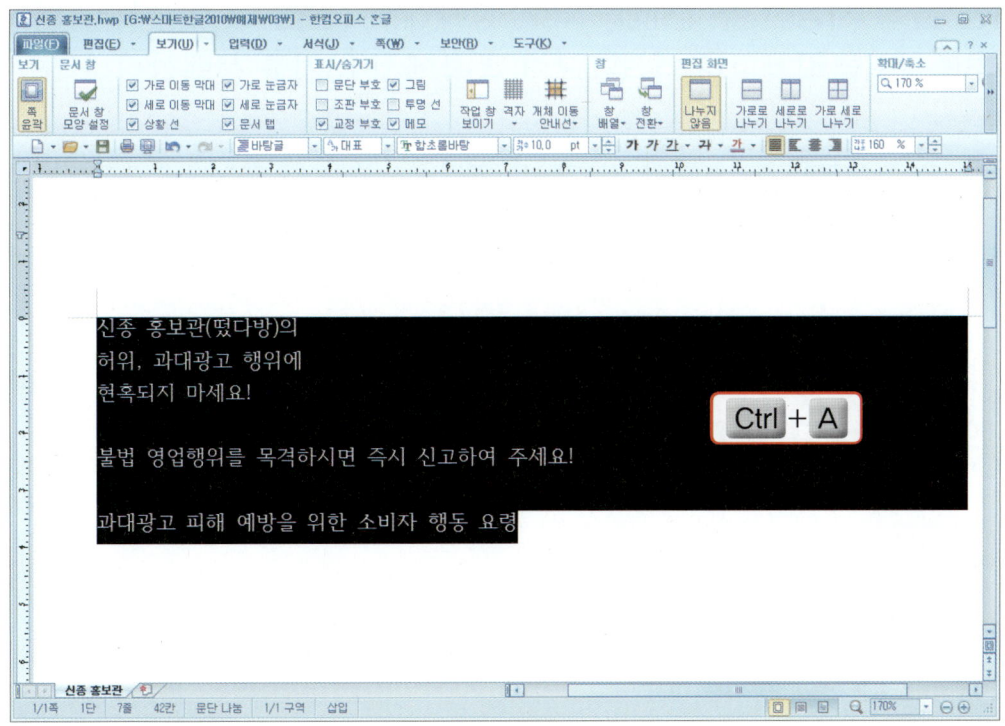

[편집] 탭-[클립보드] 그룹-[모두 선택]을 클릭해도 모든 문서가 선택됩니다.

[서식] 도구 상자 이용하기

글꼴과 글자 크기 변경하기

01 문서 전체를 블록 지정한 후 [서식] 도구 상자에서 [글꼴()]의 펼침 단추( )를 클릭합니다. 글꼴 목록에서 [휴먼모음T]를 선택합니다.

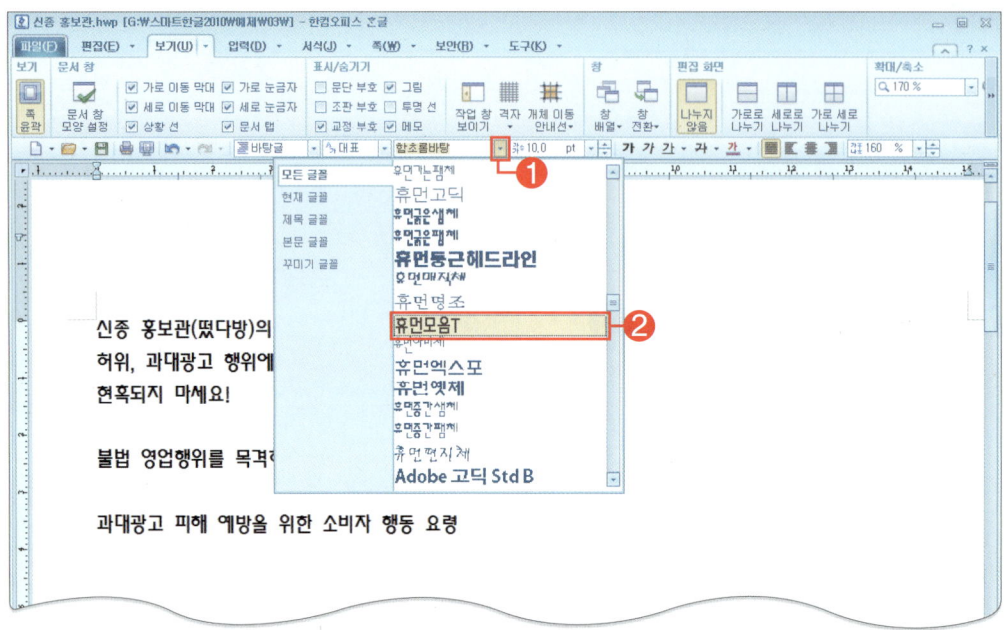

02 첫 번째 줄을 블록 지정한 후 [서식] 도구 상자에서 [글꼴 크기( )]의 펼침 단추( )를 클릭합니다. 글꼴 크기 목록에서 [32]를 선택합니다.

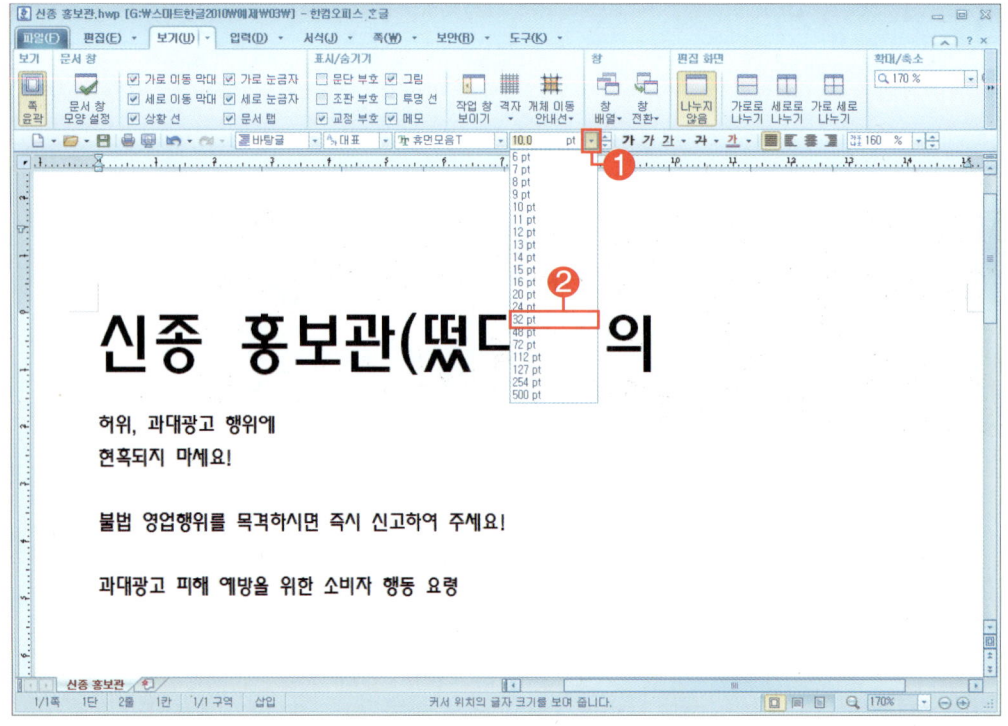

글자 색과 속성 지정하기

01 첫 번째 줄이 블록 지정된 상태로 [서식] 도구 상자에서 [글자 색(가▼)]의 펼침 단추(▼)를 클릭합니다. 글자 색 목록에서 [빨강]을 선택합니다.

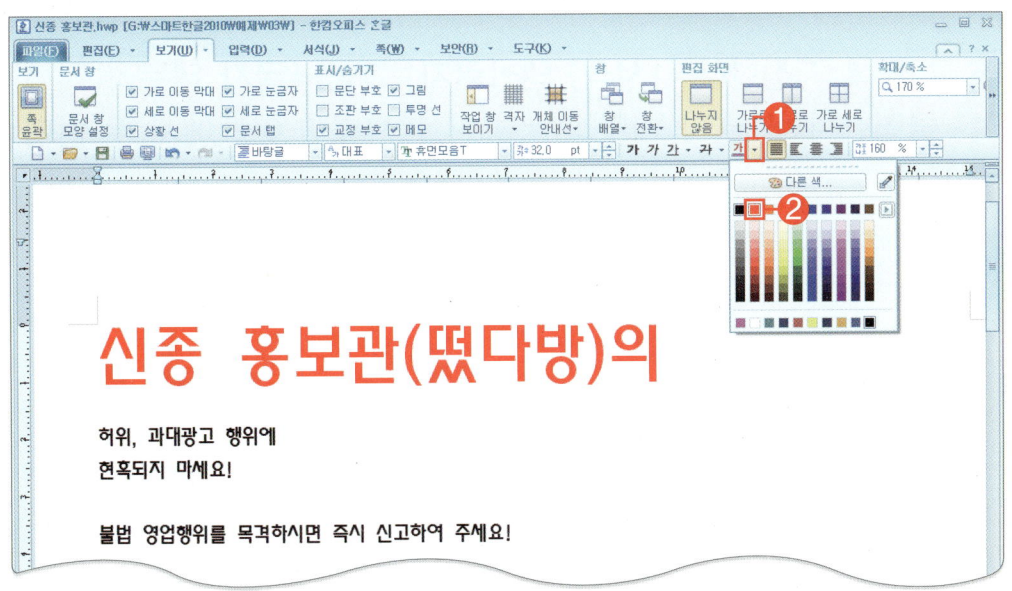

배움터 [글자 색(가▼)]의 그림 부분은 설정된 색을 표시합니다. '빨강'으로 색을 지정한 후 그림 부분이 가으로 바뀐 것을 확인할 수 있습니다. 블록 설정 후 그림 부분(가)을 클릭하면 설정된 빨간색이 바로 적용됩니다.

02 두 번째와 세 번째 줄을 블록 지정한 후 [서식] 도구 상자에서 [기울임(가)]을 클릭하여 글자가 기울어지도록 합니다.

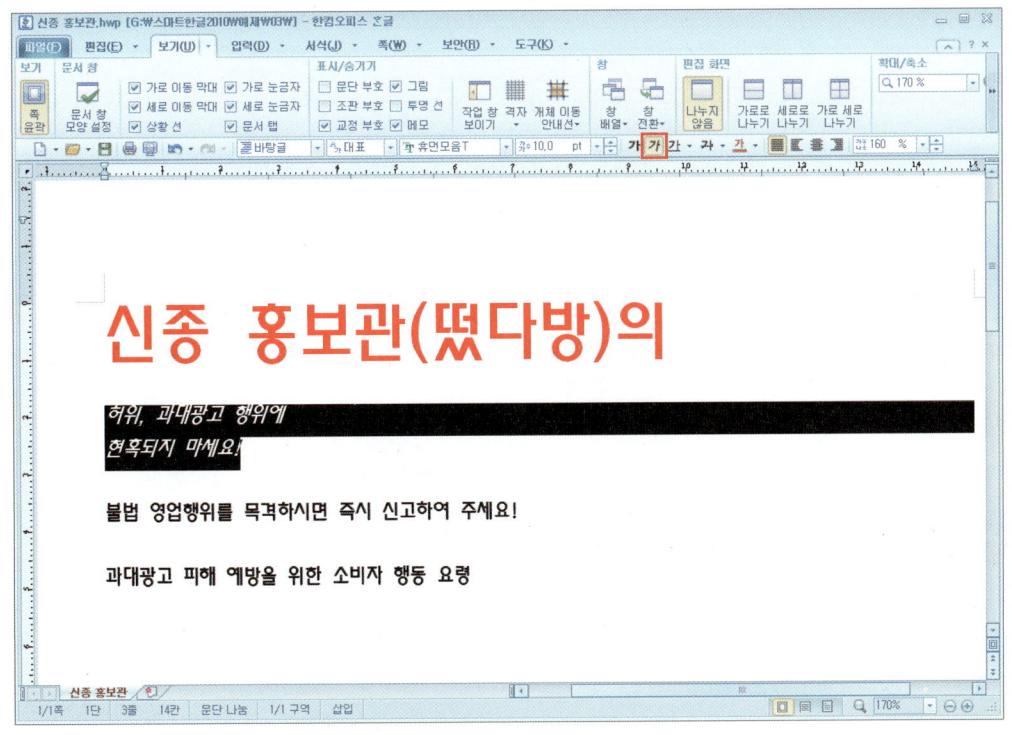

03 신종 홍보관 주의 문구 만들기 • **29**

[서식] 탭의 열림 상자 이용하기

글자 테두리와 형광펜 지정하기

01 다섯 번째 줄을 블록 지정한 후 [서식] 탭–[글자] 그룹–[글자 테두리(개·)]의 펼침 단추(▼)를 클릭합니다. 글자 테두리 목록이 표시되면 **아래에서 두 번째 선 종류를 선택**합니다.

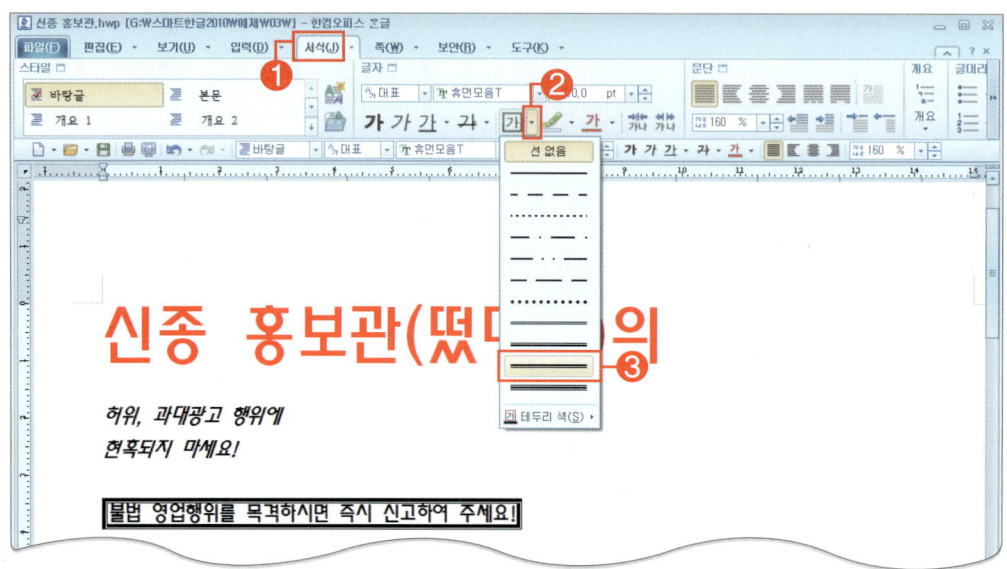

02 다시 [글자 테두리(개·)]의 펼침 단추(▼)를 클릭한 후 [테두리 색]을 선택합니다. 색상 목록에서 '색상 테마(▶)' 단추를 클릭한 후 색상 테마 목록에서 [잔상]을 선택합니다.

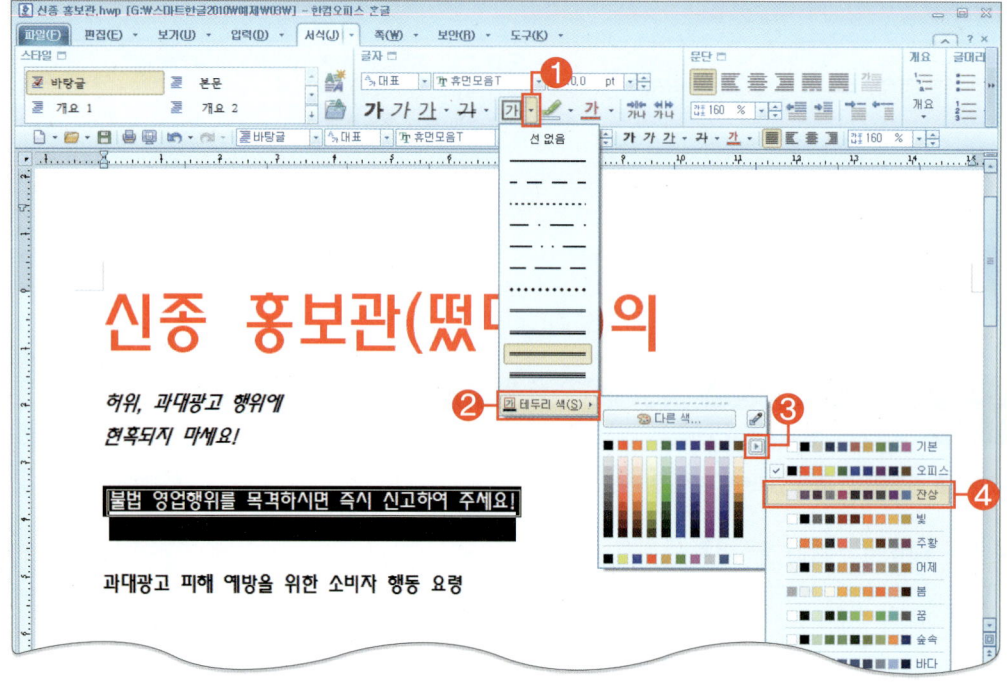

03 [잔상] 테마의 색상 목록이 표시되면 가장 오른쪽의 색 [RGB : 70, 134, 186]을 **선택**합니다.

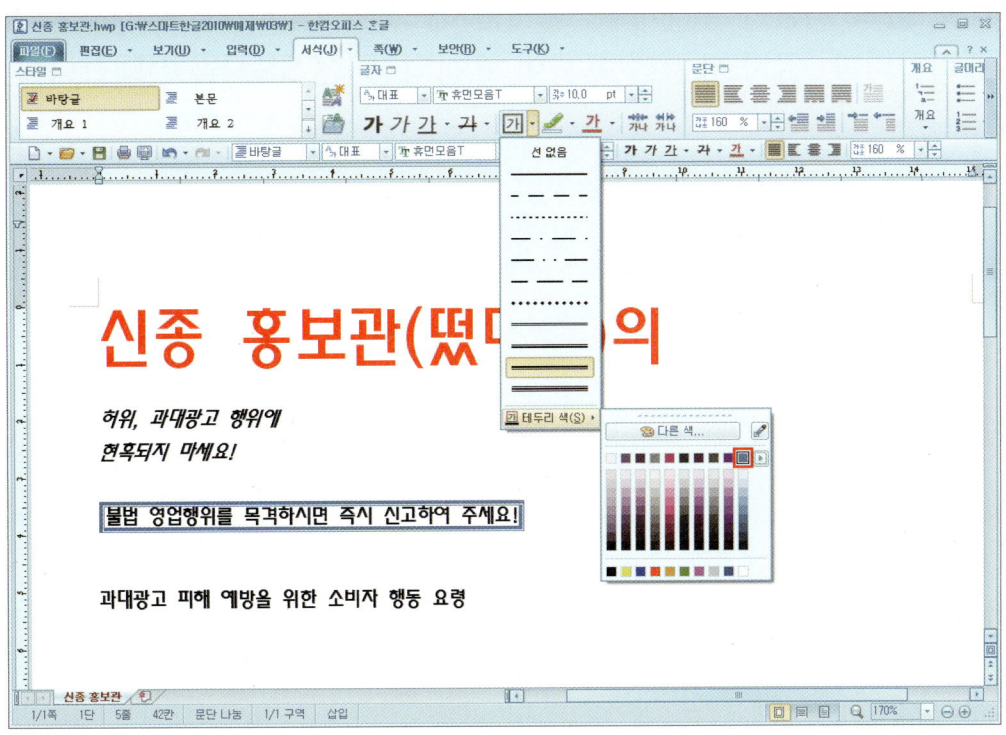

04 [서식] 탭-[글자] 그룹-[형광펜(　)]의 펼침 단추(　)를 **클릭**한 후, '색상 테마(　)' 단추를 **클릭**합니다. 색상 테마 목록에서 [기본]을 **선택**합니다.

05 [기본] 테마의 색상 목록이 표시되면 [노른자색(RGB: 233, 174, 43) 40% 밝게]를 **선택**합니다.

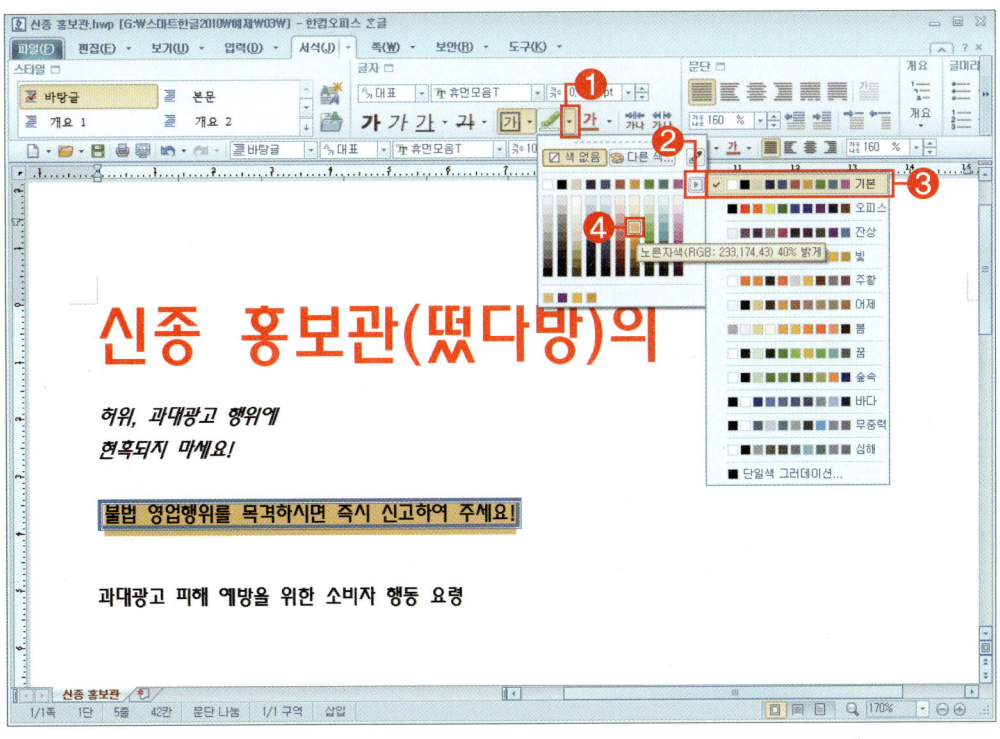

글자 테두리와 형광펜 없애기

01 다섯 번째 줄을 블록 지정한 후 [서식] 탭-[글자] 그룹-[글자 테두리(가)]의 펼침 단추(▼)를 클릭합니다. 글자 테두리 목록이 표시되면 [선 없음]을 선택합니다.

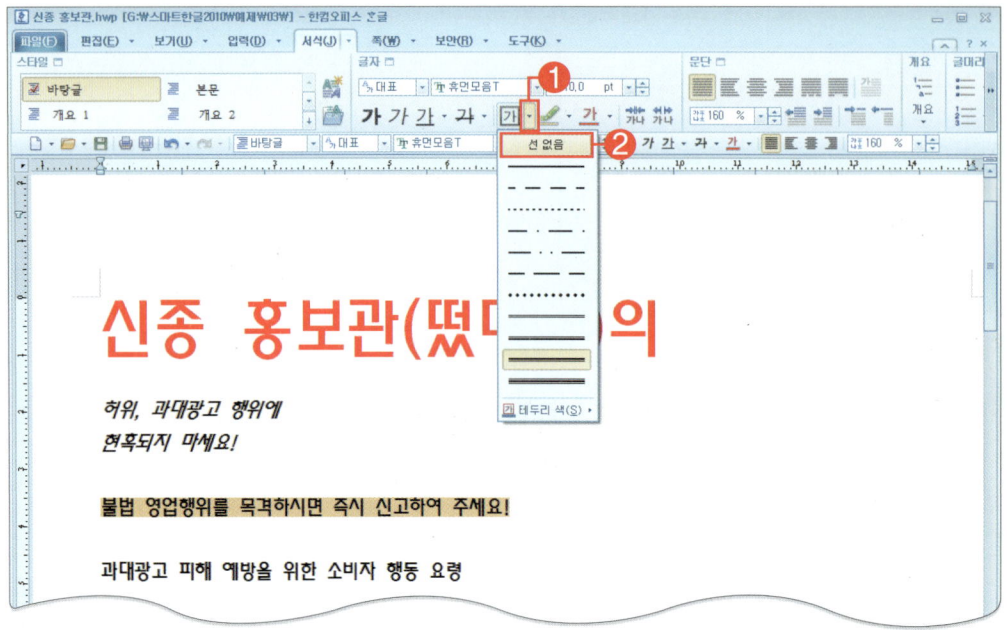

02 [서식] 탭-[글자] 그룹-[형광펜(✐)]의 펼침 단추(▼)를 클릭합니다. 형광펜 색 목록이 나타나면 [색 없음]을 선택합니다.

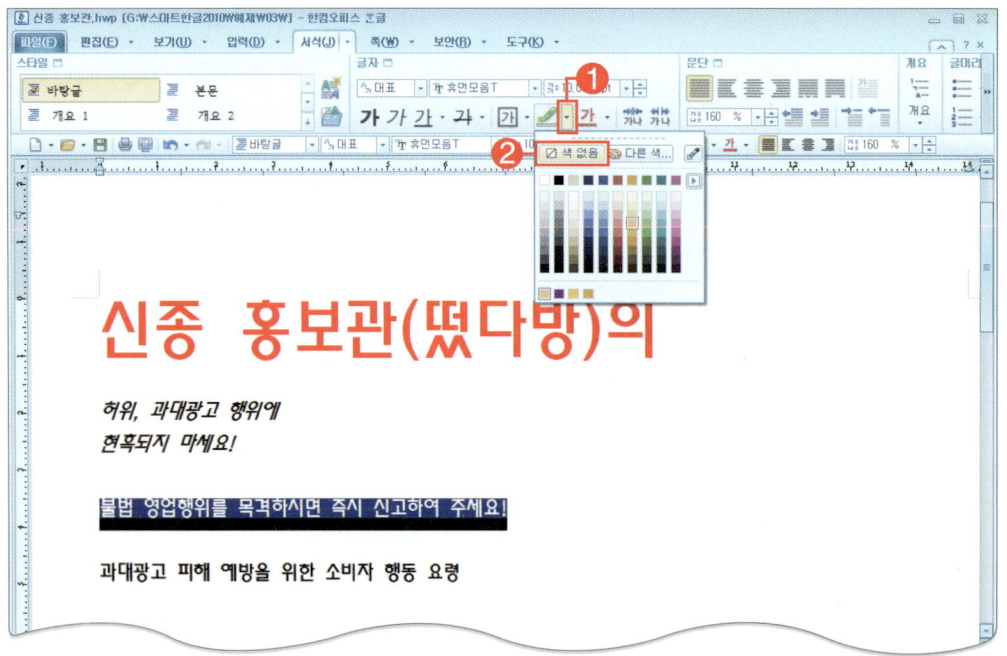

문서 전체의 글꼴을 '함초롬바탕', 글자 크기를 '10pt'로 지정하고 '기울임' 속성을 해제하여 기본 서식으로 변경해 봅니다.

1 내용을 입력한 후 '폐가전 수거.hwp'로 저장하고 글꼴과 글자 크기를 지정해 봅니다.

> 폐가전제품 무상 방문수거 서비스 — • 글꼴 : 휴먼엑스포 / • 글자 크기 : 24
>
> 폐가전, 손쉽게 버릴 수 있을까요?
>
> 국민만족 99.8%
>
> 대형 폐가전 전담 수거차량과 전담 수거반이 예약일자에 각 가정 방문 집 밖으로 직접 수거 및 운반
>
> — • 글꼴 : 휴먼명조 / • 글자 크기 : 12

2 그림과 같이 글자 색, 기울임, 글자 테두리, 형광펜, 밑줄을 각각 지정해 봅니다.

> 폐가전제품 **무상 방문수거** 서비스 — 글자 색 : [오피스] 색상 테마-[빨강], [파랑]
>
> *폐가전, 손쉽게 버릴 수 있을까요?* — 기울임
>
> 국민만족 99.8% — • 형광펜 색 : [꿈] 색상 테마-[(RGB : 255, 204, 0)] / • 글자 테두리 : 둥근 점선 모양
>
> 대형 폐가전 전담 수거차량과 전담 수거반이 <u>예약일자에 각 가정 방문</u> 집 밖으로 직접 수거 및 운반 — 밑줄 색 : [오피스] 색상 테마-[빨강]

도움터

- 밑줄 : [서식] 탭-[글자] 그룹-[밑줄(가▾)]의 펼침 단추(▾)를 클릭하여 밑줄 목록에서 원하는 밑줄 선택
- 밑줄 색 : [밑줄(가▾)]의 펼침 단추(▾)를 클릭하여 [밑줄 색(가 밑줄 색(U) ▸)]을 선택한 후, 색 목록에서 선택

04 으뜸업소 홍보 스티커 만들기

이번 장에서는 [글자 모양] 대화상자를 이용해 다양한 글자 속성과 장평 자간을 지정하는 방법에 대해 알아봅니다. 또한 특정 글자에 그림자와 강조점을 넣거나 테두리와 배경을 지정하여 글자를 더 화려하게 꾸미는 방법도 익혀보도록 하겠습니다.

무엇을 배울까요?

- ⋯▶ 글자 속성 지정하기
- ⋯▶ 장평과 자간 지정하기
- ⋯▶ 그림자와 강조점 지정하기
- ⋯▶ 글자에 테두리와 배경 지정하기

[글자 모양] 대화상자 [기본] 탭 이용하기

글자 속성 지정하기

01 [파일]-[불러오기] 메뉴를 선택하여 '으뜸업소.hwp' 파일을 열기한 후 그림과 같이 **내용을 블록 지정**합니다.

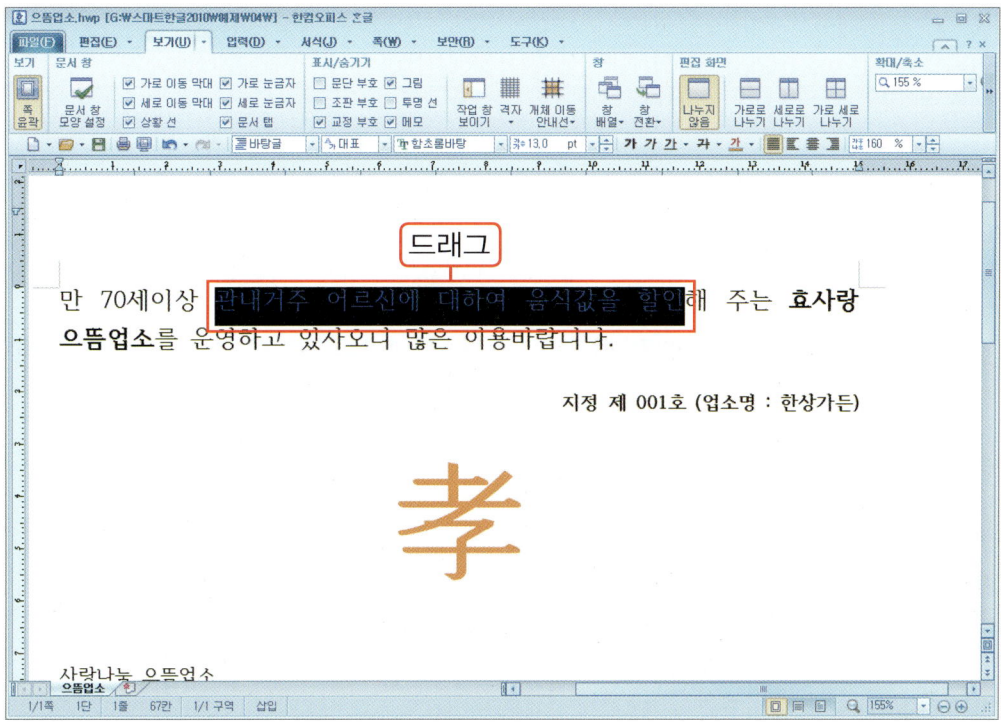

02 [서식] 탭-[글자] 그룹에서 그룹 이름(글자 □)을 클릭합니다.

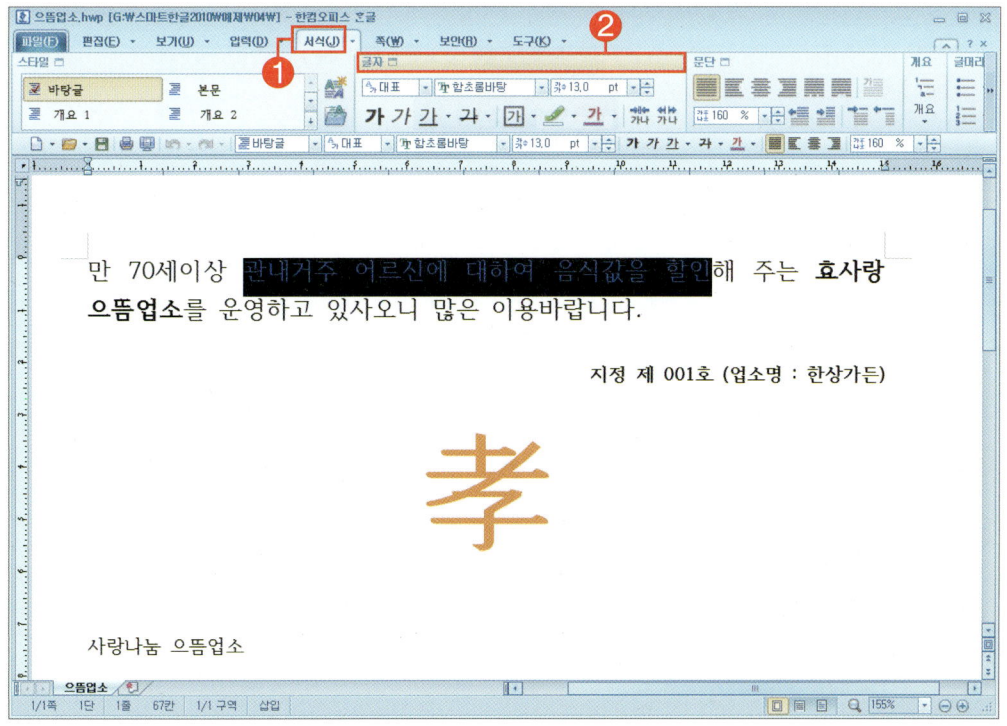

04 으뜸업소 홍보 스티커 만들기 • **35**

03 [글자 모양] 대화상자가 나타나면 [기본] 탭의 [속성] 항목에서 '**진하게**(가)'와
'**양각**(가)'을 각각 **선택**한 후 [설정] 단추를 **클릭**합니다.

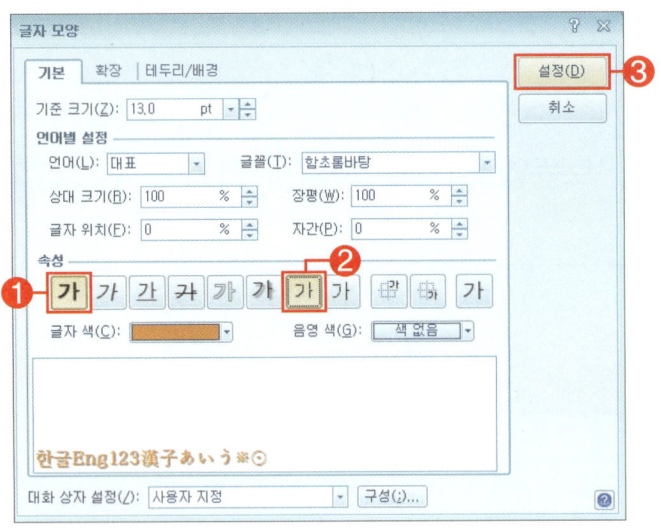

04 '지정 제 001호' 글자를 **블록 지정**한 후, [서식] 탭-[글자] 그룹에서 그룹 이름
(글자 ㅁ)을 **클릭**합니다. [글자 모양] 대화상자가 나타나면 [속성] 항목에서 '**취소
선**(가)'을 **선택**한 후 [설정] 단추를 **클릭**합니다.

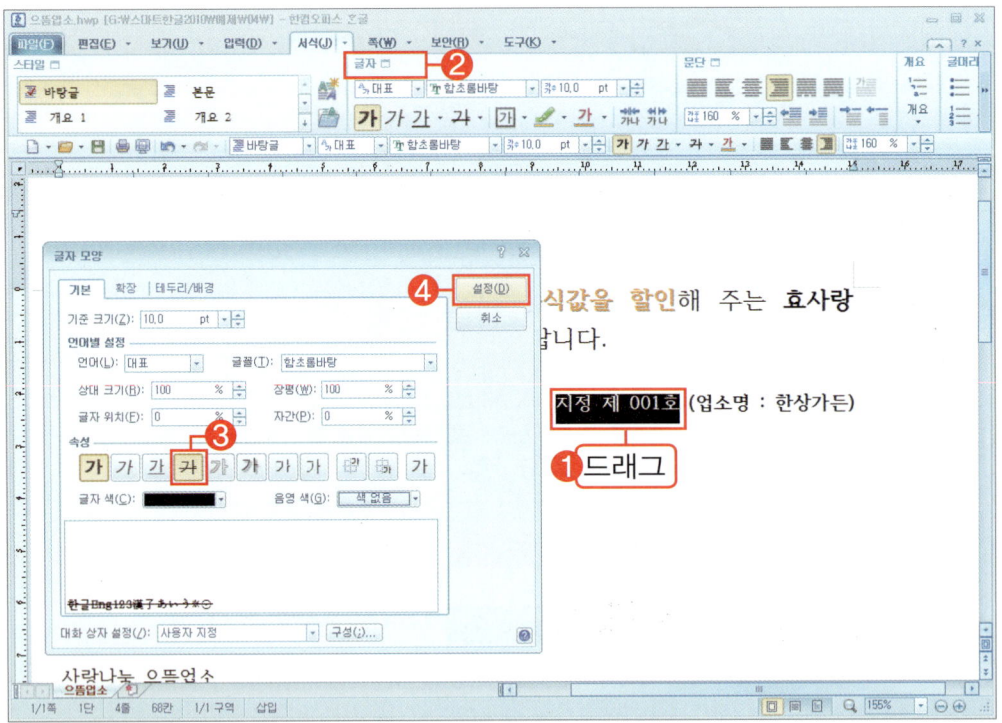

> **배움터** [글자 모양] 대화상자를 호출하는 다른 방법
>
> - **방법-1** : [서식]-[글자 모양] 메뉴 선택
> - **방법-2** : 단축키 Alt + L 키
> - **방법-3** : 마우스 오른쪽 단추 클릭 후 [글자 모양] 메뉴 선택

글자 색과 음영 색 지정하기

01 '효사랑 으뜸업소' 글자를 블록 지정한 후 [글자 모양] 대화상자의 [속성] 항목에서 [글자색]을 '하양'으로 선택합니다.

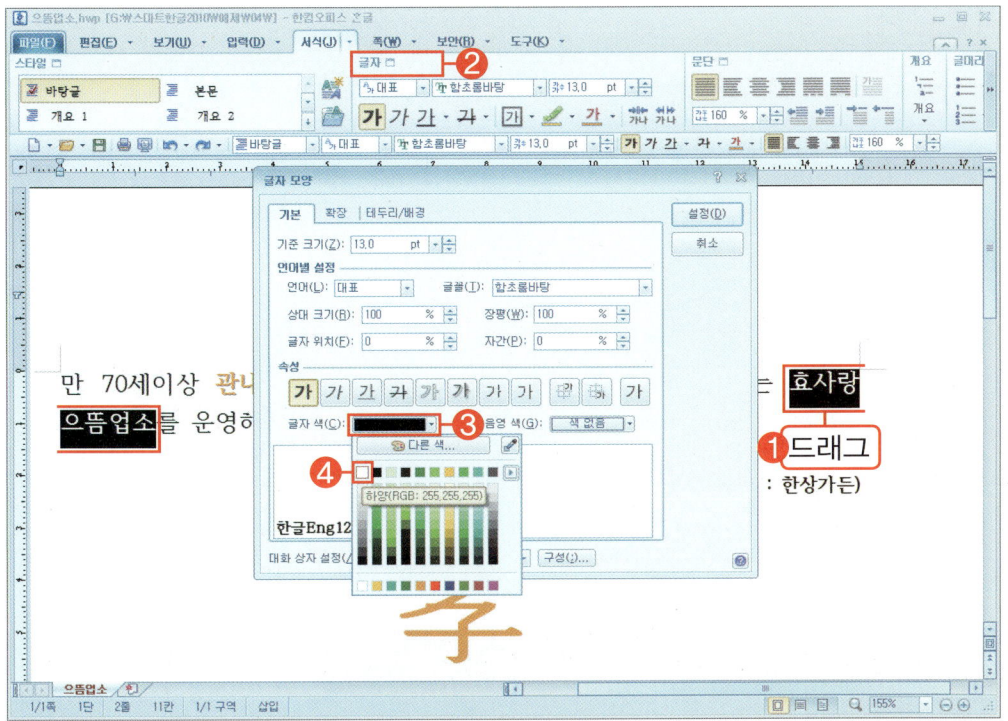

> **배움터** 선택해야 하는 색상이 목록에 보이지 않으면 '색상 테마(▶)' 단추를 클릭하여 색상 테마를 변경한 후, 선택합니다.

02 계속해서 [음영 색]을 '보라'로 선택하고 [설정] 단추를 클릭합니다.

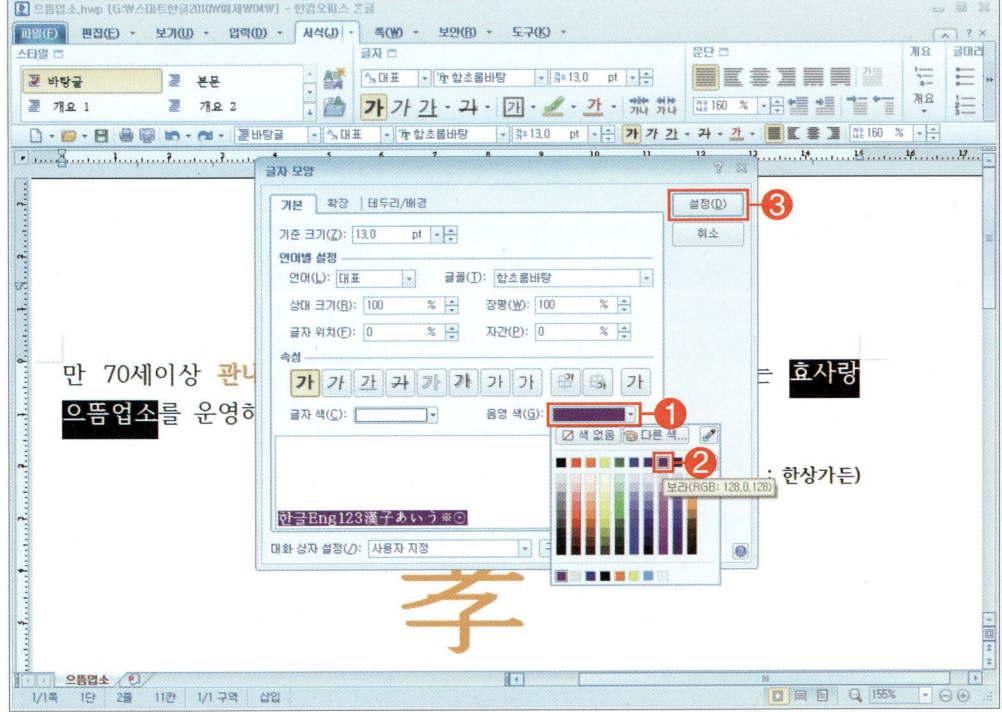

04 으뜸업소 홍보 스티커 만들기 • **37**

장평과 자간 지정하기

01 그림과 같이 **마지막 줄을 블록 지정**한 후 Alt + L 키를 눌러 [글자 모양] 대화상자를 호출합니다. **[장평]의 값을 '150%', [자간]의 값을 '30%'로 입력**한 후 **[설정] 단추를 클릭**합니다.

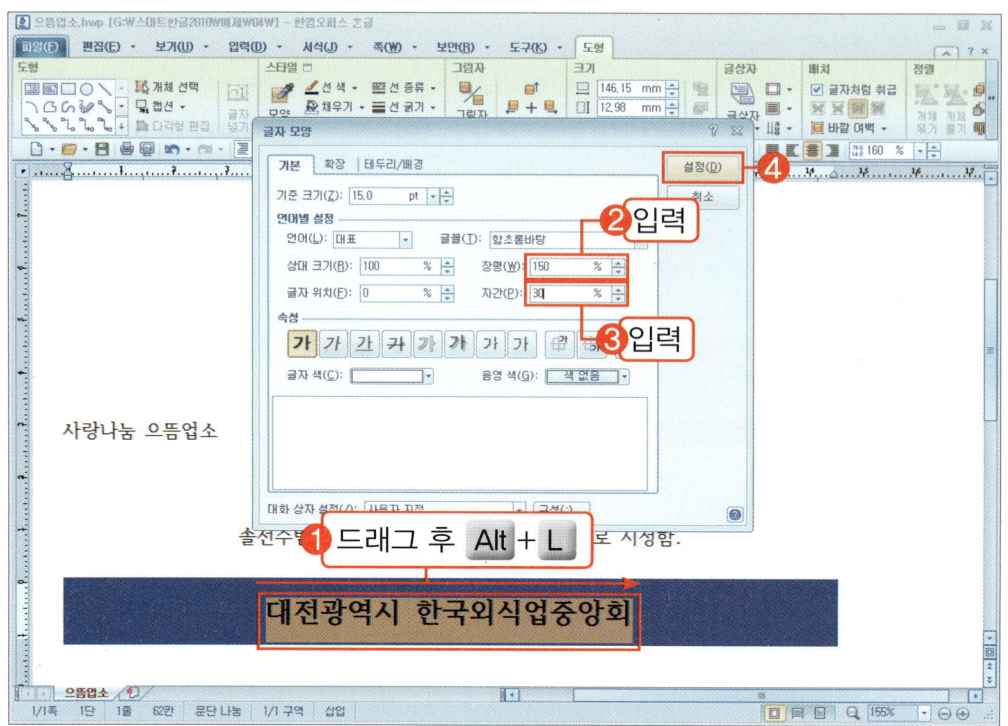

02 선택한 글자의 가로 크기와 글자 사이의 간격이 넓어진 것을 확인합니다.

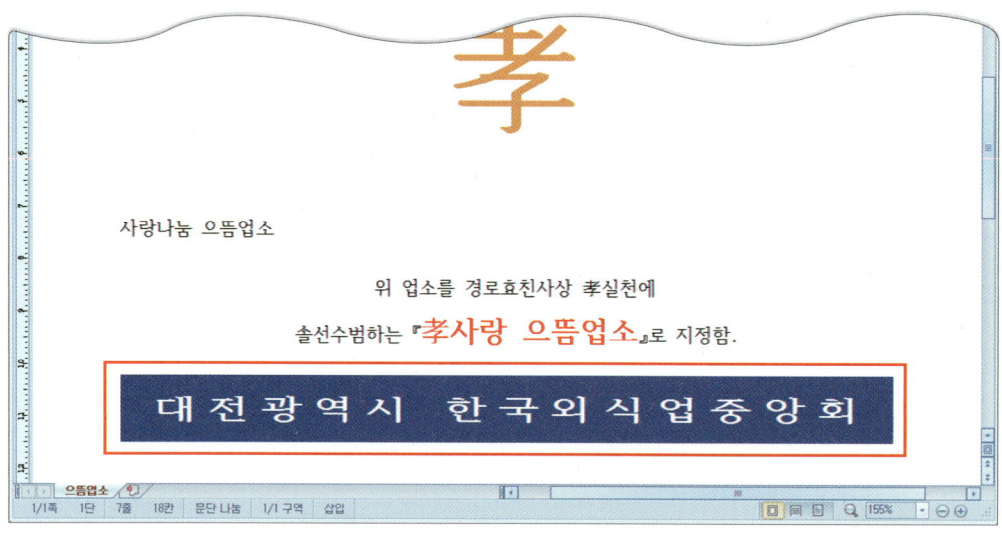

> **배움터**
>
> - **장평** : 글자의 크기는 그대로 유지하면서 글자의 가로 폭을 줄이거나 늘려서 글자 모양을 변경합니다.
> - **자간** : 글자와 글자 사이의 간격을 넓히거나 좁혀 문서를 보다 편리하게 볼 수 있도록 합니다.

[글자 모양] 대화상자 [확장] 탭 이용하기

그림자 지정하기

01 '사랑 나눔 으뜸업소' 글자를 블록 지정한 후 [서식] 탭-[글자] 그룹에서 그룹 이름(글자 □)을 클릭합니다.

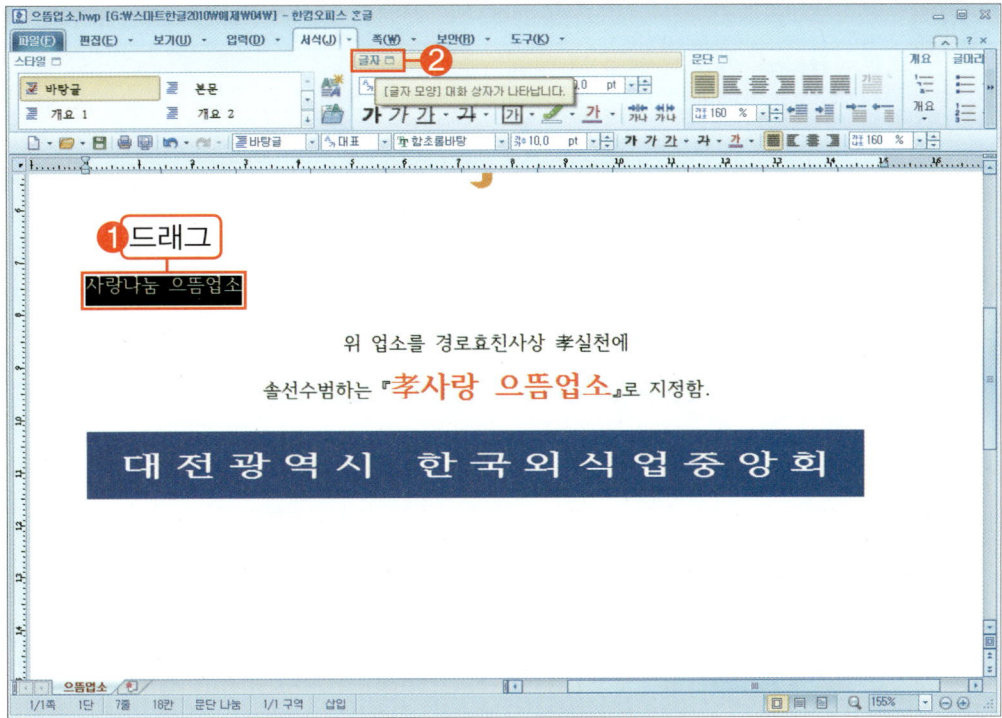

02 [글자 모양] 대화상자가 나타나면 [확장] 탭을 클릭한 후, [그림자] 항목에서 '연속'을 선택합니다. [X 방향] 값을 '10%', [Y 방향] 값을 '15%'로 지정한 후, [색]은 [다른 색]을 선택합니다.

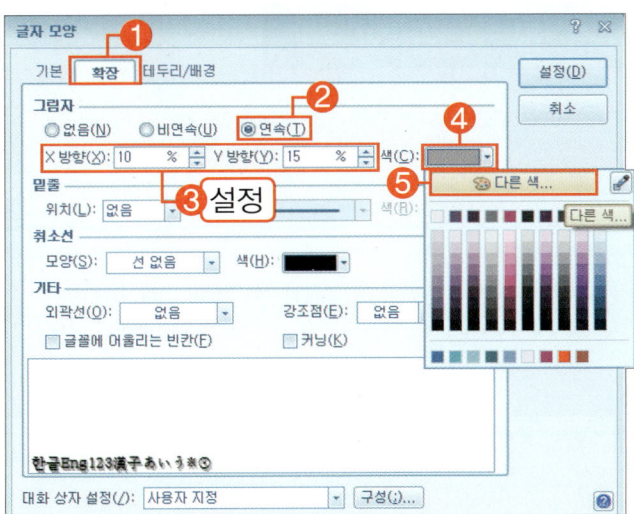

03 [색] 대화상자가 나타나면 [팔레트] 탭에서 그림과 같이 **연한 하늘색을 선택**하고 [설정], [설정] 단추를 순서대로 클릭합니다.

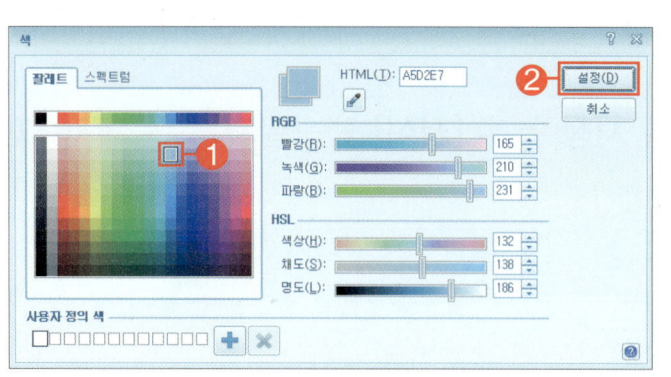
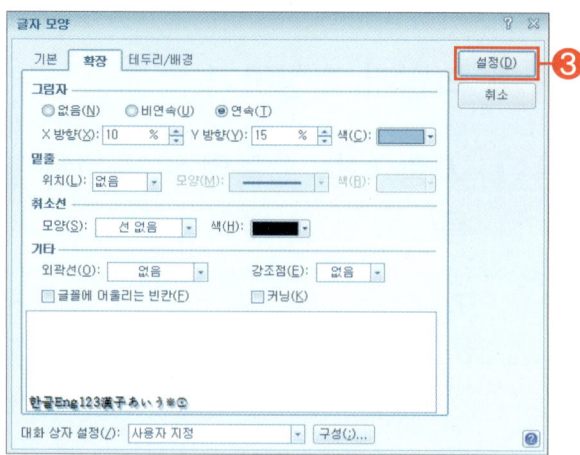

04 [서식] 도구 상자에서 **글꼴(한컴 윤체 B), 글자 크기(20pt), 글자 색([기본] 색상 테마-[바다색])을 각각 지정**하여 결과를 확인합니다.

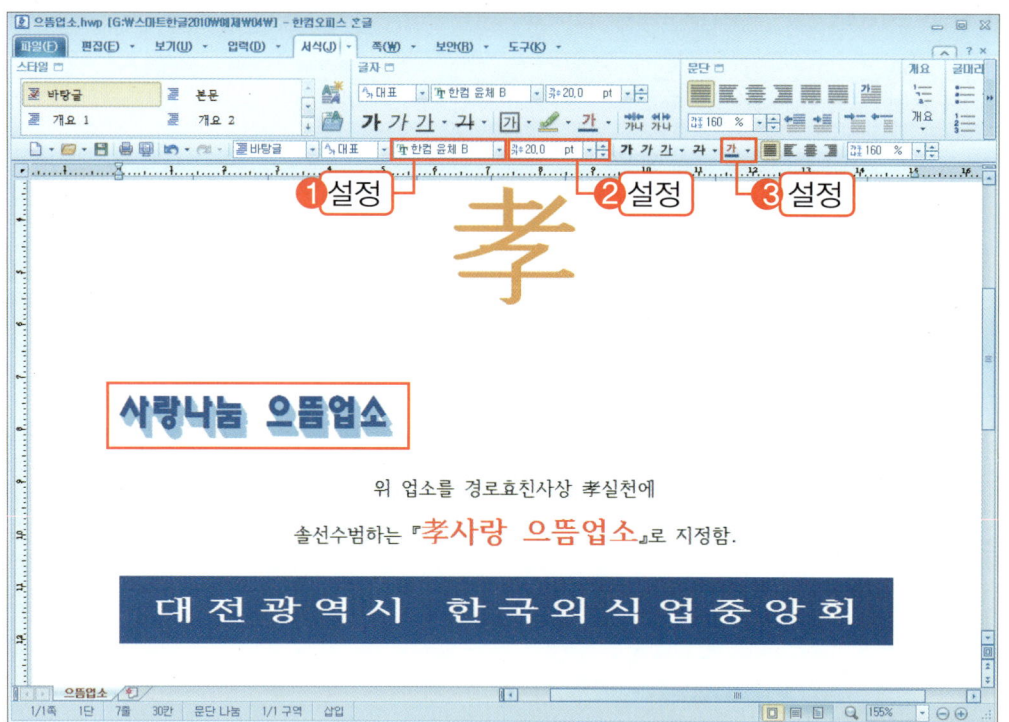

[그림자] 항목에서 '비연속'으로 변경하여 그림자의 모양을 그림과 같이 변경해 봅니다.

강조점 지정하기

01 '孝사랑' 글자를 블록 지정한 후 [서식] 탭-[글자] 그룹에서 그룹 이름(글자 □)을 클릭합니다. [글자 모양] 대화상자가 나타나면 [확장] 탭의 [강조점]에서 체크 모양(✓)을 선택한 후 [설정] 단추를 클릭합니다.

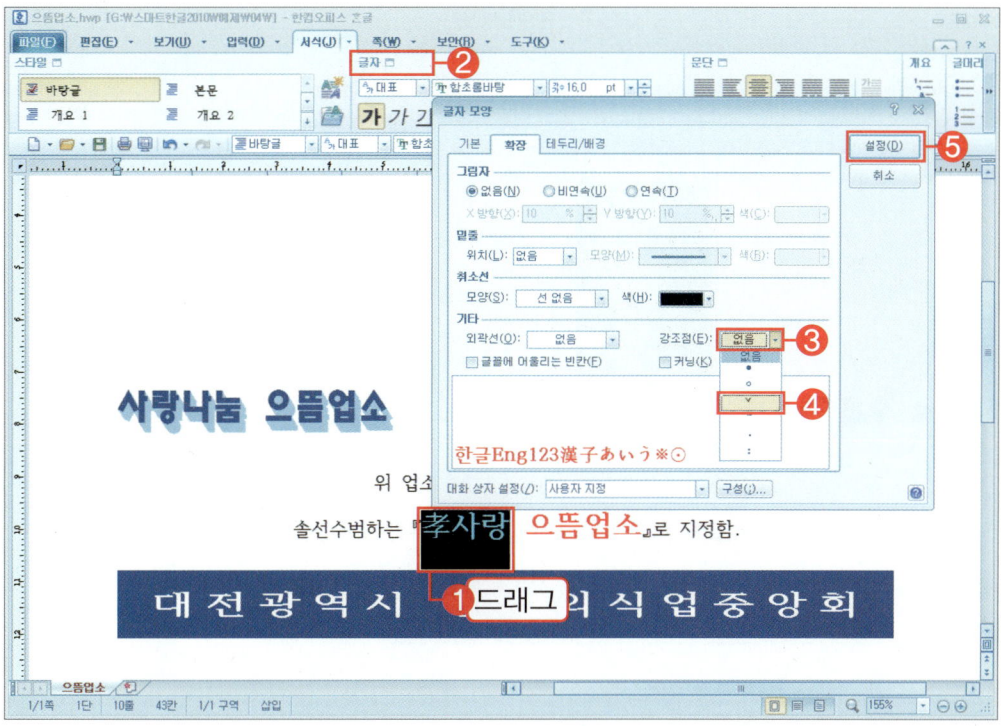

02 같은 방법으로 '으뜸업소' 글자에 채워진 원 모양의 강조점을 지정합니다.

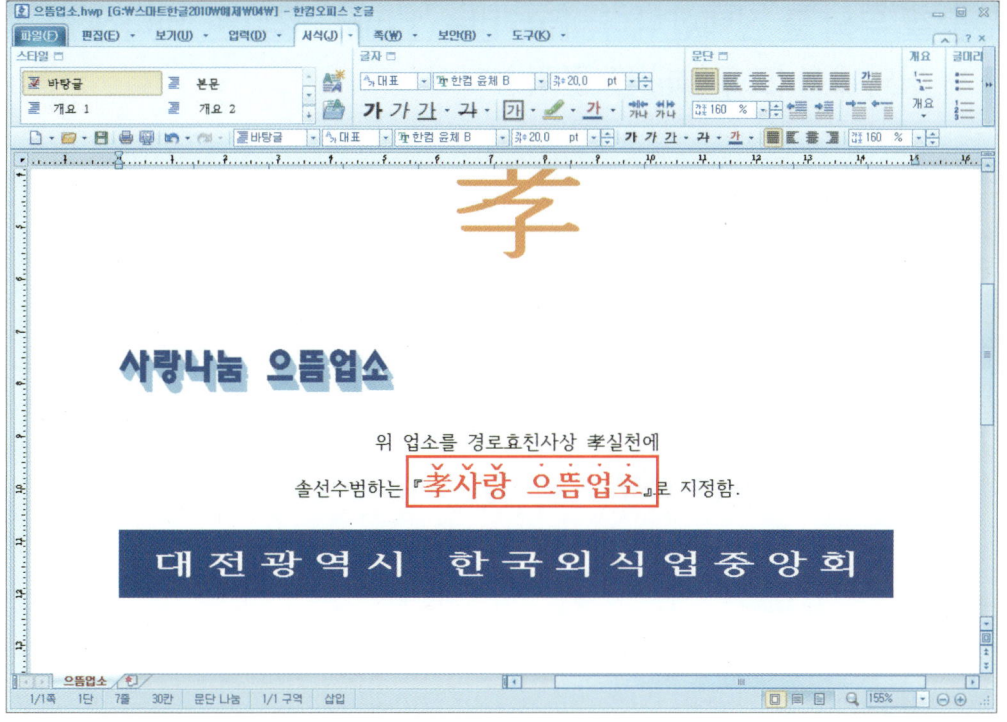

 **[글자 모양] 대화상자 [테두리/배경] 탭 이용하기**

01 '孝' 글자를 블록 지정한 후 [서식] 탭–[글자] 그룹에서 그룹 이름(글자 □)을 클릭합니다.

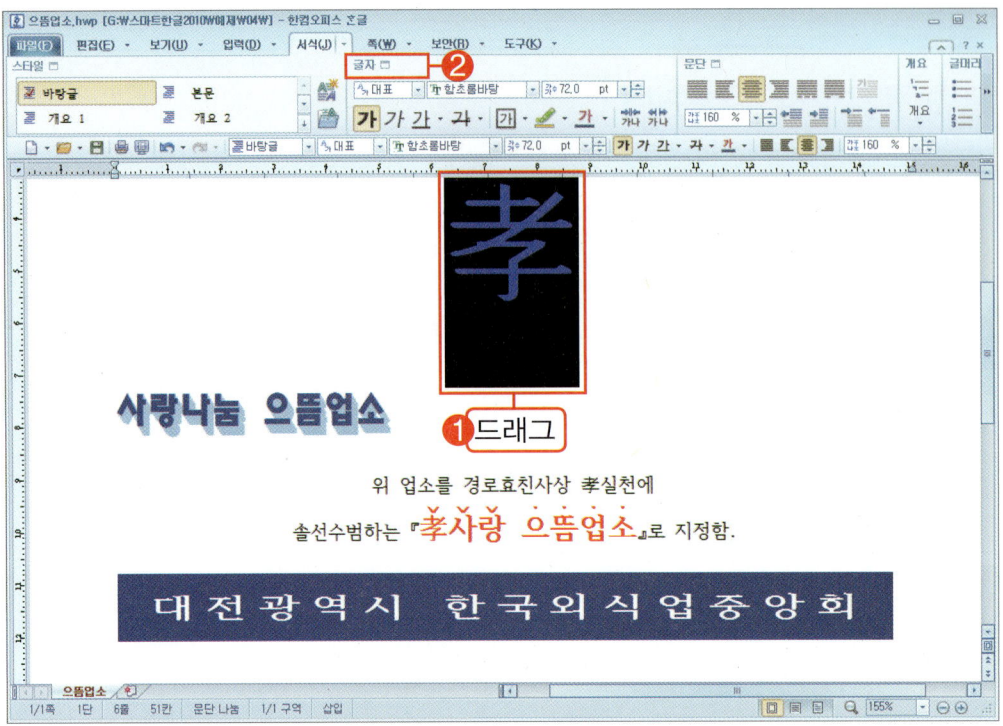

02 [글자 모양] 대화상자에서 [테두리/배경] 탭을 선택한 후, [테두리] 항목에서 [종류]는 '이중 물결 무늬'를 선택합니다. [굵기]는 '1 mm', [색]은 '바다색'을 지정한 후, 미리 보기 영역에서 '모두(□)'를 클릭합니다.

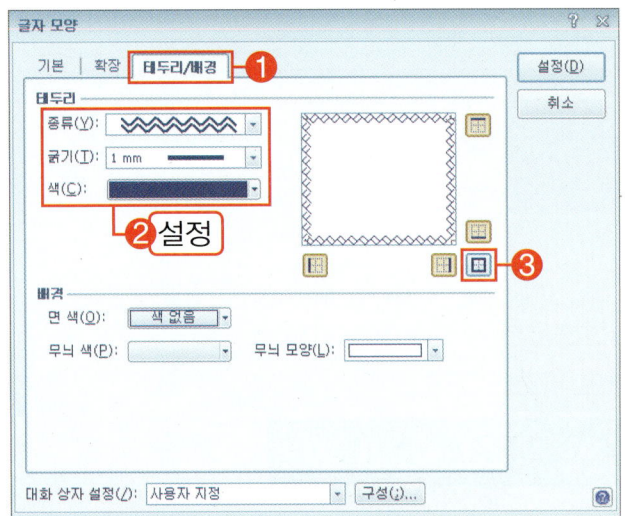

03 [배경] 항목에서 [면 색]은 '진달래색', [무늬 색]은 '하양'으로 각각 선택합니다. [무늬 모양]은 목록 중 위에서 네 번째 항목을 선택한 후 [설정] 단추를 클릭합니다.

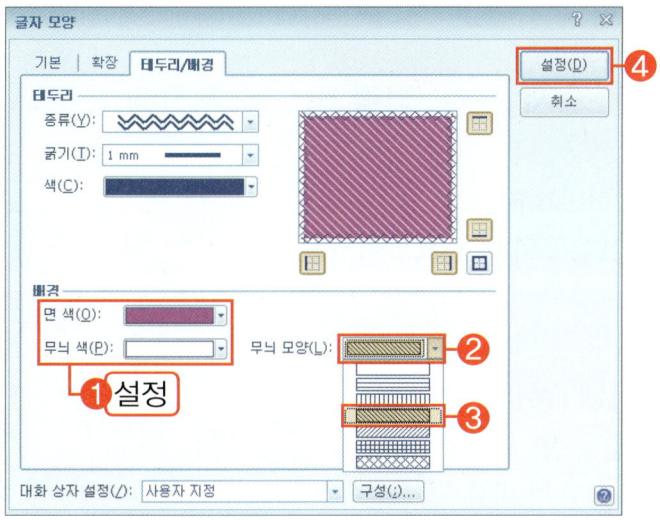

04 '孝' 글자에 선택한 배경과 테두리가 적용된 것을 확인합니다.

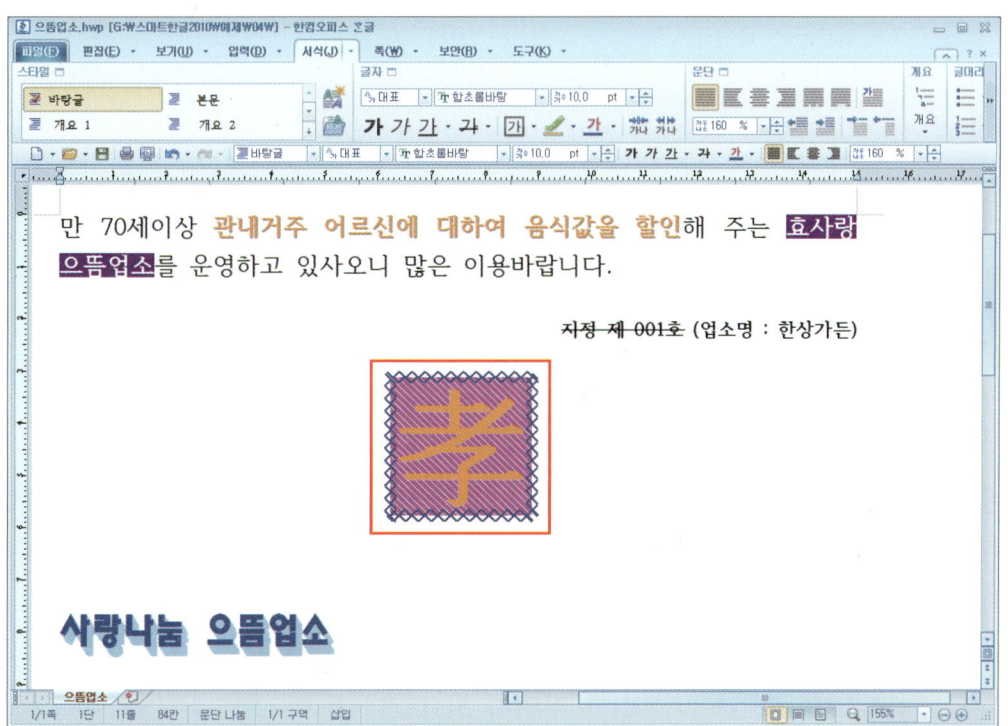

> **배움터** '저장하기'와 '다른 이름으로 저장하기'
>
> 한글을 실행한 후 나타나는 빈 문서에서 문서를 작성하고 [파일]-[저장하기] 메뉴나 [서식] 도구 상자에서 [저장하기(🖫)]를 처음으로 선택하는 경우에는 [다른 이름으로 저장하기] 대화상자가 나타나지만, 그 이후에는 나타나지 않고 바로 덮어쓰기 됩니다.
> 저장 위치나 파일명을 바꿔 저장하려면 [파일]-[다른 이름으로 저장] 메뉴를 선택해 [다른 이름으로 저장하기] 대화상자를 호출한 후 다시 지정합니다.

디딤돌학습

1 그림과 같이 내용을 입력한 후 글꼴, 글자 크기, 정렬 방식을 지정해 봅니다.

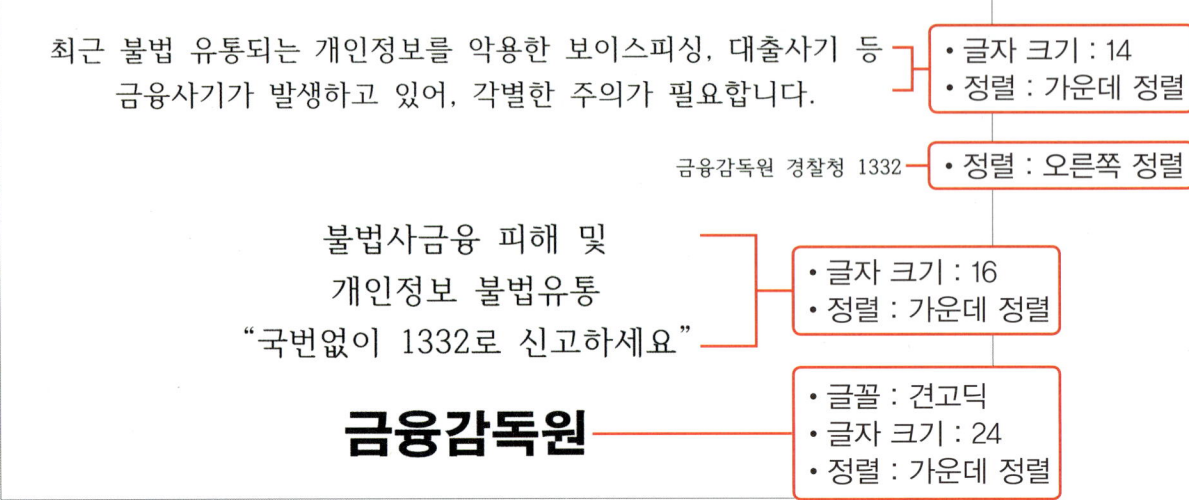

도움터 정렬 방식

[서식] 탭-[문단] 그룹 또는 [서식] 도구 상자에서 지정할 수 있습니다.

왼쪽 정렬 / 오른쪽 정렬 / 나눔 정렬
양쪽 정렬 / 가운데 정렬 / 배분 정렬

2 [글자 모양] 대화상자를 이용하여 음영색, 취소선, 그림자, 강조점, 장평과 자간을 그림과 같이 지정한 후 '금융사기주의.hwp'로 저장해 봅니다.

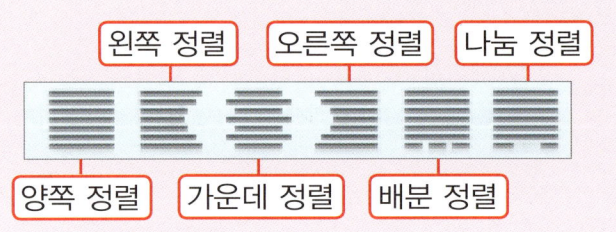

05 연극공연 초대장 만들기

이번 장에서는 문단을 가운데 혹은 오른쪽으로 정렬하는 방법과 함께 들여쓰기 및 여백을 지정하는 방법에 대해 알아봅니다. 또한 한자와 특수 문자를 삽입하고 글머리표로 목록을 정리하는 방법도 익혀보도록 하겠습니다.

어르신을 위한 孝(효)연극공연

발행번호 : 제20-15호

아름다운 추억과 친구들의 수다로 청춘을 누려보세요!

지역사회 봉사대원들이 직접 꾸미는 연극무대 『악극, 불효자는 웁니다』 및 『시니어팝스오케스트라』 공연을 마련하였습니다.

경쾌하고 즐거운 음악 ♪ ♫ ♬ 감동이 넘치는 연극 꼭 보러 오세요. 사랑합니다~ ♥

- 일   시 : 2016. 03. 25(金) 14:00~16:00(10분전 입장)
- 장   소 : 서울회관 대강당
- 모집인원 : 선착순 500명(사전 신청 접수)
- 신청방법 : 전화 및 방문접수
  - 신청기간 : 2016. 03. 21(月)~03. 25(金)
  - 신청장소 : 행복노인청소년과

 무엇을 배울까요?

⋯▶ 정렬 방식과 줄간격/문단 간격 지정하기
⋯▶ 들여쓰기와 여백 지정하기
⋯▶ 한자와 문자표 입력하기
⋯▶ 그림 글머리표와 글머리표 삽입하기

문단 모양 지정하기

정렬 방식 지정하기

01 [파일]-[불러오기] 메뉴를 선택하여 '연극공연.hwp' 파일을 열기합니다. 첫 번째 줄을 블록 지정한 후 [서식] 도구 상자에서 [가운데 정렬(≡)]을 클릭합니다.

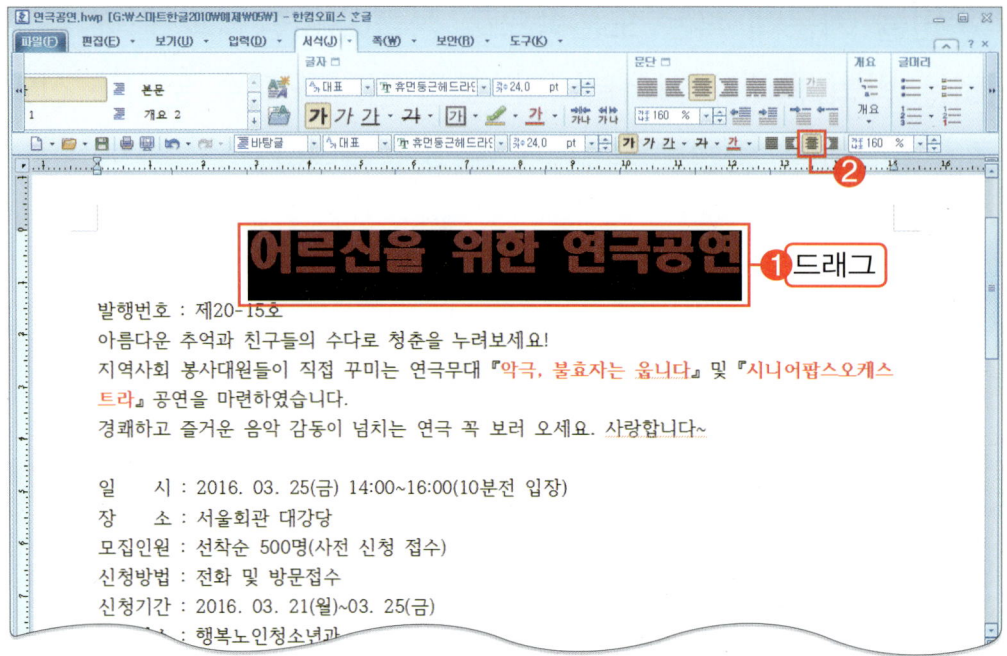

02 두 번째 줄을 블록 지정한 후 [서식] 도구 상자에서 [오른쪽 정렬(≡)]을 클릭합니다.

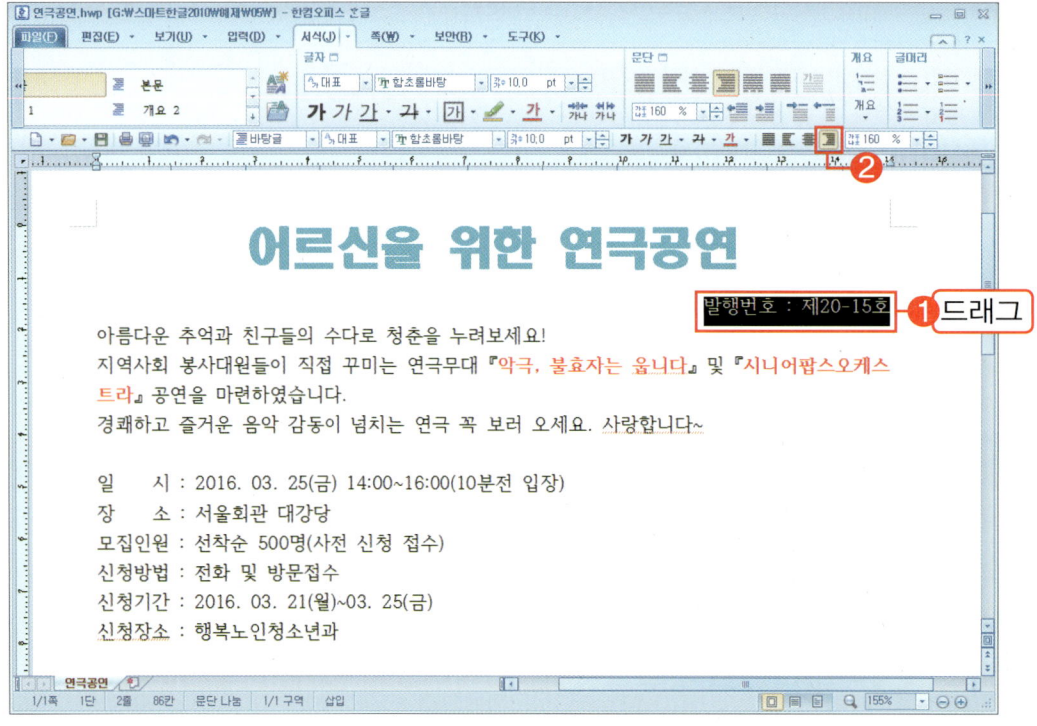

줄 간격과 문단 간격

01 그림과 같이 **내용 영역을 블록 지정**한 후 [서식] 도구 상자에서 **[줄 간격**(갈피 160 %)]-[180%]를 선택**합니다.

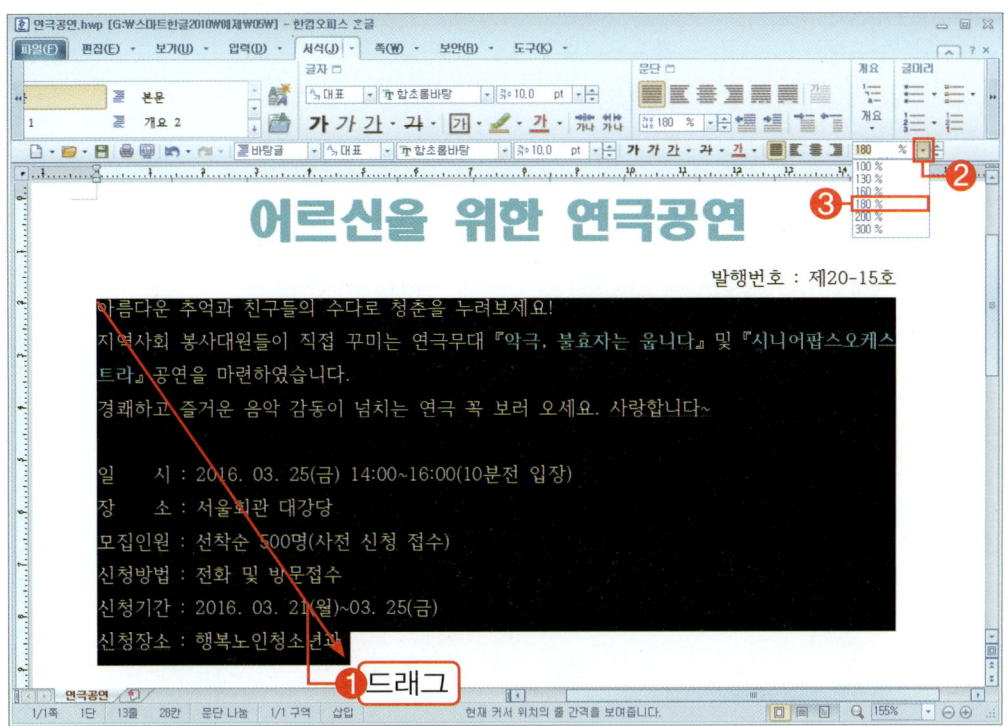

02 세 번째 줄부터 여섯 번째 줄까지 블록 지정한 후 [서식] 탭-[문단] 그룹에서 그룹 이름(문단 □)을 클릭합니다.

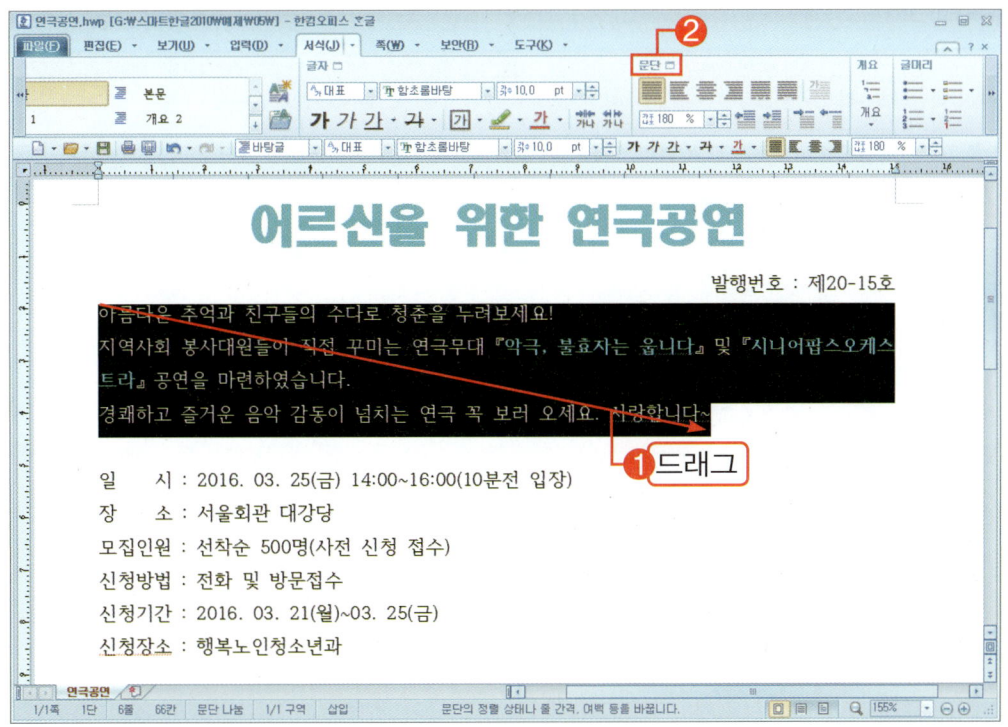

05 연극공연 초대장 만들기 • **47**

03 [문단 모양] 대화상자가 나타나면 [문단 위] 값을 '10pt'로 지정하고 [설정] 단추를 클릭합니다.

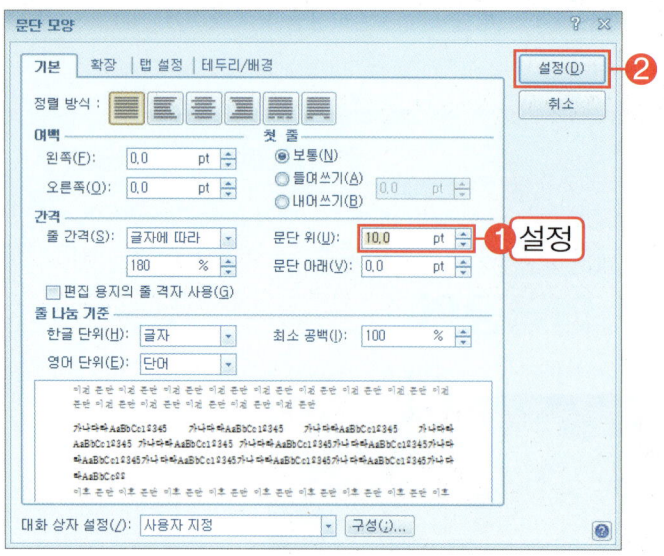

04 선택한 영역의 문단 위가 10pt 만큼 간격이 넓어진 것을 확인합니다.

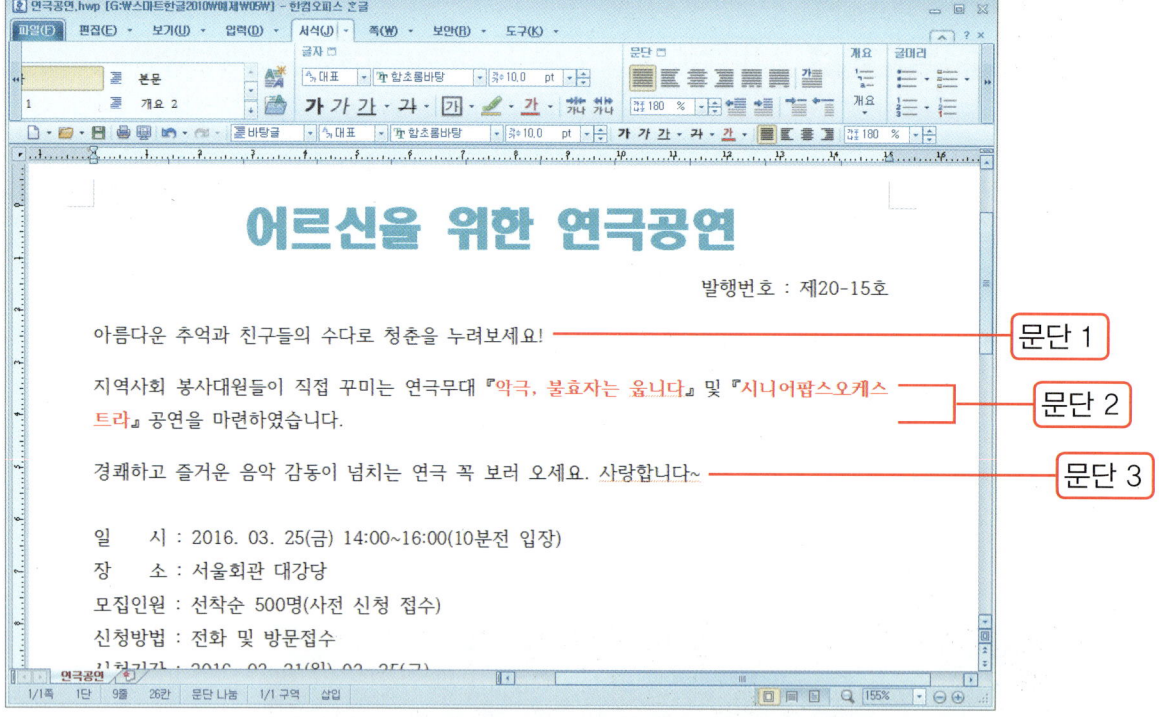

배움터 문단

- 줄의 끝 부분에서 Enter 키를 눌러 강제로 줄을 바꾼 경우 하나의 문단이 됩니다.
- [보기] 탭-[표시/숨기기] 그룹의 [문단 부호]를 체크하면 나타나는 '문단 부호(↵)' 위치로 확인할 수 있습니다.

들여 쓰기와 여백 지정하기

01 세 번째 줄을 블록 **지정**합니다. 가로 눈금자 왼쪽의 '**첫 줄 시작 위치(▽)**' 표시를 오른쪽으로 드래그합니다.

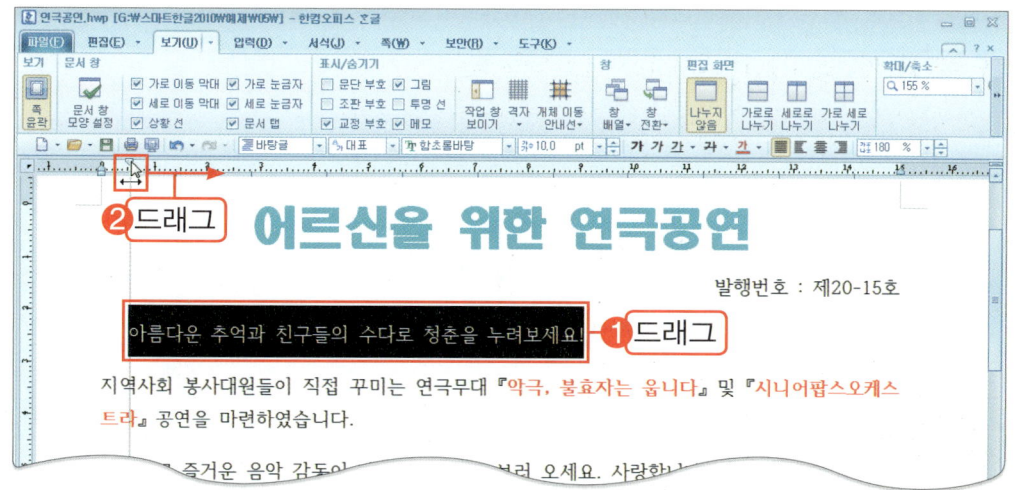

배움터 기호 표시

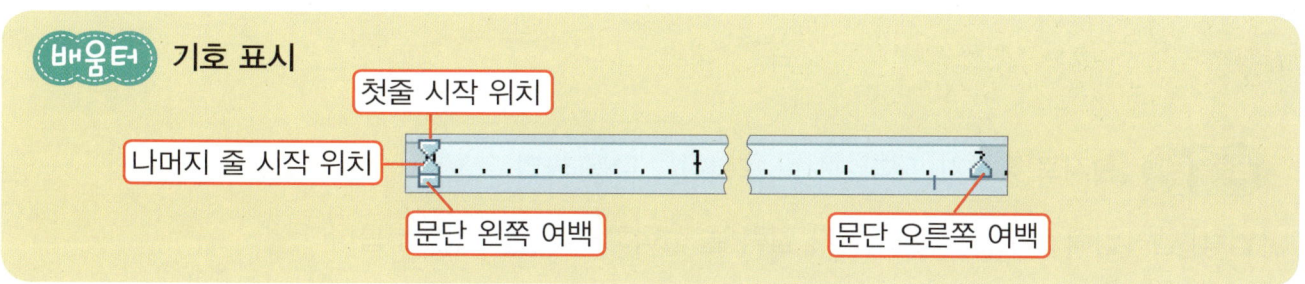

02 '신청기간'과 '신청장소'를 블록 **지정**합니다. 가로 눈금자 왼쪽의 '**문단 왼쪽 여백**(□)' 표시를 Alt 키를 누른 채 오른쪽으로 드래그합니다. 값이 표시되므로 정확한 위치를 지정할 수 있습니다.

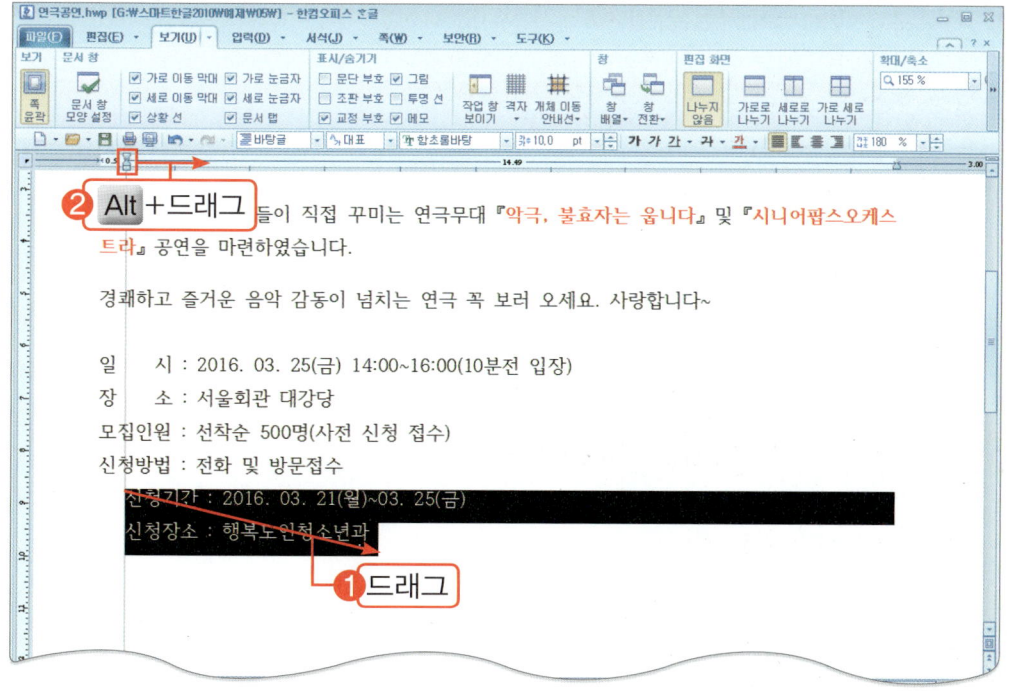

 ## 한자 입력하기

01 제목의 '연극공연' 앞으로 커서를 이동한 후, '효'를 입력하고 한자 키를 누릅니다.

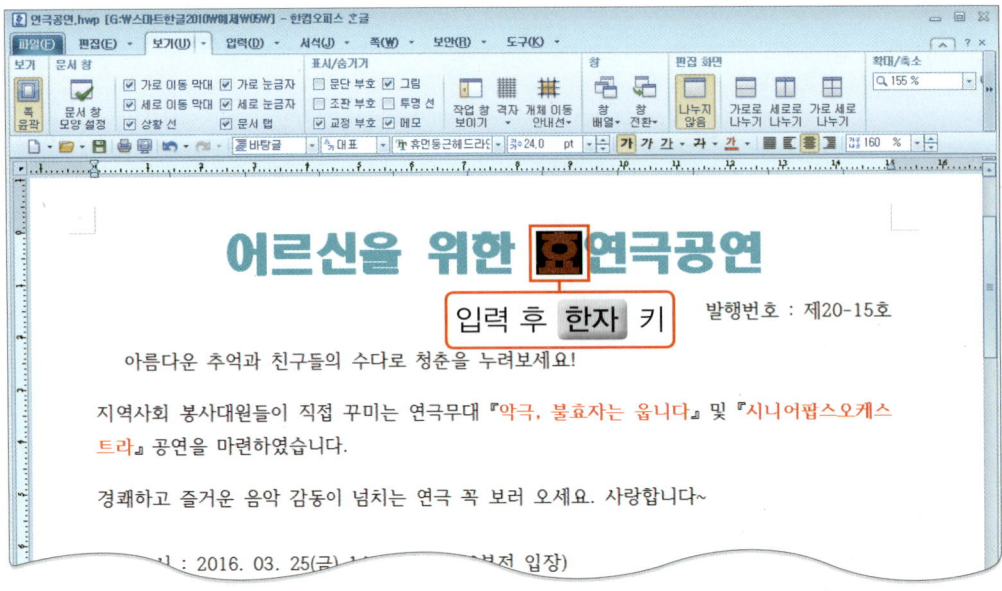

> **배움터** [한자로 바꾸기] 대화상자를 호출하는 다른 방법
>
> [입력] 탭-[입력 도우미] 그룹-[한자 입력]을 선택하거나 F9 키를 누릅니다.

02 [한자 목록]에서 첫 번째 한자(孝)를 선택한 후, [입력 형식]을 '漢字(한글)'로 지정하고 [바꾸기] 단추를 클릭합니다.

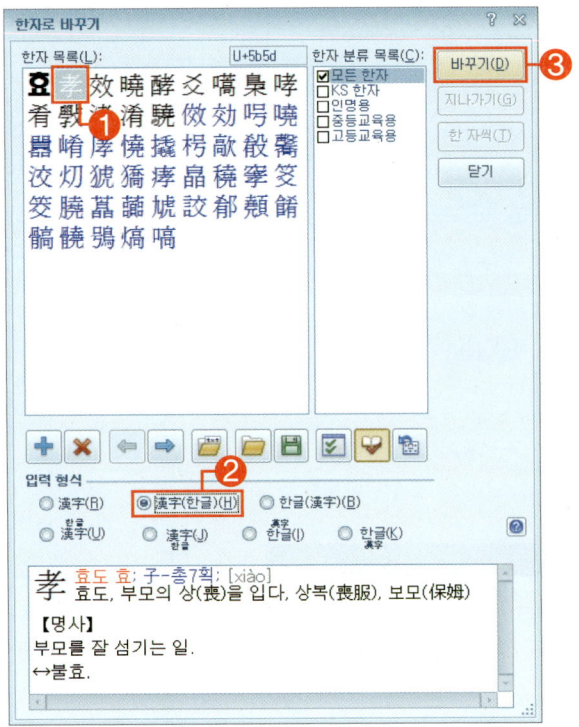

03 여덟 번째 줄의 '금'을 블록 지정한 후 한자 키를 누릅니다. [한자 목록]에서 **두 번째 한자(金)를 선택**한 후 [입력 형식]을 **'漢字'로 지정**하고 **[바꾸기] 단추를 클릭**합니다.

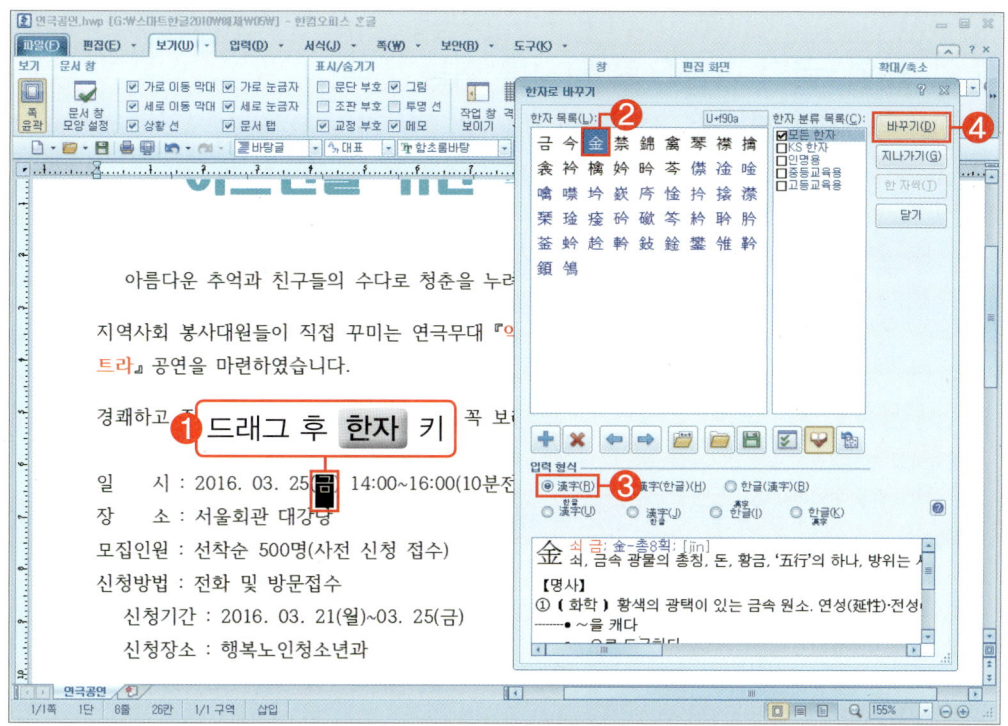

04 같은 방법으로 열두 번째의 '월'과 '금'을 한자로 변경합니다.

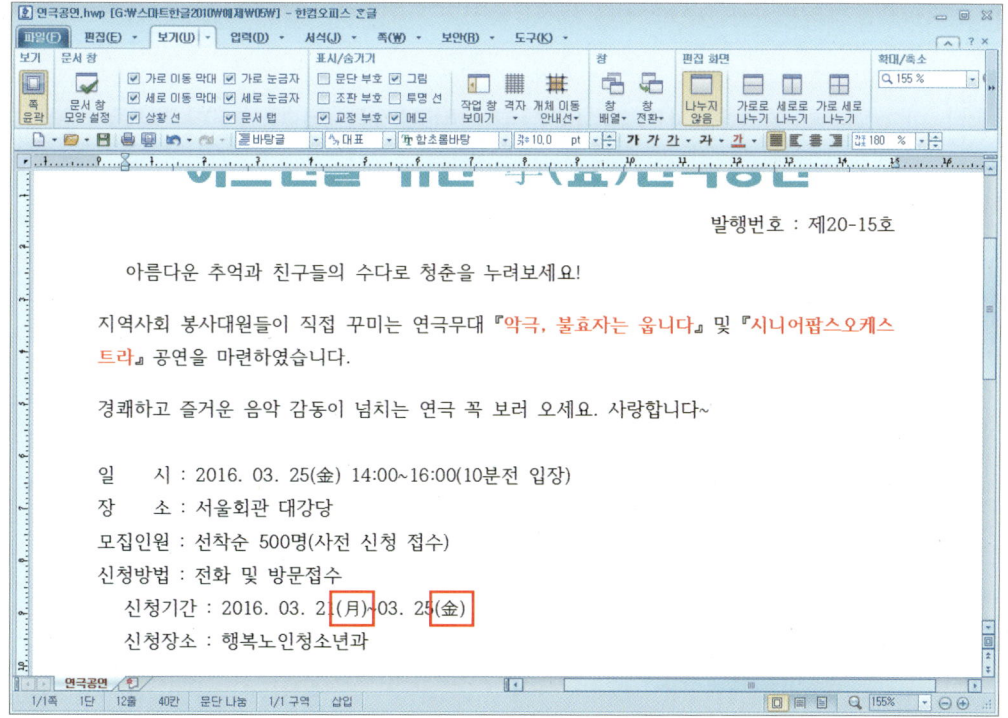

 **다지기**

여덟 번째 줄의 '입장'과 아홉 번째 줄의 '대강당' 글자를 ○漢字(U) 형식으로 변경해 봅니다.
- 입장 : 入場
- 대강당 : 大講堂

문자표 삽입하기

01 여섯 번째 줄의 '음악' 글자 다음으로 커서를 이동한 후, 마우스 오른쪽 단추를 클릭해 [문자표] 바로 가기 메뉴를 선택합니다.

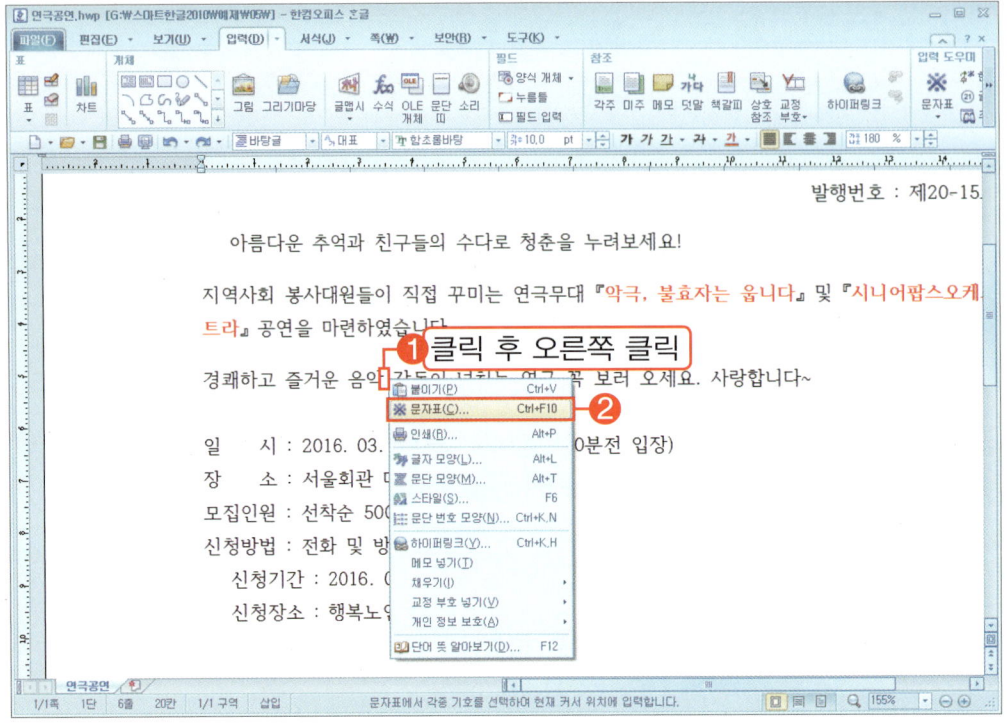

02 [문자표 입력] 대화상자의 [유니코드 문자표] 탭에서 '여러 가지 기호' 영역을 선택합니다. '♪' 모양 음표를 선택한 후 [선택] 단추를 클릭합니다. [입력 문자]란에 추가되고, 다음 문자 기호로 선택 표식이 이동됩니다.

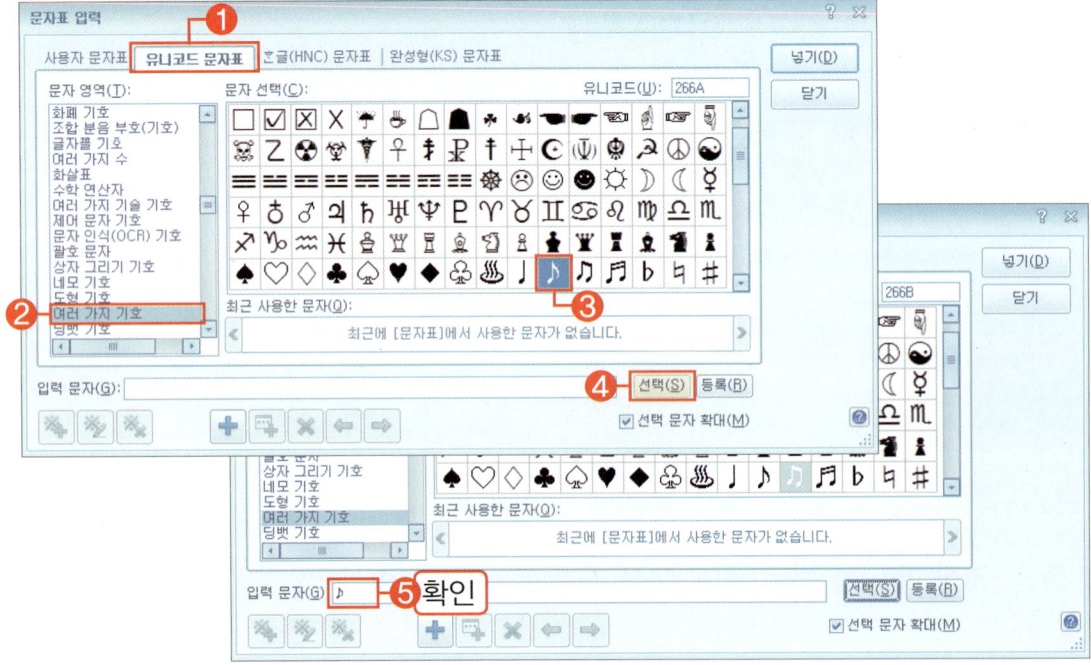

03 계속해서 [선택] 단추를 두 번 더 클릭합니다. [입력 문자] 입력란에 세 개의 음표(♪ ♫ ♬)가 표시되면 [넣기] 단추를 클릭합니다.

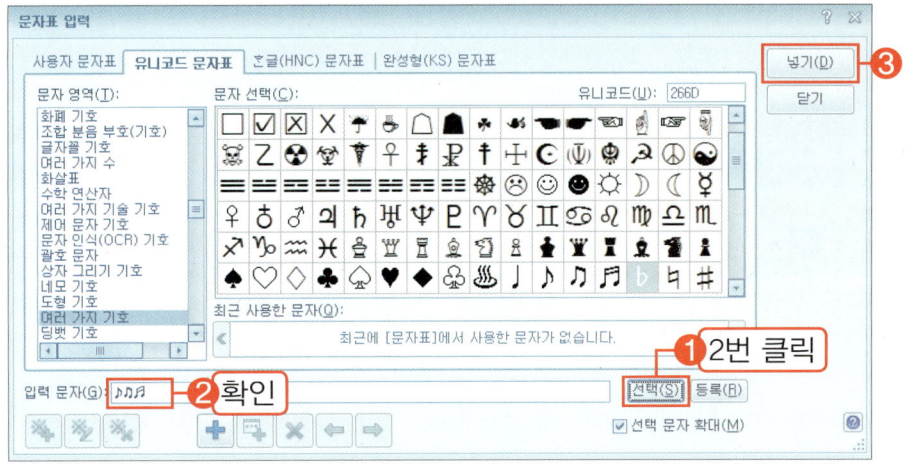

04 같은 줄의 '사랑합니다~' 글자 다음으로 커서를 이동한 후 [입력]-[문자표] 메뉴를 선택합니다.

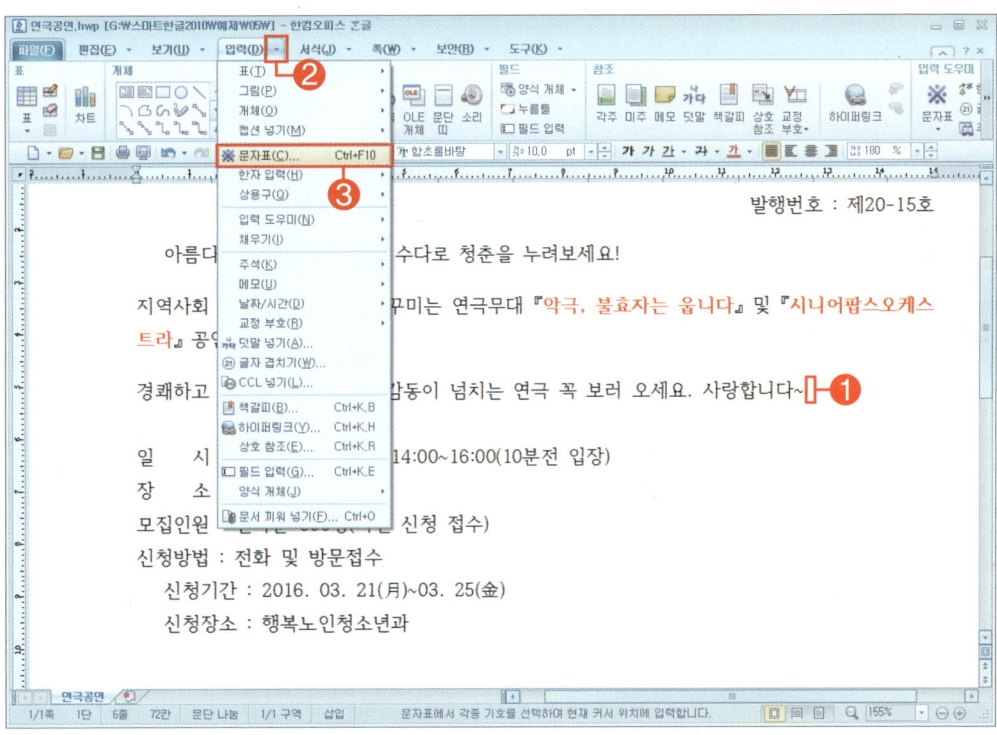

배움터 [문자표 입력] 대화상자를 호출하는 다른 방법

[입력] 탭-[입력 도우미] 그룹-[문자표]-[문자표]를 선택하거나 Ctrl + F10 키를 누릅니다.

05 [유니코드 문자표] 탭에서 '딩벳 기호' 영역을 선택합니다. 그림과 같은 하트 모양을 선택한 후 [넣기] 단추를 클릭합니다.

06 문자표에서 삽입한 음표(♪ ♫ ♬)와 하트(♥)의 글자 크기(20pt)와 글자 색(주황, 에메랄드 블루, 진달래색, 빨강)을 지정하여 꾸며 봅니다.

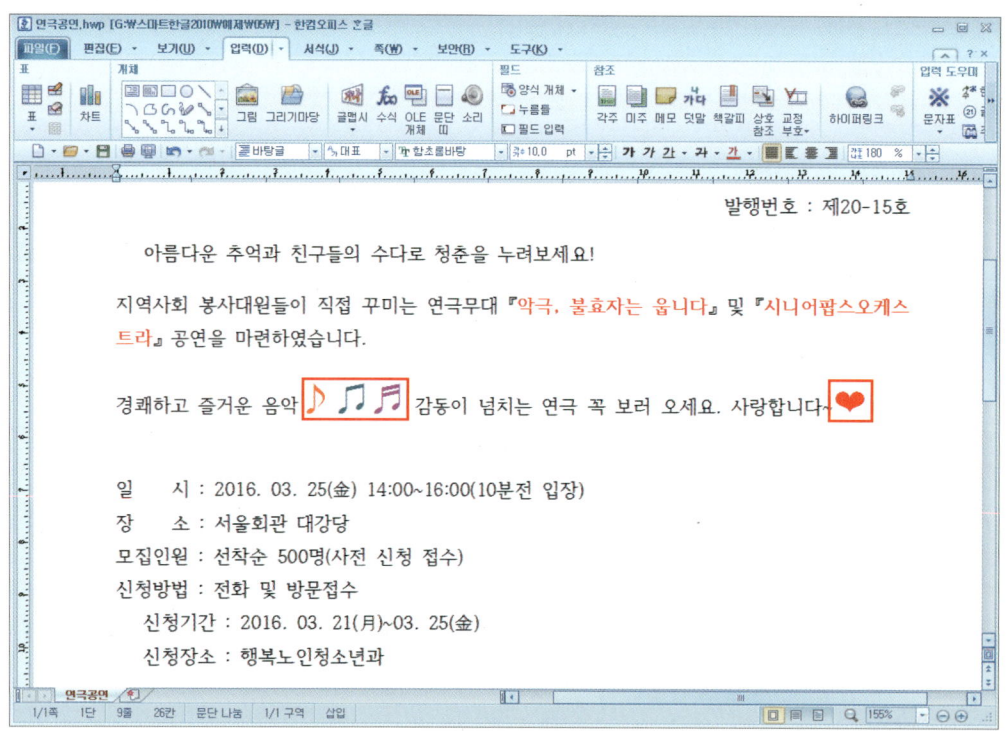

배움터 [문자표]에서 삽입한 특수 문자는 하나의 글자로 인식되기 때문에 다양한 글자 서식을 지정할 수 있습니다.

글머리표 삽입하기

01 '일시'에서 '신청방법'까지 블록 지정한 후 [서식] 탭-[글머리] 그룹-[그림 글머리표(≡·)]-[그림 글머리표 모양]을 선택합니다.

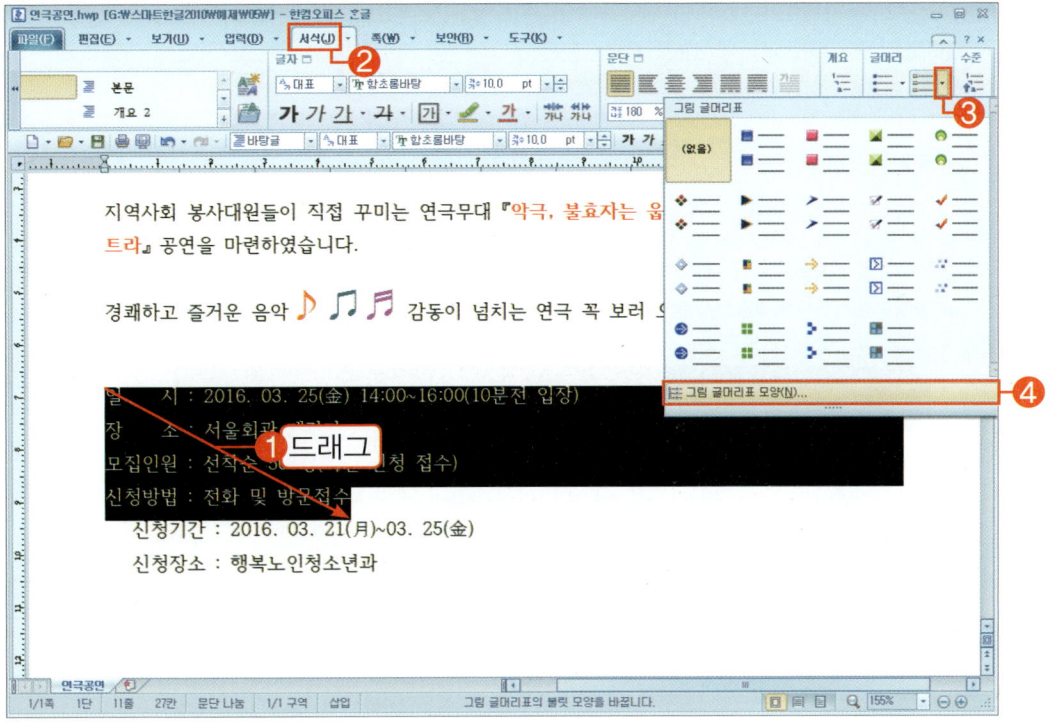

02 [문단 번호/글머리표] 대화상자의 [그림 글머리표] 탭에서 그림과 같이 **노란색 원 모양을 선택**한 후 [설정] 단추를 클릭합니다.

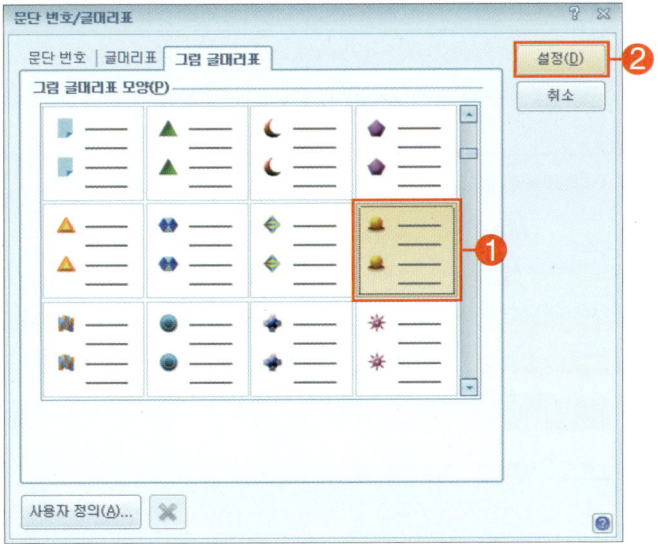

03 '신청기간'에서 '신청장소'까지 블록 지정한 후 [서식] 탭–[글머리] 그룹–[글머리표(≡·)]에서 첫 번째의 원 모양을 선택합니다.

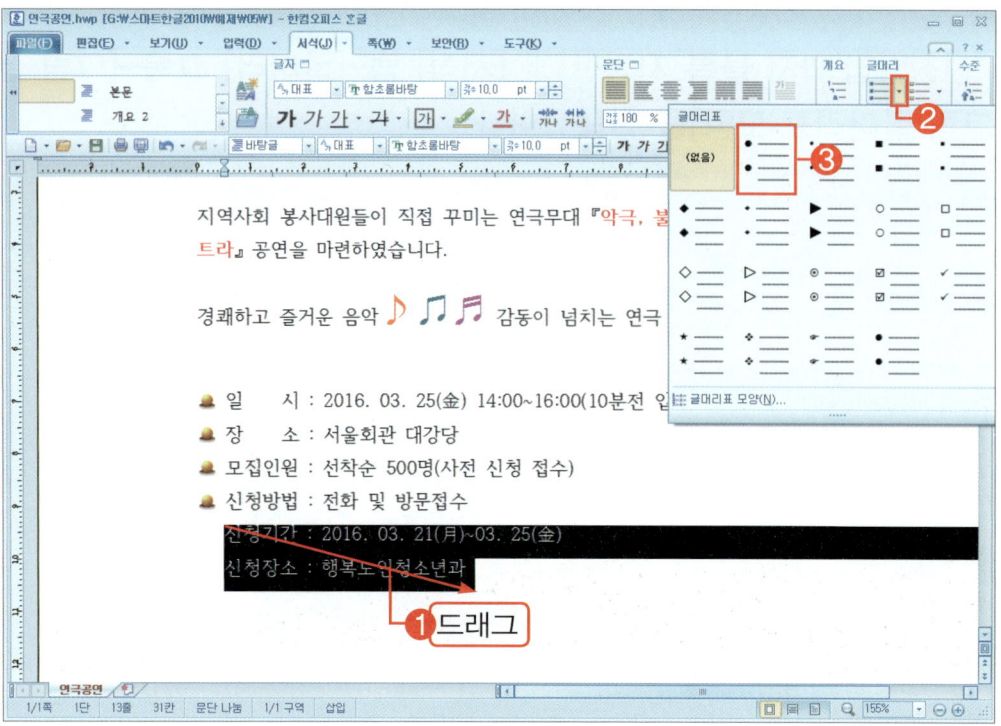

04 그림 글머리표와 글머리표가 지정된 것을 확인합니다.

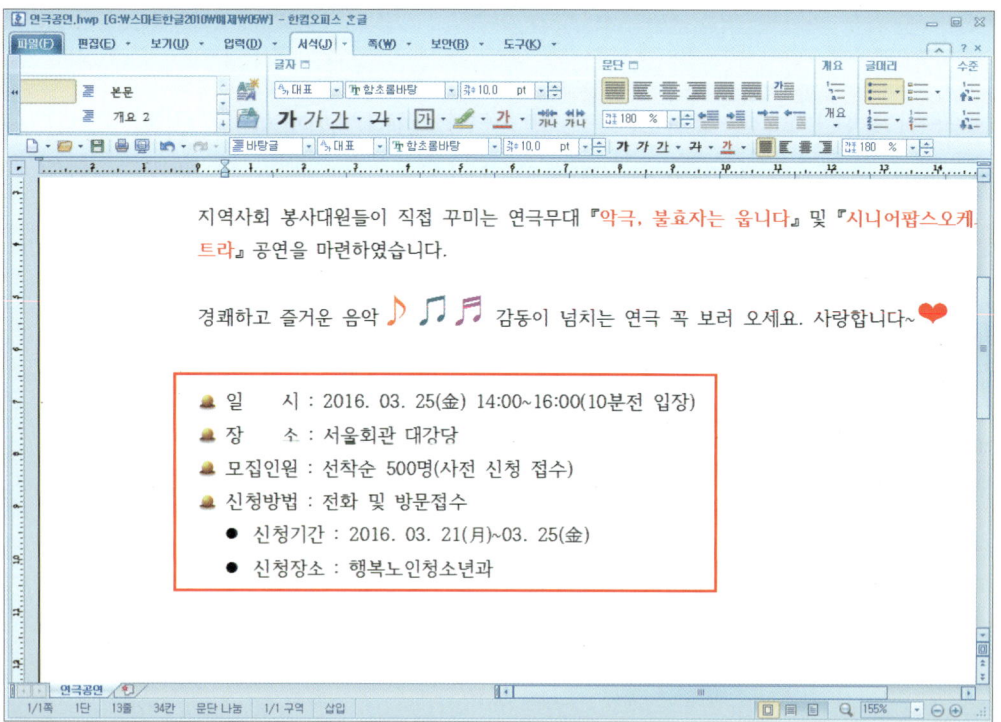

[그림 글머리표]나 [글머리표] 목록에서 [(없음)]을 선택하여 글머리표를 삭제해 봅니다.

1 '참가자 모집.hwp' 파일을 불러와 제목을 가운데 정렬하고, 그림과 같이 한자와 문자표(※, ☎)를 입력해 봅니다.

7330 생활체육교실 참가자 募集(모집)

생활체육교실에서는 어르신들의 즐겁고 유쾌한 체력단련과 문화적 가치를 향상시키고자 생활체육교실을 운영코자 하오니, 많은 참여 바랍니다.

운영기간 : 2016년 4월 1일(금) ~ 2016년 7월 29일(금)
접수시간 : 2016년 3월 21일(월) 10:00부터 선착순 모집
※대기자 10명까지 접수가능
접수방법 : 전화접수 또는 방문접수만 가능
참가자격 : 만 65세 어르신 누구나
접 수 처 : 생활체육회 사무국
문의전화 : ☎945-7895

도움터

- ※ : [유니코드 문자표] 탭-[일반 구두점] 문자 영역
- ☎ : [유니코드 문자표] 탭-[여러 가지 기호] 문자 영역

2 그림과 같이 그림 글머리표를 삽입하고 들여쓰기와 줄 간격을 지정해 봅니다.

7330 생활체육교실 참가자 募集(모집)

생활체육교실에서는 어르신들의 즐겁고 유쾌한 체력단련과 문화적 가치를 향상시키고자 생활체육교실을 운영코자 하오니, 많은 참여 바랍니다.

❇ 운영기간 : 2016년 4월 1일(금) ~ 2016년 7월 29일(금)
❇ 접수시간 : 2016년 3월 21일(월) 10:00부터 선착순 모집
　　※대기자 10명까지 접수가능 —— 들여쓰기 : 15pt
❇ 접수방법 : 전화접수 또는 방문접수만 가능 —— 줄 간격 : 200%
❇ 참가자격 : 만 65세 어르신 누구나
❇ 접 수 처 : 생활체육회 사무국
❇ 문의전화 : ☎945-7895

06 건강검진 광고지 만들기

이번 장에서는 여러 개의 그림을 삽입하여 그림의 위치와 크기 및 다양한 효과를 지정하는 방법에 대해 알아봅니다. 또한 글상자를 삽입하여 채우기 색과 테두리 색, 투명도 등의 다양한 편집 기능으로 문서의 특정 영역에 글자를 넣는 방법도 익혀보도록 하겠습니다.

 무엇을 배울까요?

- ··· 그림 삽입과 스타일 지정하기
- ··· 그림 효과와 색조 지정하기
- ··· 글상자 삽입하기
- ··· 채우기 색과 투명도 지정하기

 **그림 삽입하기**

그림 삽입하기

01 [입력] 탭-[개체] 그룹-[그림(🖼)]을 클릭합니다. [그림 넣기] 대화상자에서 '가로배경.jpg' 파일을 선택하고 '문서에 포함'을 체크 표시한 후 [넣기] 단추를 클릭합니다.

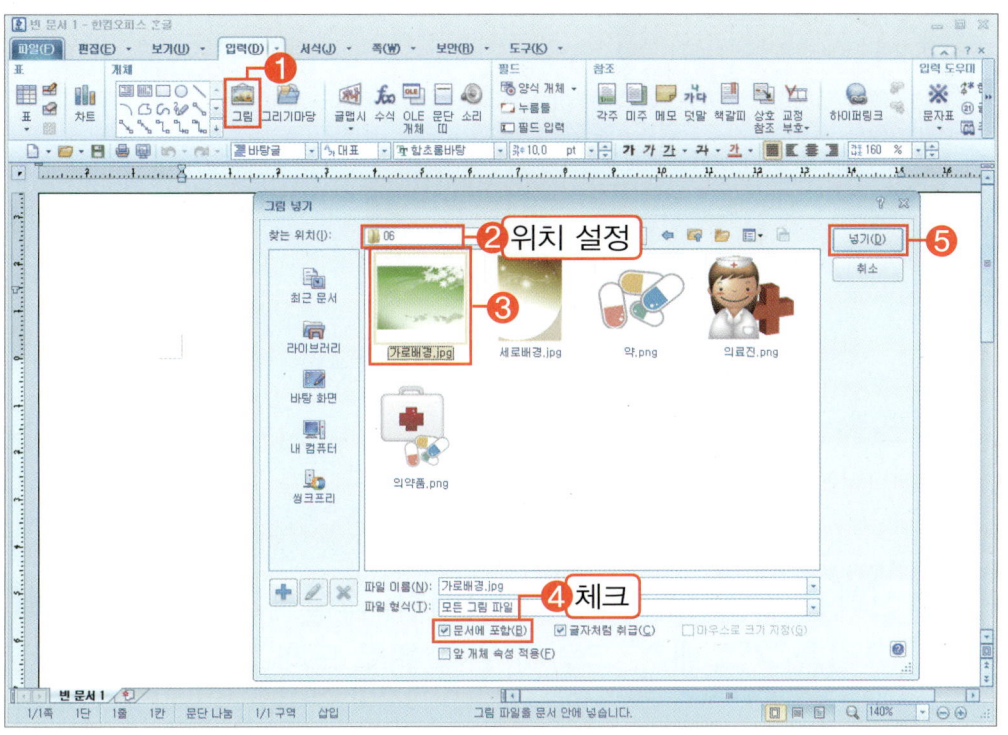

> **배움터** '문서에 포함'을 선택하지 않으면 삽입한 그림의 위치가 달라지거나 삽입한 그림이 존재하지 않을 경우 그림을 표시하지 못하므로 가능한 '문서에 포함'을 선택하는 것이 좋습니다.

02 다시 [입력] 탭-[개체] 그룹-[그림(🖼)]을 클릭하여 '의료진.png' 파일을 선택하고 '글자처럼 취급'의 체크를 해제한 후 [넣기] 단추를 클릭합니다.

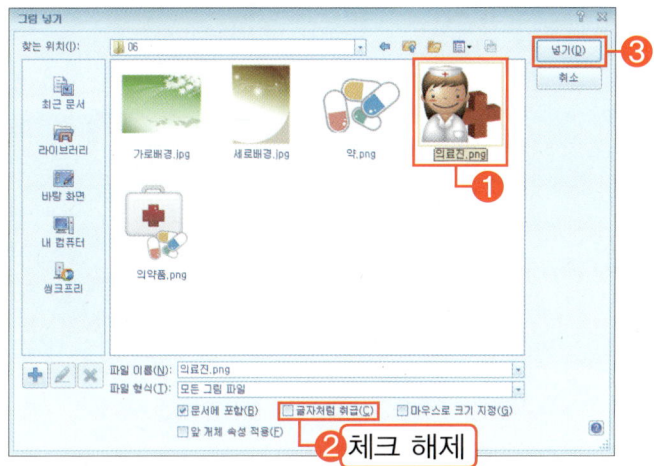

본문과의 배치 지정하기

01 삽입된 그림을 선택하면 8개의 크기 조절점이 표시됩니다. 이때 **오른쪽 아래의 모서리 크기 조절점을 위쪽으로 드래그**합니다.

02 '의료진' 그림이 선택된 상태에서 [그림] 탭-[배치] 그룹-[글 앞으로(　)]를 클릭합니다. '의료진' 그림을 '가로배경' 그림의 **왼쪽 위로 드래그**합니다.

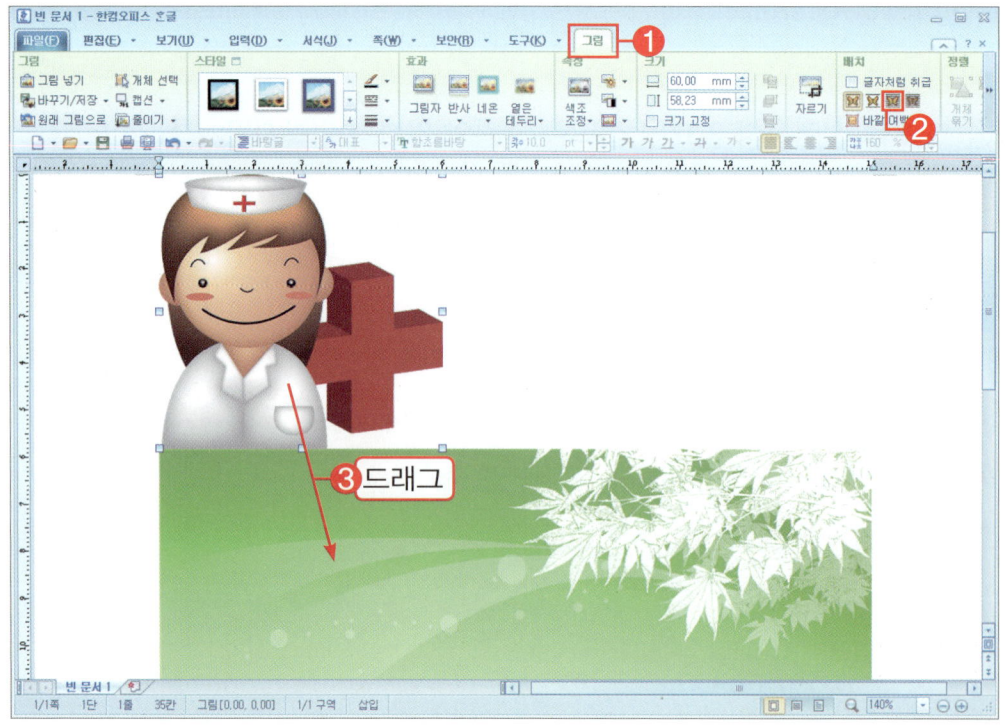

03 다시 크기와 위치를 조정하여 그림과 같이 배치한 후, [그림] 탭-[그림] 그룹-[그림 넣기(그림 넣기)]를 클릭합니다.

04 '의약품.png' 파일을 삽입한 후 [그림] 탭-[배치] 그룹-[글 앞으로(　)]를 클릭하여 그림과 같이 배치합니다.

배움터 여러 개체가 겹쳐 있는 경우

예제처럼 '글자처럼 취급'으로 설정된 개체와 겹쳐 있는 경우, 개체를 선택한 후 [글 앞으로(　)] 또는 [글 뒤로(　)]로 선택된 개체의 배치를 조정합니다. 그렇지 않은 경우 [정렬] 그룹의 [맨 앞으로(　)] 또는 [맨 뒤로(　)]를 이용하여 조정합니다.

 **그림 편집하기**

01 '가로배경' 그림을 선택한 후 [그림] 탭-[스타일] 그룹-[자세히(▼)]를 클릭합니다. 스타일 목록에서 [회색 아래쪽 그림자]를 선택합니다.

02 '의료진' 그림을 선택한 후 [그림] 탭-[효과] 그룹-[반사(▦)]-[1/2 크기, 근접]을 선택합니다.

03 [그림] 탭-[효과] 그룹-[네온( )]-[강조색 4, 10pt]를 선택합니다.

04 '의약품' 그림을 선택한 후 [그림] 탭-[속성] 그룹-[색조 조정( )]-[회색조]를 선택합니다.

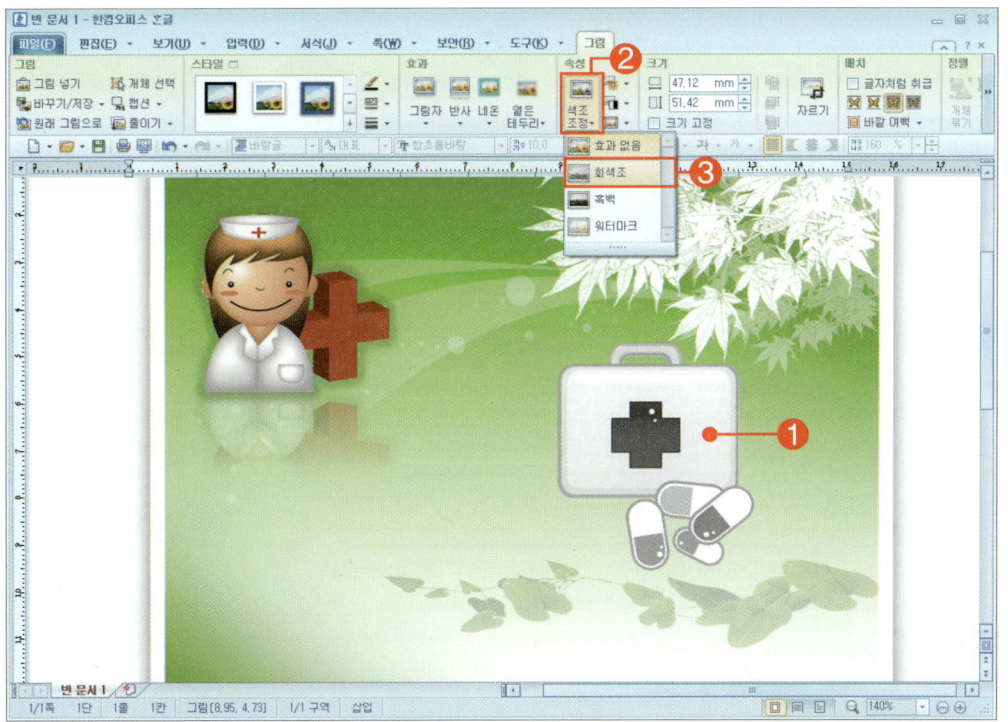

[그림] 탭-[그림] 그룹-[원래 그림으로( )]를 클릭하여 그림에서 편집한 모든 작업을 취소해 봅니다.

03 글상자 삽입하기

글상자 삽입하기

01 [입력] 탭-[개체] 그룹-[가로 글상자()]를 클릭합니다. 마우스 포인터 모양이 십자가 모양으로 변경되면 **글상자를 삽입할 위치에 드래그**합니다.

02 글상자가 만들어지면 **내용을 입력**한 후 **글꼴, 글자 크기, 글자색을 지정**합니다.

- 글꼴 : 휴먼편지체
- 글자 크기 : 48
- 글자 색 : 검정, 빨강, 바다색

03 같은 방법으로 아래쪽에 **글상자를 삽입**한 후 **내용을 입력**하고 **글자 크기를 지정**합니다.

채우기 색과 투명도 지정하기

01 **위쪽 글상자를 선택**한 후 [도형] 탭-[스타일] 그룹-[채우기(채우기)]-[색 없음]을 **선택**합니다.

02 [도형] 탭-[스타일] 그룹-[**선 종류**(선 종류)]-[**선 없음**]을 **선택**합니다.

03 아래쪽 글상자를 선택한 후 [도형] 탭-[스타일] 그룹-[**채우기**(채우기)]-[**노른 자색**]을 **선택**합니다.

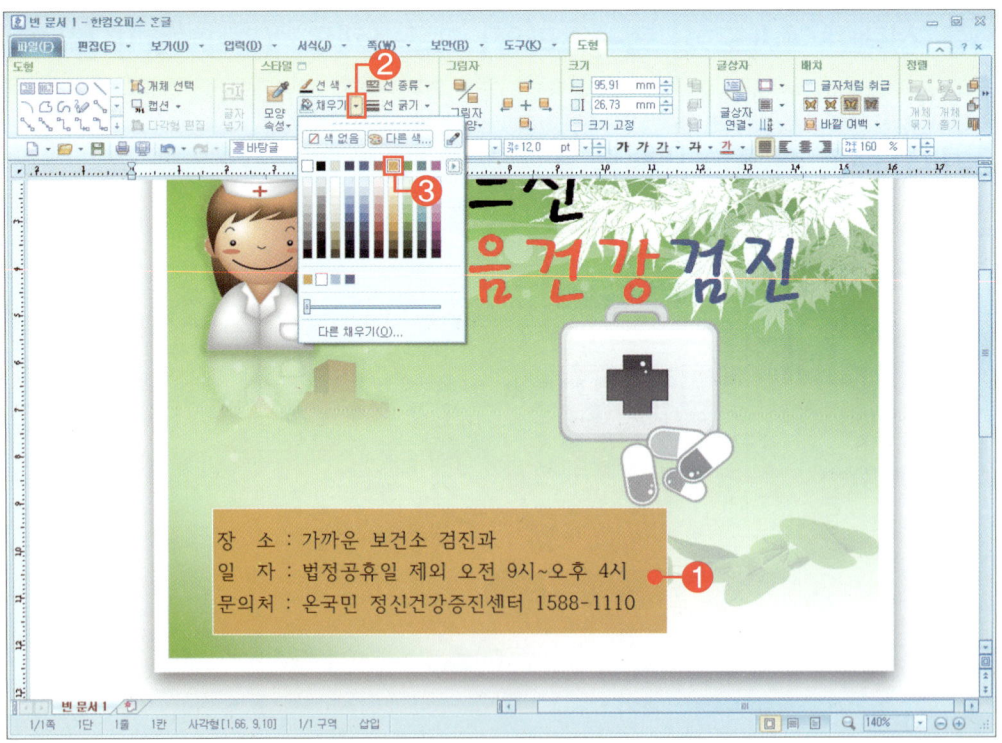

04 다시 [채우기(채우기▼)]에서 투명도를 '54%' 정도로 지정합니다.

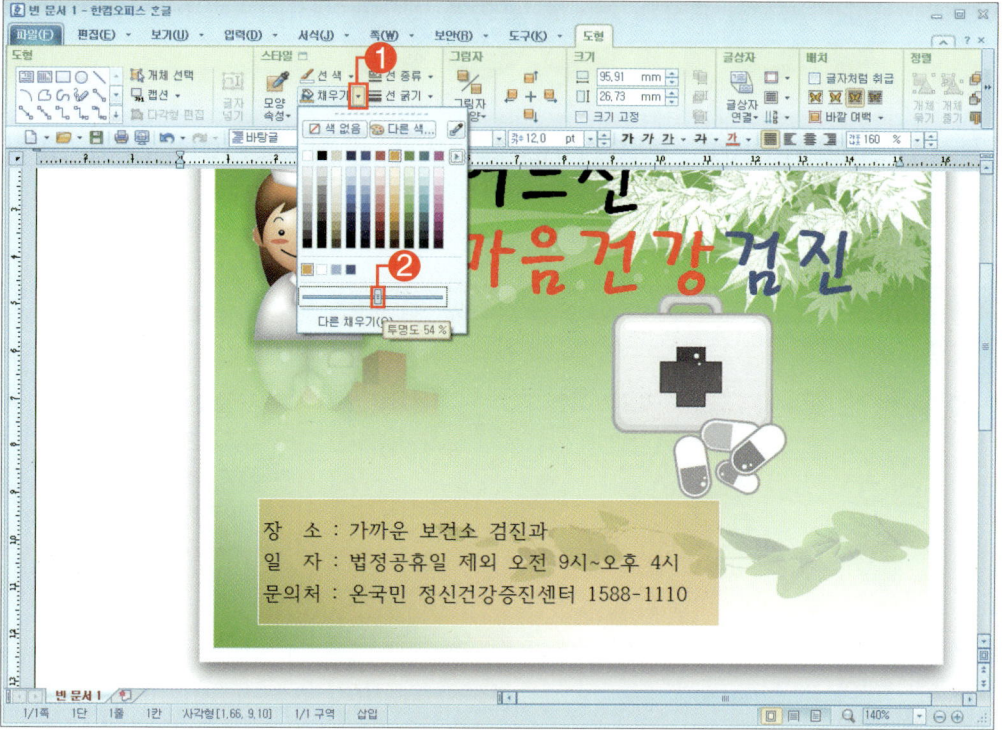

05 [도형] 탭-[스타일] 그룹-[선 색(선 색▼)]-[노랑]을 선택합니다.

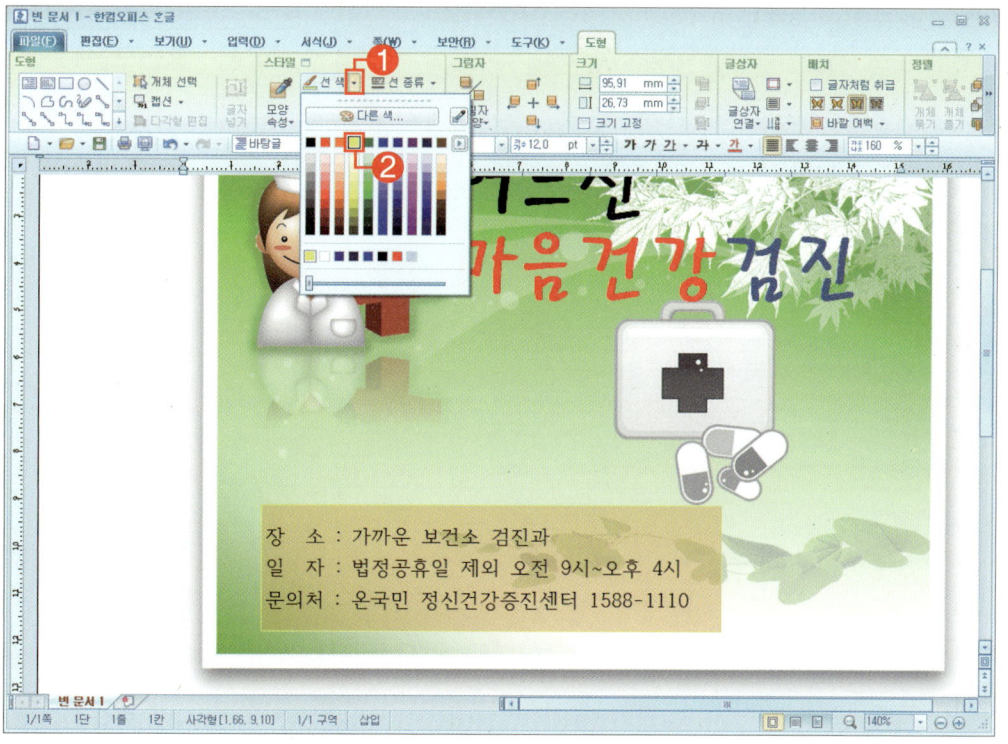

글상자에 선 색, 채우기 색, 선 종류, 선 굵기 등을 지정하여 다양한 모양의 글상자를 만들어 봅니다.

디딤돌학습

1 '세로배경.jpg', '방패연.png', '팽이.png' 파일과 글상자를 이용하여 그림과 같은 문서를 완성해 봅니다.

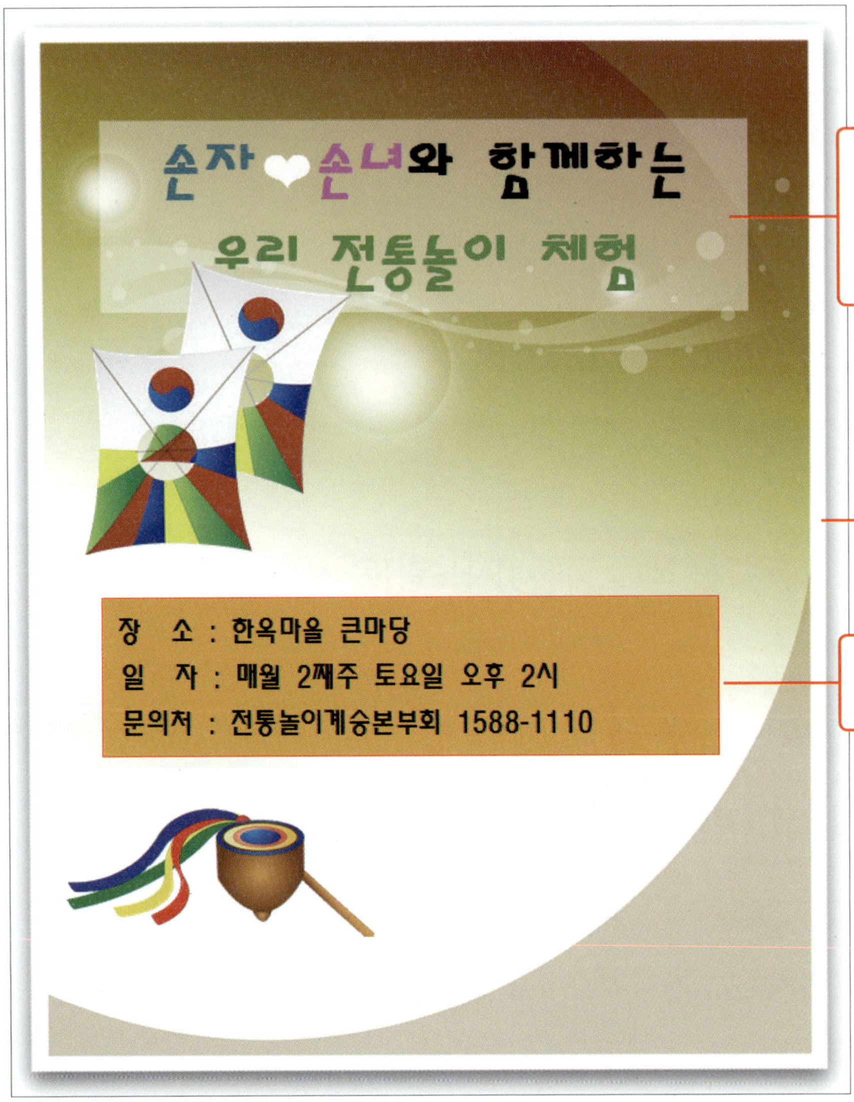

- 글꼴 : 양재깨비체B
- 글자 크기 : 32
- 글자 색 : 에메랄드 블루, 진달래색, 멜론색

- 그림 스타일 : 회색 아래쪽 그림자

- 글꼴 : 휴먼모음T
- 글자 크기 : 16

도움터

- 위쪽 글상자 : '글자처럼 취급' 체크 해제, [배치]–[글 앞으로], [채우기 색]–[하양], [선 종류]–[선 없음], [투명도]–[50%]
- 아래쪽 글상자 : '글자처럼 취급' 체크 해제, [배치]–[글 앞으로], [채우기 색]–[노른자색], [선 색]–[빨강]

07 보험상품 홍보물 만들기

이번 장에서는 도형을 삽입하여 선 색, 채우기 색 등을 지정하고 도형을 복사하는 방법에 대해 알아봅니다. 또한 여러 개의 도형을 하나의 개체로 묶기하거나 특정 도형의 개체가 앞으로 오도록 순서를 변경하는 방법과 함께 글자를 복사하는 방법도 익혀보도록 하겠습니다.

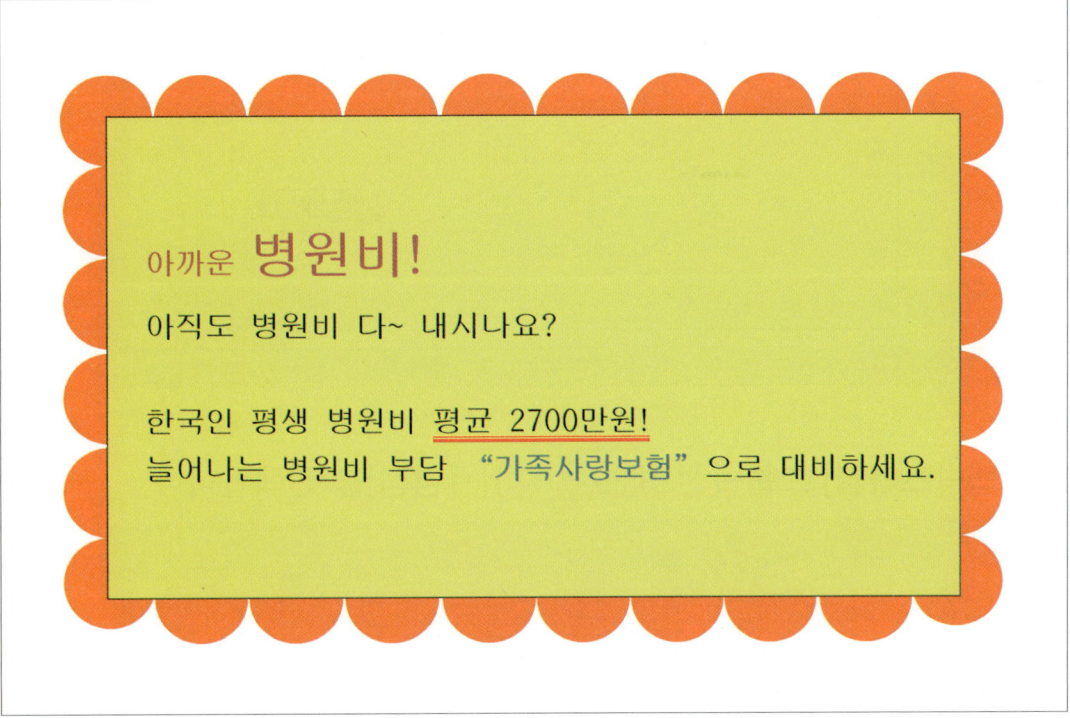

 을 배울까요?

- 직사각형 도형 삽입과 편집하기
- 타원 도형 삽입과 복사하기
- 도형 개체 묶기 및 앞으로 보내기
- 글자 복사하여 붙이기

01 도형 삽입하기

직사각형 도형 삽입하기

01 [입력] 탭-[개체] 그룹-[직사각형(□)]을 **클릭**합니다. 마우스 포인터 모양이 십자가 모양으로 변경되면 **직사각형을 삽입할 위치에 드래그**합니다.

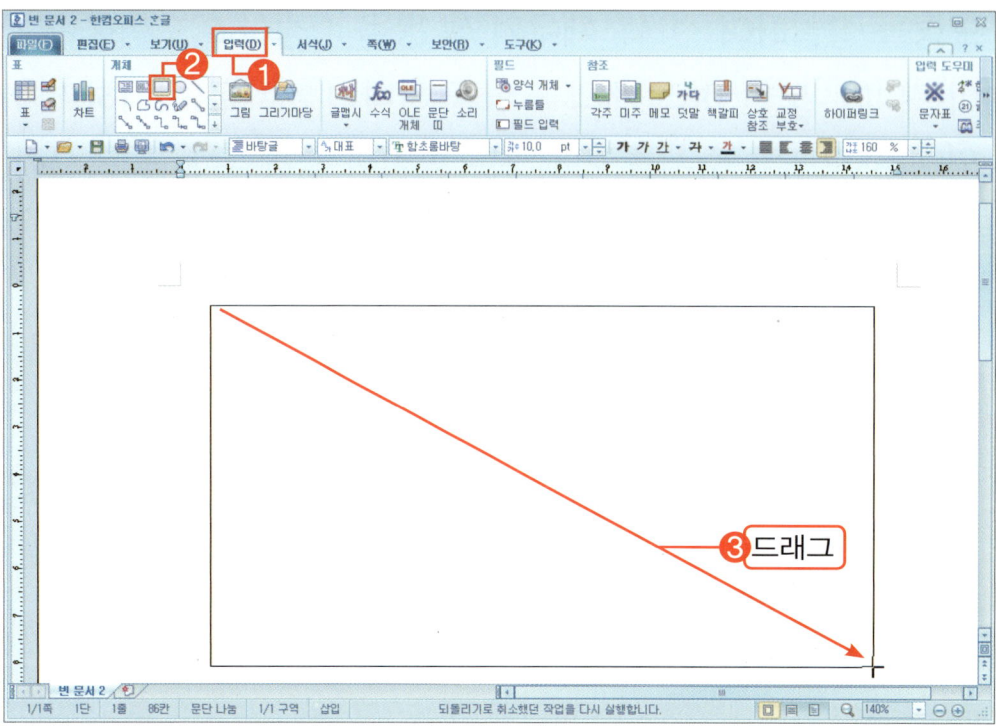

02 [도형] 탭-[스타일] 그룹-[선 색(선 색 ▼)]-[검정]을 **선택**합니다.

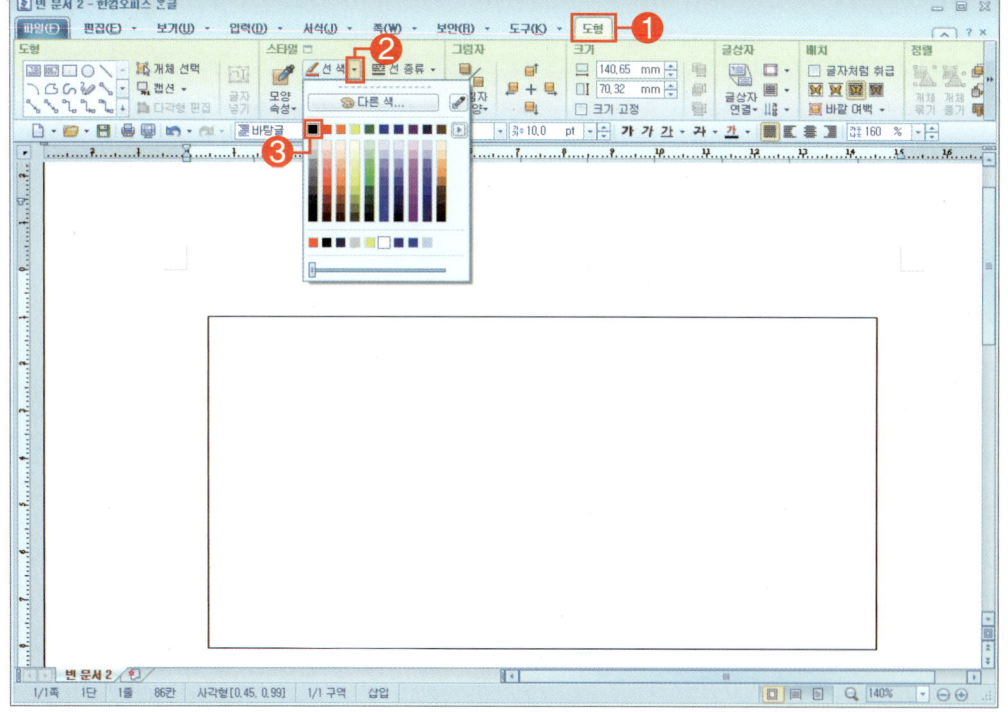

03 [도형] 탭-[스타일] 그룹-[**채우기**(채우기 ▼)]에서 색상 테마를 [**오피스**]로 변경한 후, [**노랑**]을 클릭합니다.

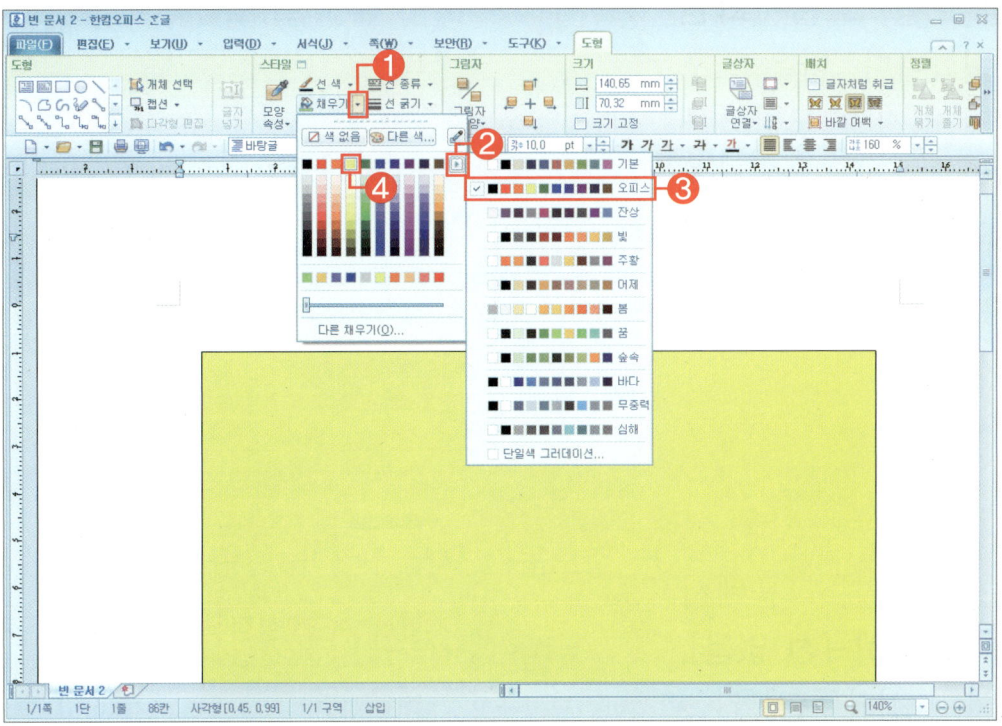

04 [도형] 탭-[크기] 그룹에서 [**너비**(□)]의 값은 '**140mm**', [**높이**(□)]의 값은 '**80mm**'로 지정하고 [**크기 고정**]을 체크 표시합니다.

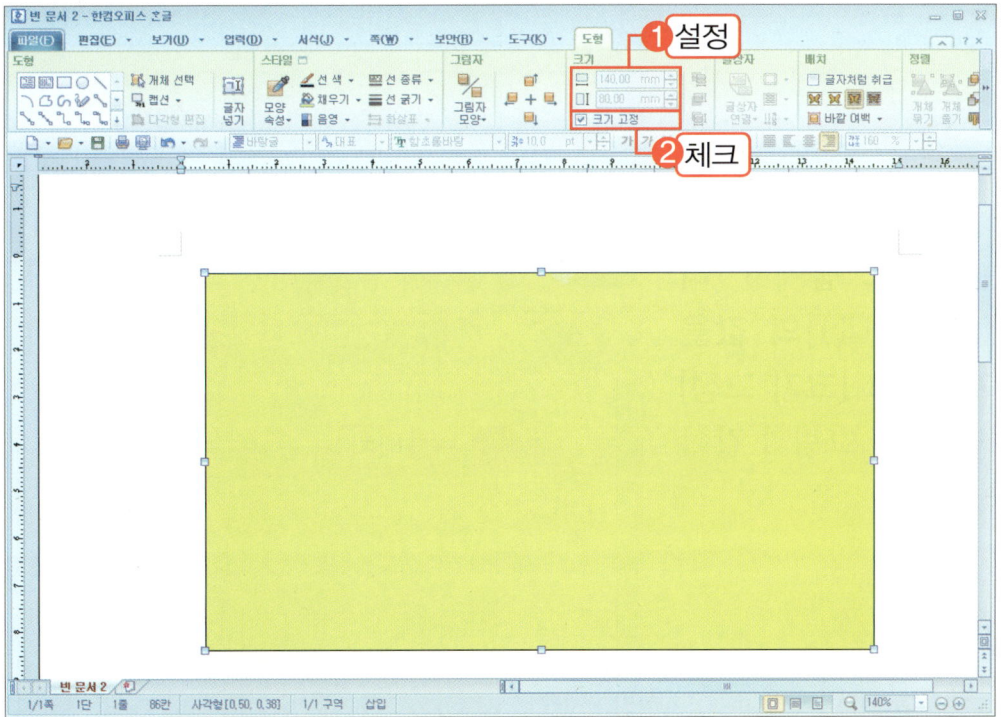

> **배움터** 도형 개체의 [너비]와 [높이]를 고정 값으로 지정한 경우 마우스로도 크기 조절이나 회전을 할 수 없습니다.

타원 도형 삽입하기

01 [도형] 탭-[도형] 그룹-[타원(◯)]을 **클릭**합니다. 마우스 포인터 모양이 십자가 모양으로 변경되면 직사각형 위에 겹치도록 **드래그**하여 타원 도형을 그립니다.

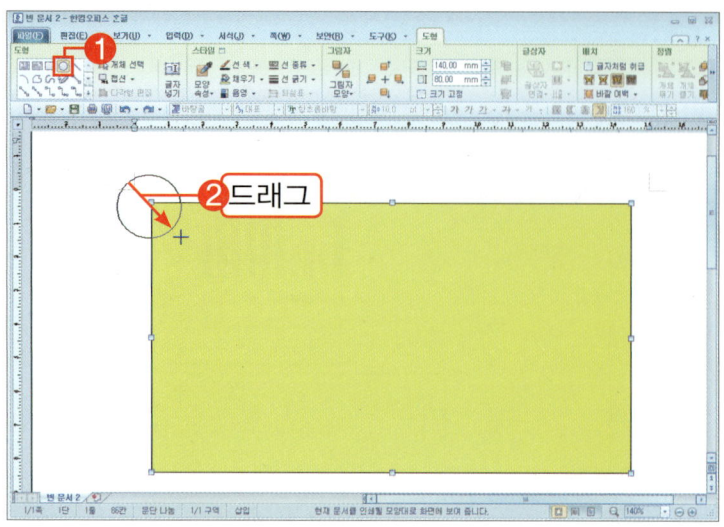

02 [도형] 탭-[스타일] 그룹에서 [선 종류(선 종류 ▾)]-[선 없음], [채우기(채우기 ▾)]-[주황]을 선택합니다.

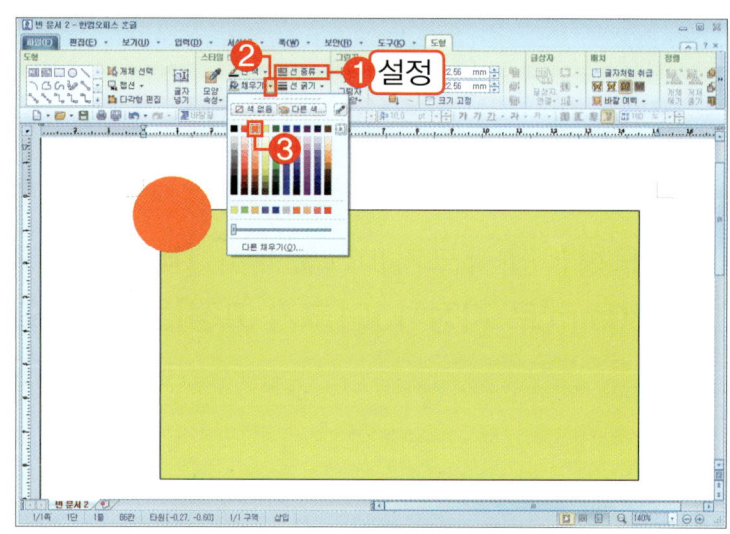

03 [도형] 탭-[크기] 그룹에서 [너비(▯)]와 [높이(▯)]의 값을 '15mm'로 **지정**하고 [크기 고정]을 **체크 표시**한 후, 그림과 같이 **배치**합니다.

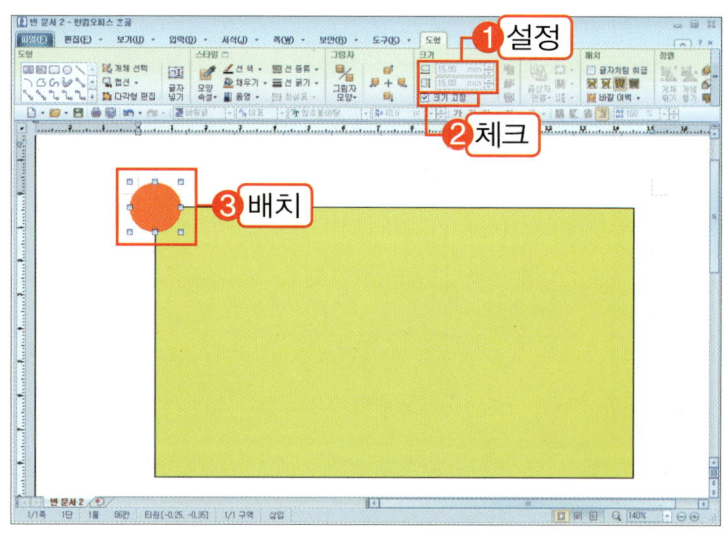

02 도형 편집하기

타원 도형 복사하기

01 '타원' 도형을 선택한 후, Ctrl + Shift 키를 누른 채 오른쪽으로 드래그하여 복사합니다.

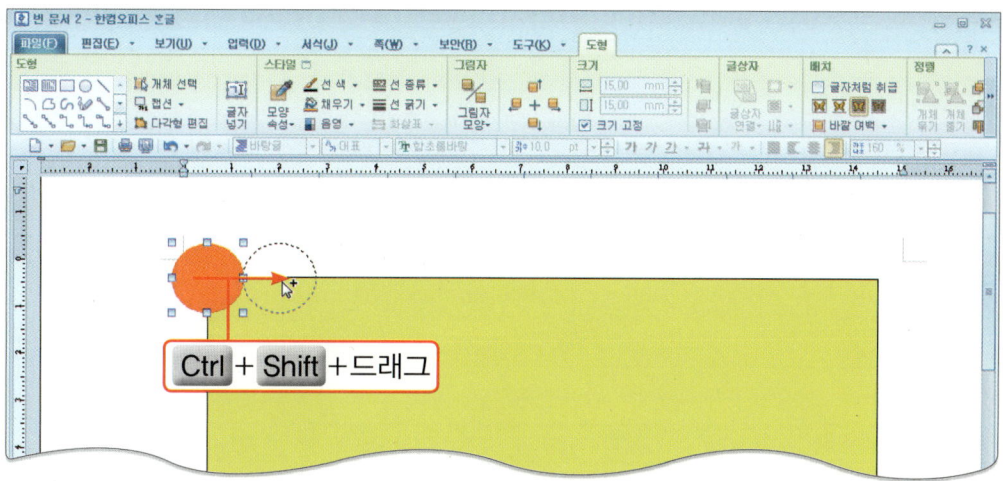

> 배움터
> - Ctrl +드래그 : 복사
> - Shift +드래그 : 수평 또는 수직으로 이동
> - Ctrl + Shift +드래그 : 수평 또는 수직으로 반듯하게 복사

02 같은 방법으로 그림과 같이 **나머지 타원 도형을 복사**합니다.

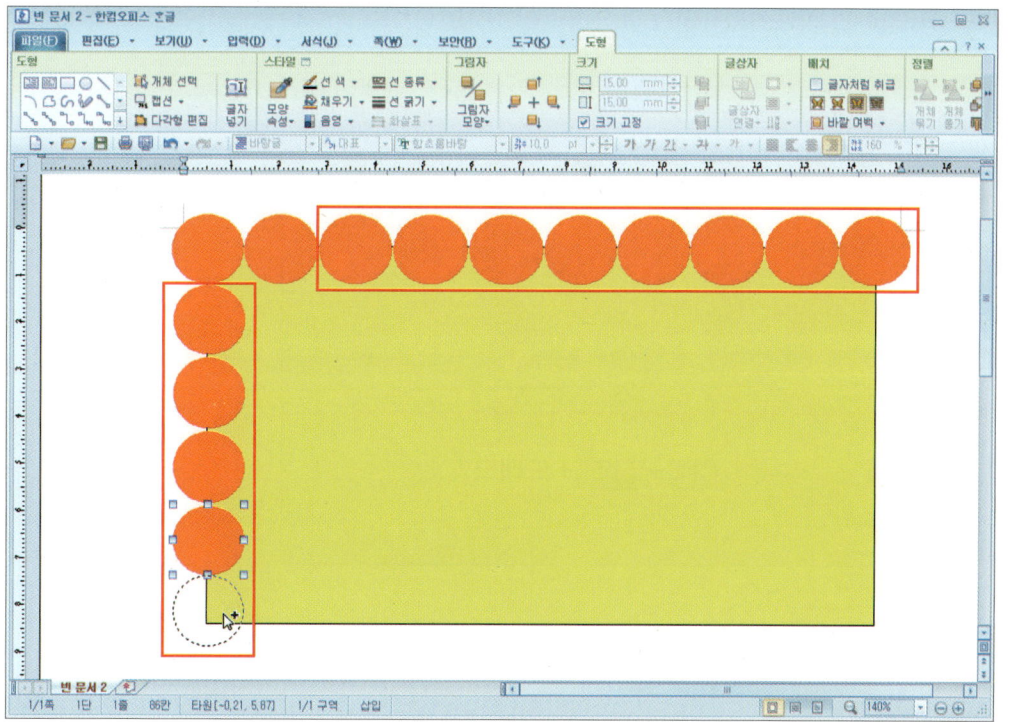

03 왼쪽의 두 번째 타원 도형을 선택한 후 Shift 키를 누른 채 나머지 왼쪽의 타원 도형을 클릭하여 모두 선택합니다.

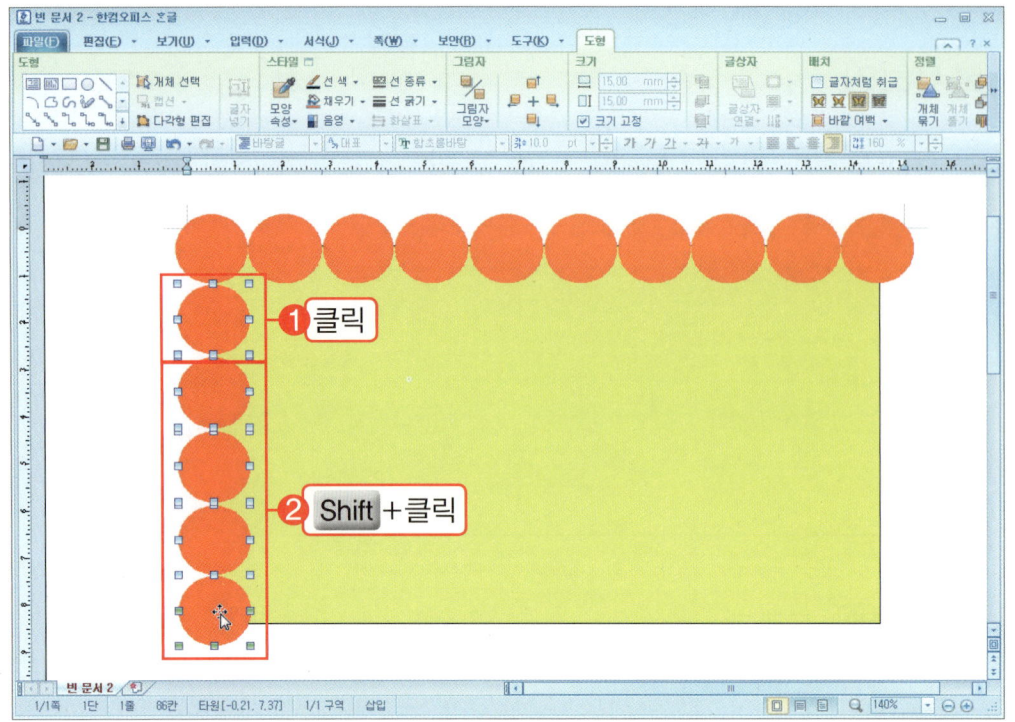

배움터 여러 개의 그리기 개체를 선택할 때에는 키보드의 Shift 키를 누른 채 마우스의 왼쪽 단추로 개체를 클릭합니다.

04 Ctrl + Shift 키를 누른 채 오른쪽으로 드래그하여 복사합니다.

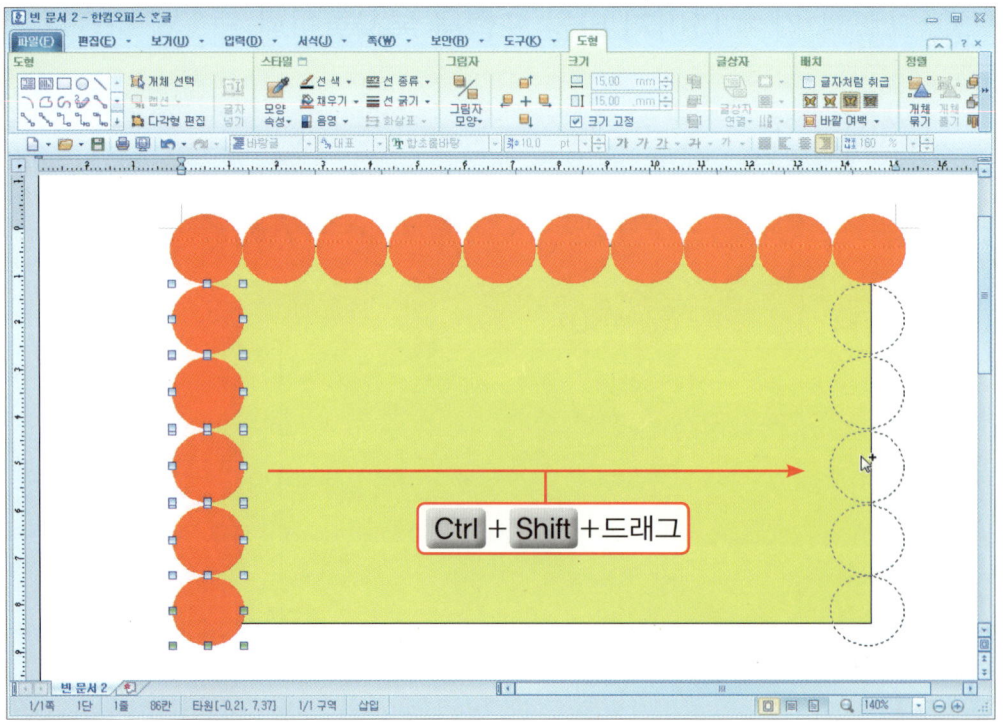

05 [도형] 탭-[도형] 그룹-[개체 선택(개체 선택)]을 클릭하여 마우스 포인터 모양이 로 변경되면 그림과 같이 **드래그하여 8개의 타원 도형을 선택**합니다.

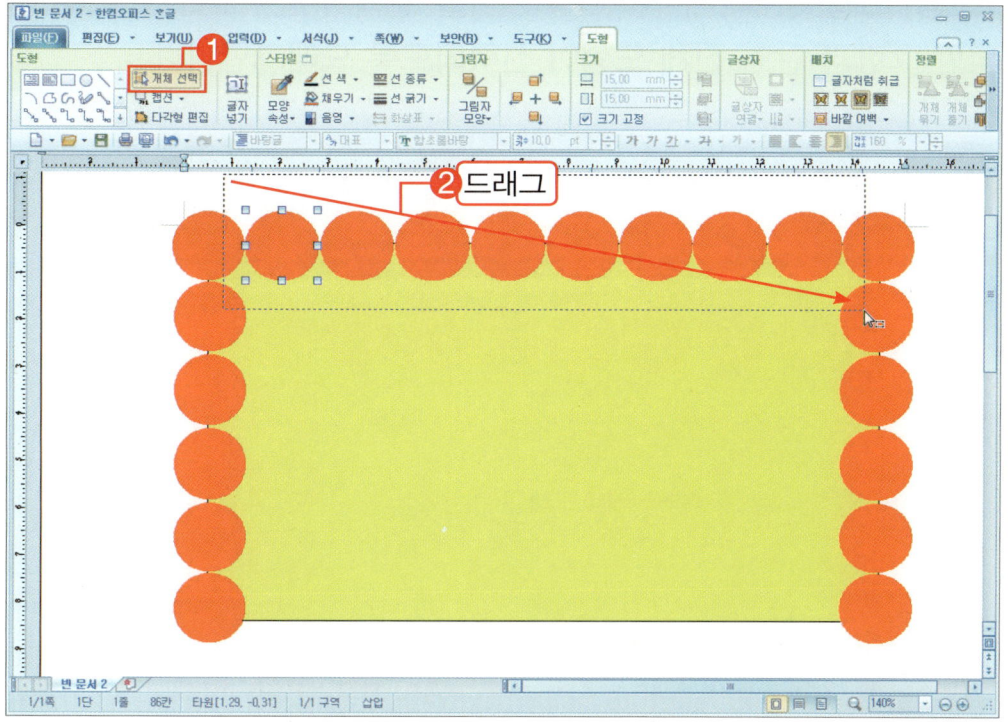

06 Ctrl + Shift 키를 누른 채 아래쪽으로 **드래그**하여 복사합니다.

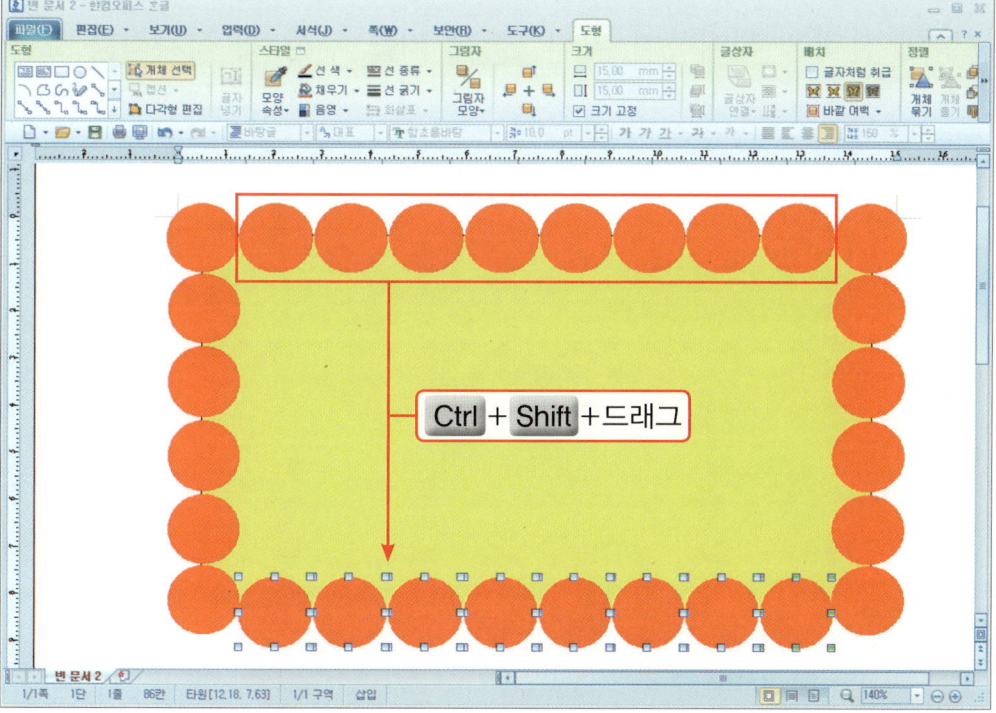

도형 개체 묶기

01 [도형] 탭-[도형] 그룹-[개체 선택(개체 선택)]을 클릭하여 마우스 포인터 모양이 로 변경되면 그림과 같이 **전체 도형이 선택되도록 드래그합니다.**

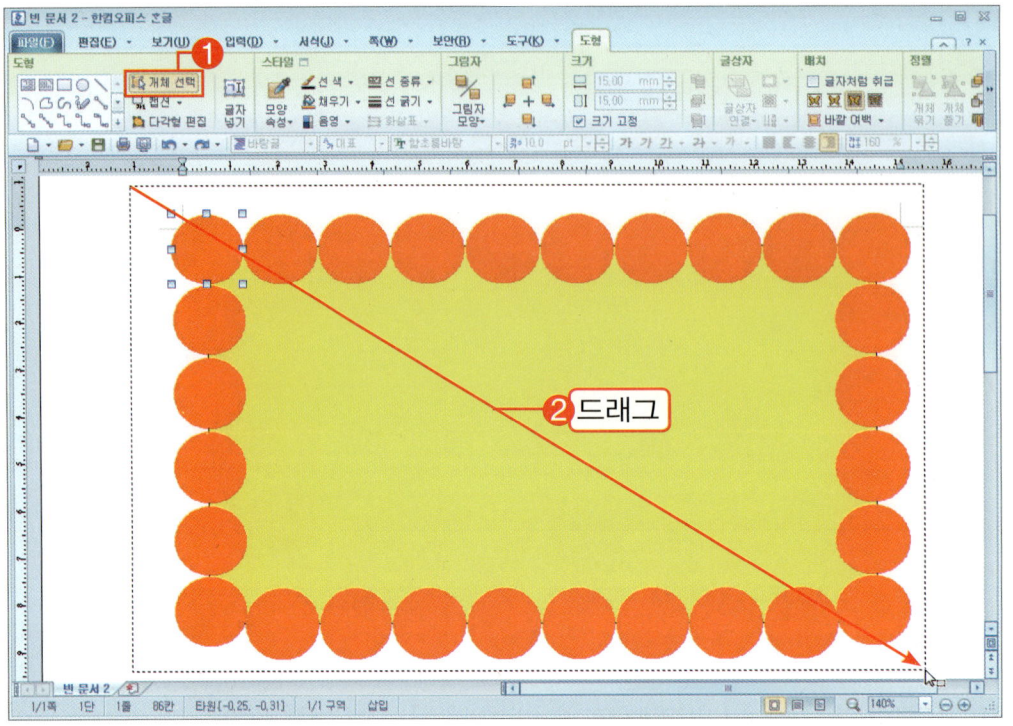

02 직사각형 도형의 선택을 해제하기 위해 Shift 키를 누른 채 직사각형 도형을 클릭합니다.

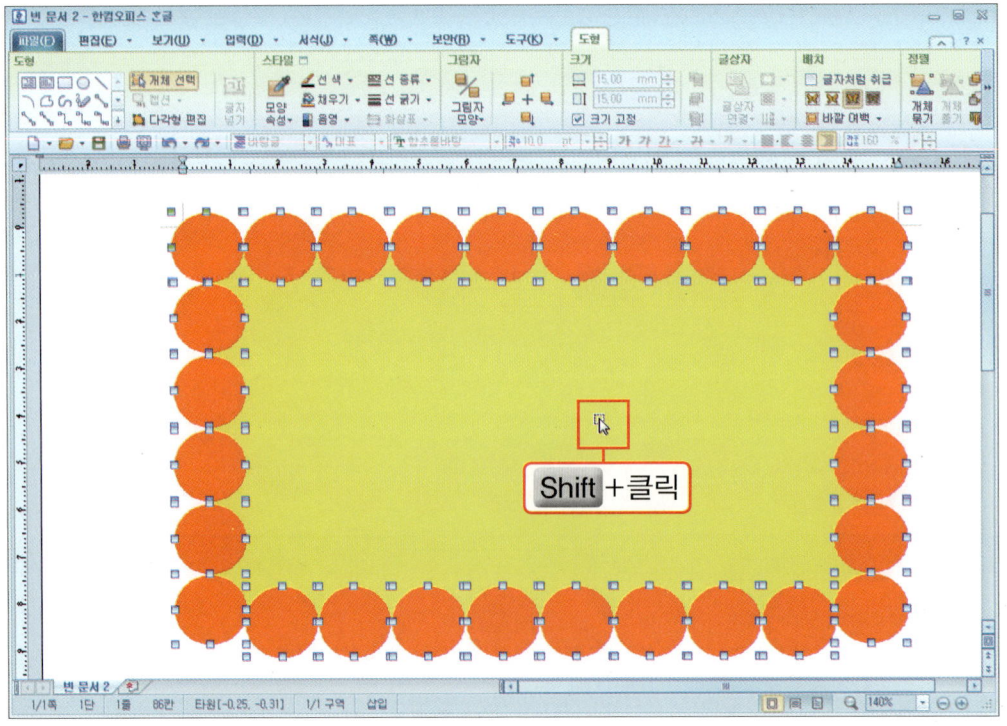

03 [도형] 탭-[정렬] 그룹-[개체 묶기( )]를 클릭하여 타원 도형만 하나의 도형으로 묶기합니다.

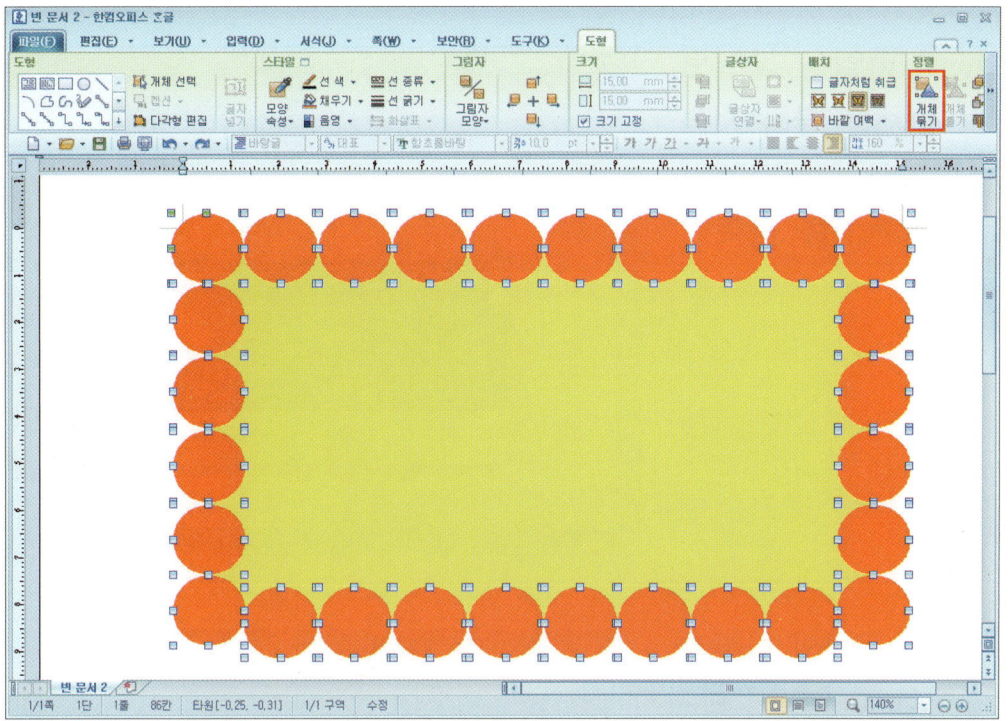

04 직사각형 도형을 선택한 후, [도형] 탭-[정렬] 그룹-[맨 앞으로( )]-[맨 앞으로]를 선택합니다.

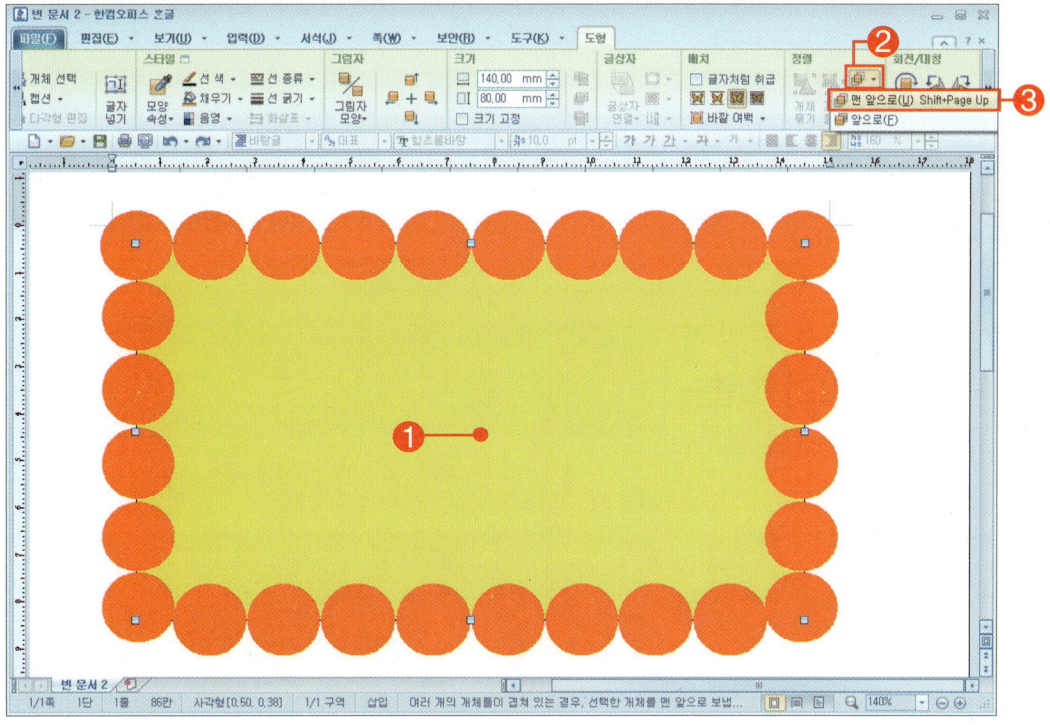

개체 묶기된 타원 도형의 개체를 풀어 타원 도형의 채우기 색을 변경해 봅니다.

글자 복사하기

01 '복사예제.hwp' 파일을 불러오기한 후 **내용 전체를 블록 지정**합니다. **[편집] 탭-[클립보드] 그룹-[복사하기( )]를 클릭**합니다.

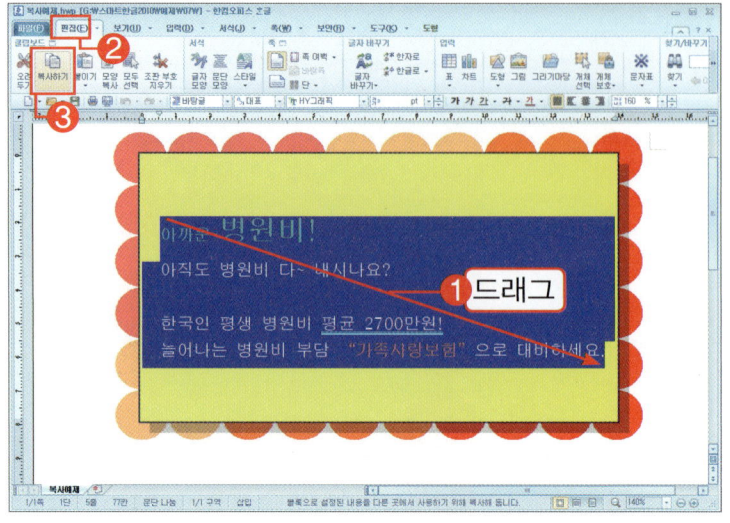

02 작업 중인 문서로 돌아와 직사각형 도형을 선택한 후 **[도형] 탭-[도형] 그룹-[글자 넣기( )]를 클릭**합니다.

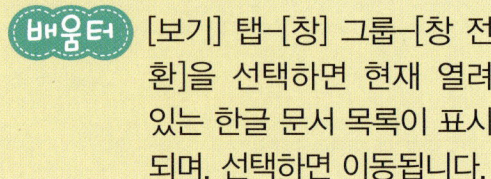 [보기] 탭-[창] 그룹-[창 전환]을 선택하면 현재 열려 있는 한글 문서 목록이 표시되며, 선택하면 이동됩니다.

03 직사각형 안에서 커서가 깜박이면 **[편집] 탭-[클립보드] 그룹-[붙이기( )]를 클릭**합니다.

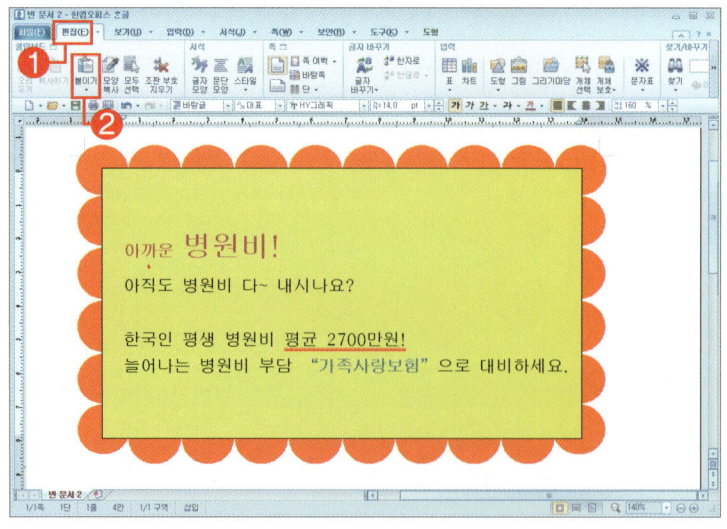

디딤돌학습

1 직사각형 도형 한 개와 타원 도형 네 개를 이용해 그림과 같은 도형을 만들어 봅니다.

- 채우기 색 : 하양
- 선 종류 : 선 없음
- 크기 : [너비]–[15mm], [높이]–[15mm]

- 채우기 색 : 진달래색
- 선 종류 : 선 없음
- 크기 : [너비]–[130mm], [높이]–[80mm]

2 '복사예제2.hwp' 파일의 모든 텍스트 내용을 복사한 후, 작업 중인 문서의 도형 안에 붙이기하여 그림과 같이 완성해 봅니다.

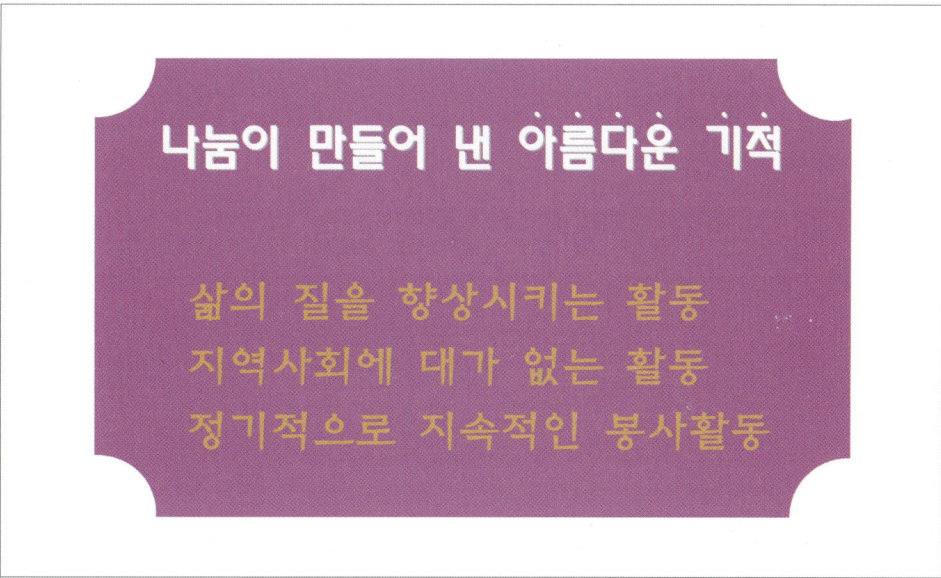

08 신문기사 양식 만들기

이번 장에서는 쪽 테두리와 다단 나누기, 그리기 마당 개체를 삽입하여 신문 양식을 만드는 방법에 대해 알아봅니다. 또한 글맵시 개체를 문서 상단에 삽입하여 문서 제목으로 꾸미는 방법도 익혀보도록 하겠습니다.

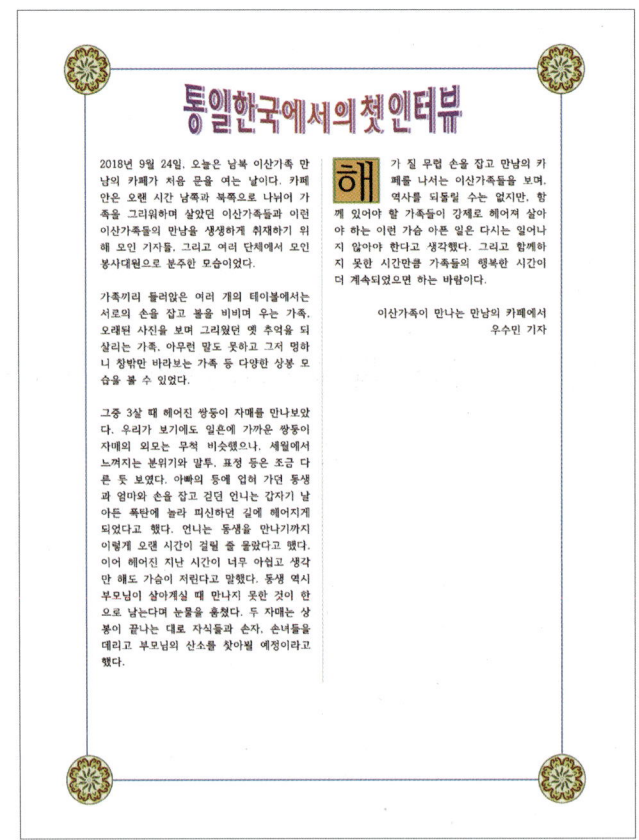

 무엇을 배울까요?

- ⋯ 쪽 테두리 지정하기
- ⋯ 다단 설정과 단 나누기
- ⋯ 글맵시와 그리기 마당 개체 삽입하기
- ⋯ 문단 첫 글자 장식하기

01 쪽 테두리와 다단 설정하기

쪽 테두리 지정하기

01 '신문기사.hwp' 파일을 불러오기하여 [쪽] 탭-[쪽 모양] 그룹-[쪽 테두리/배경(□)]을 클릭합니다.

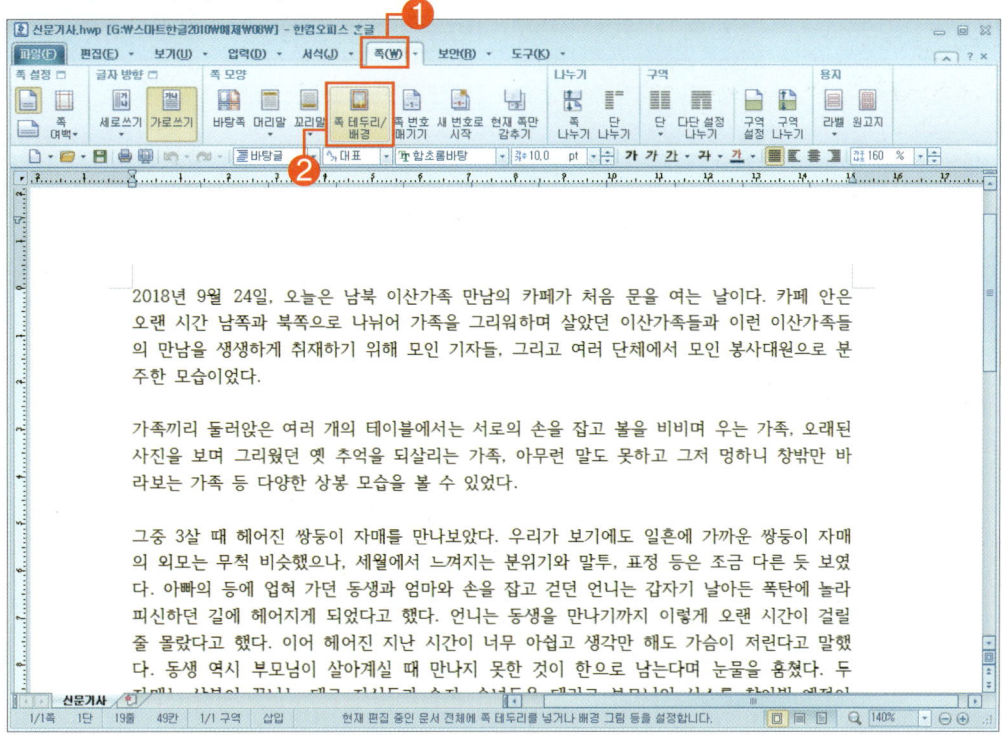

02 [쪽 테두리/배경] 대화상자가 나타나면 [테두리] 항목에서 '종류 : 실선', '굵기 : 0.4mm', '색 : 바다'로 각각 지정한 후 '모두(□)'를 클릭하고 [설정] 단추를 클릭합니다.

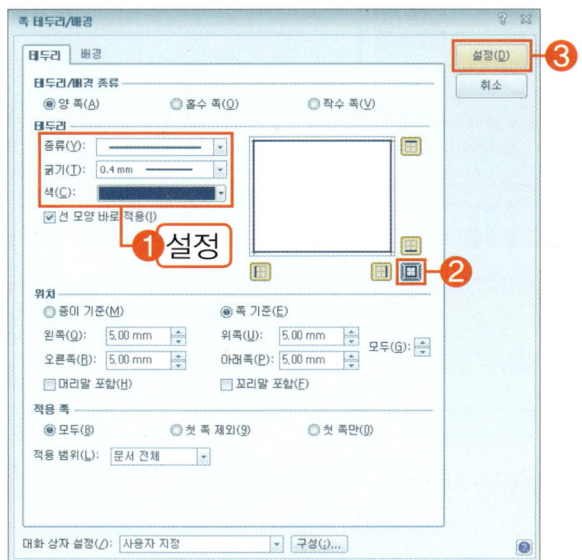

08 신문기사 양식 만들기 • **81**

03 [파일]-[미리 보기] 메뉴를 선택합니다. 미리 보기 창이 나타나면 쪽 테두리 모양을 확인한 후, [미리 보기] 탭-[닫기] 그룹-[닫기(   )]를 클릭합니다.

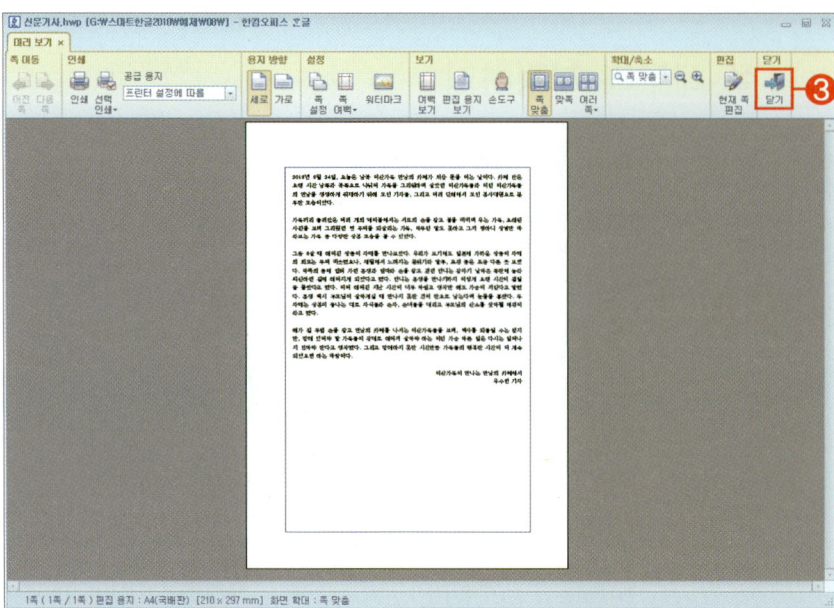

다단 나누기

01 [쪽]-[다단 설정] 메뉴를 선택합니다. [단 설정] 대화상자에서 '단 개수 : 2', '구분선 넣기' 체크, '색 : 검정(RGB : 0, 0, 0) 80% 밝게'로 지정하고 [설정] 단추를 클릭합니다.

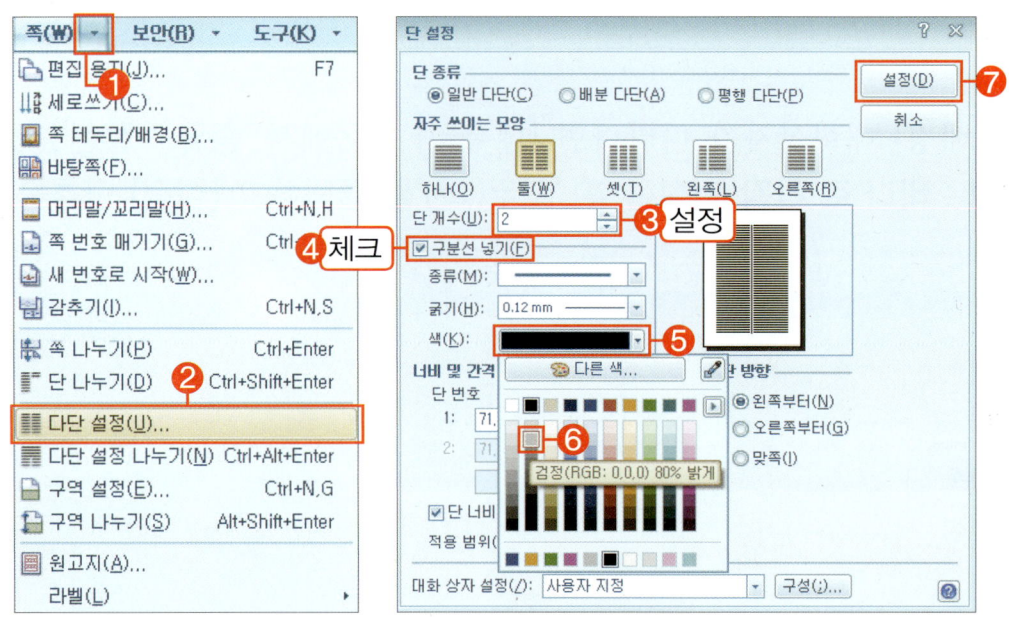

[단 설정] 대화상자에서 단 개수를 '1'로 변경하여 나누어진 단을 삭제해 봅니다.

02 '해가 질 무렵' 글자 앞으로 커서를 이동한 후 [쪽] 탭-[나누기] 그룹-[단 나누기 (▤)]를 클릭합니다.

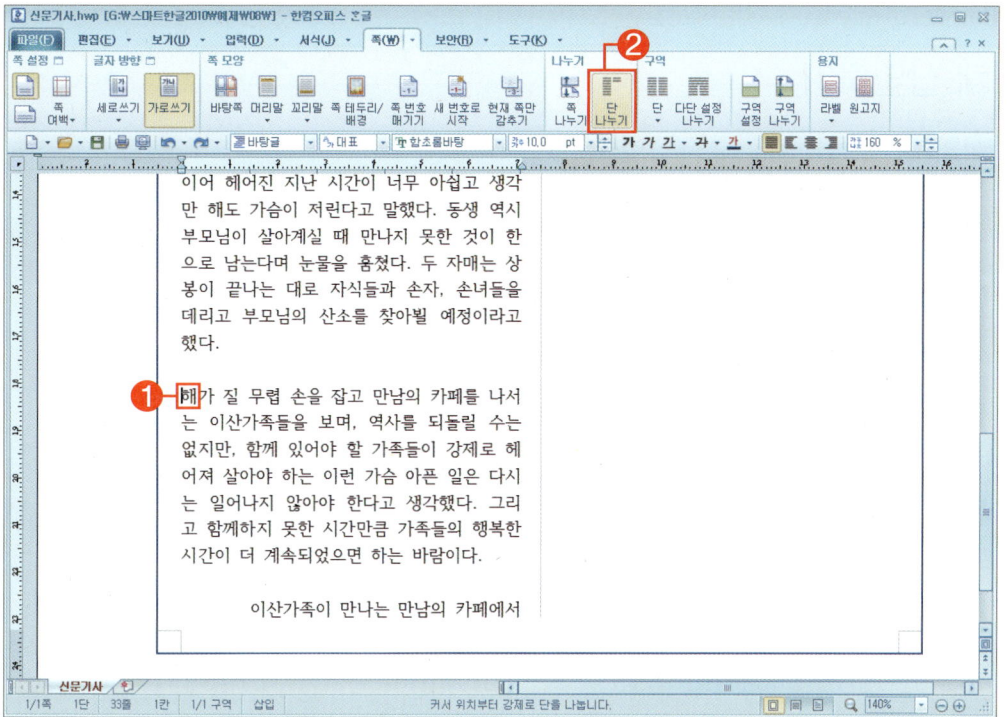

03 '해가 질 무렵'의 글자가 다음 단의 시작 부분으로 이동되는 것을 확인합니다.

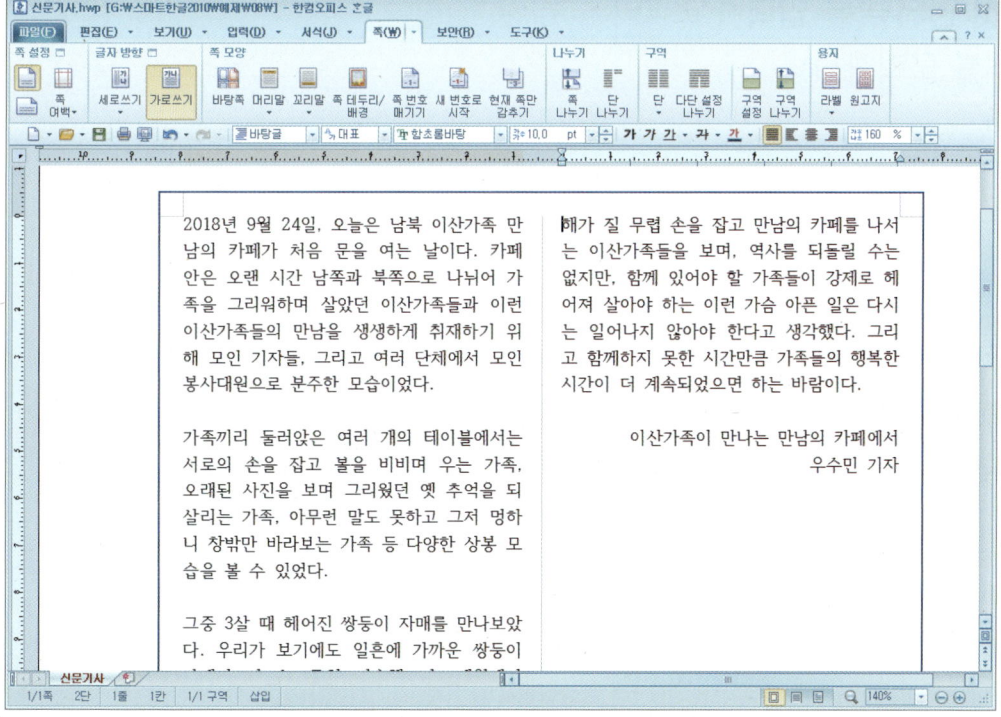

> **배움터** '단 나누기'를 실행하면 단의 내용이 다 차지 않더라도 커서가 위치한 내용부터 다음 단으로 분리되어 옮겨집니다.

글맵시와 그리기 마당 개체 삽입하기

🖱 글맵시 개체 삽입하기

01 [입력] 탭-[개체] 그룹-[글맵시( )]-[채우기-진한 자주색 그러데이션, 연자주색 그림자, 위쪽 리본 사각형 모양]을 선택합니다.

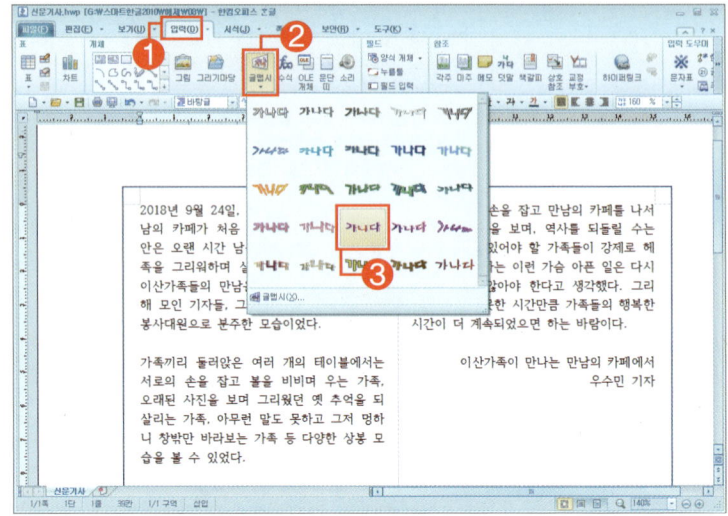

02 [글맵시 만들기] 대화상자가 나타나면 [내용] 입력란에 **'통일한국에서의 첫 인터뷰'를 입력**하고 [설정] 단추를 클릭합니다.

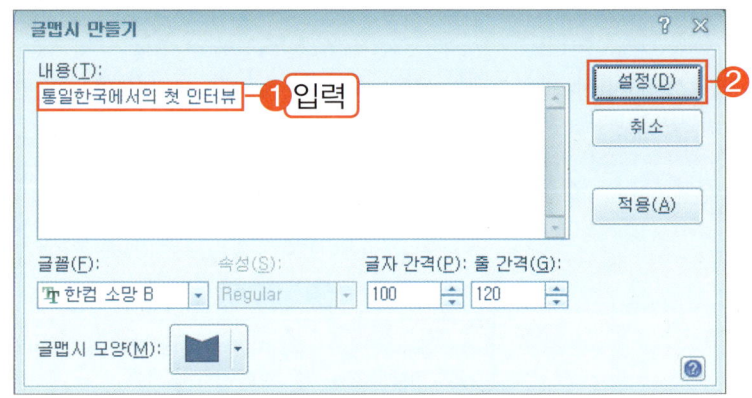

03 글맵시 개체가 삽입되면 [글맵시] 탭-[배치] 그룹-[자리 차지( )]를 클릭합니다.

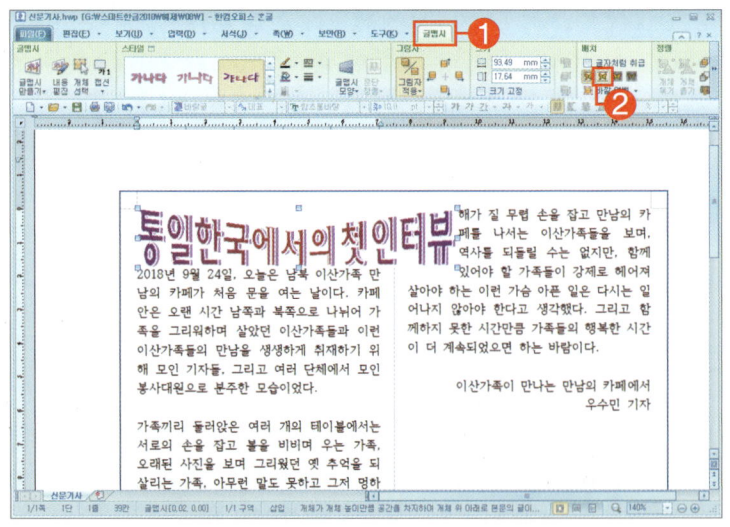

04 글맵시 개체를 드래그하여 그림과 같이 **가운데로 이동**한 후 [글맵시] 탭-[배치] 그룹-[바깥 여백(바깥 여백 ▼)]-[여백 설정]을 **선택**합니다.

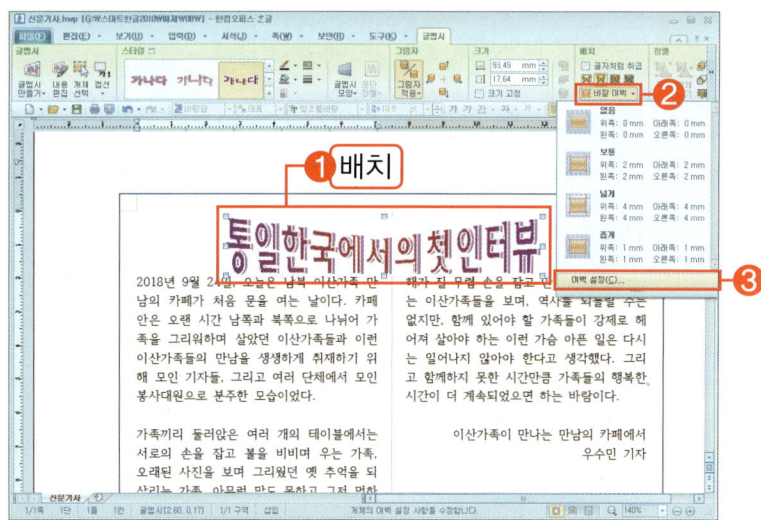

05 [개체 속성] 대화상자가 나타나면 [여백/캡션] 탭에서 **[아래쪽] 여백을 '8mm'로 지정**하고 [설정] 단추를 클릭합니다.

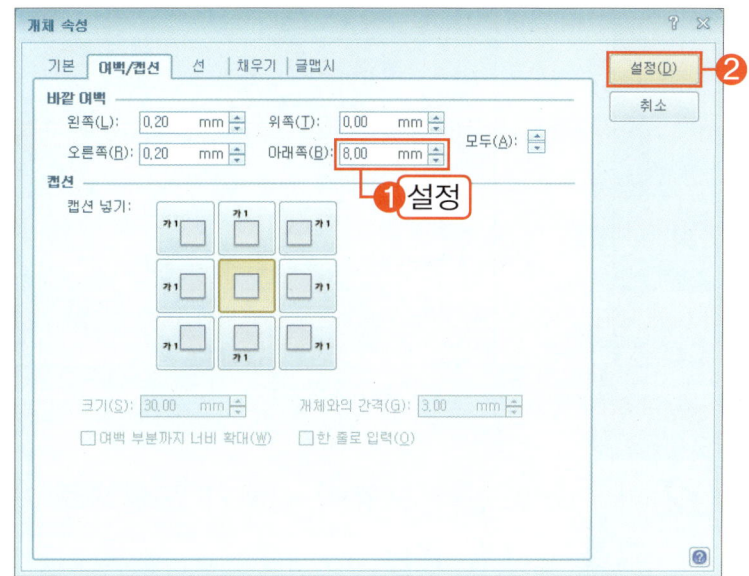

06 글맵시 개체 아래쪽으로 여백이 지정되어 글자와의 간격이 넓어진 것을 확인합니다.

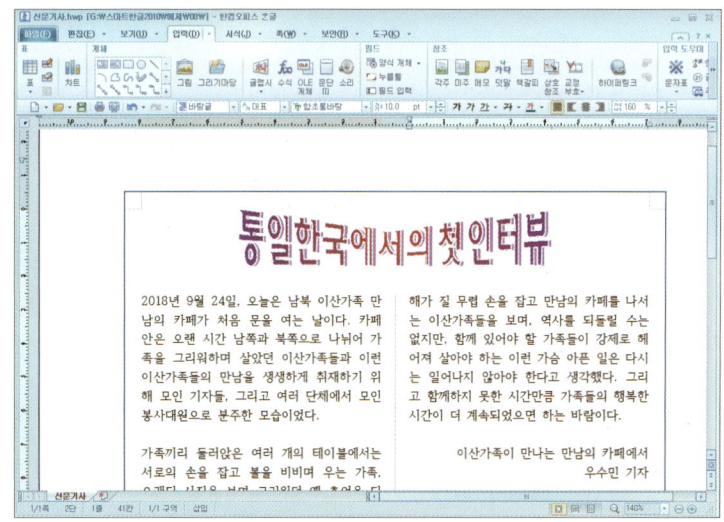

그리기 마당 개체 삽입하기

01 [입력] 탭-[개체] 그룹-[그리기 마당(📁)]을 클릭합니다. [그리기 마당] 대화상자가 나타나면 [그리기 조각] 탭에서 '**전통(문양)**' 꾸러미의 '**전통문양9**'를 선택하고 [**넣기**] 단추를 클릭합니다.

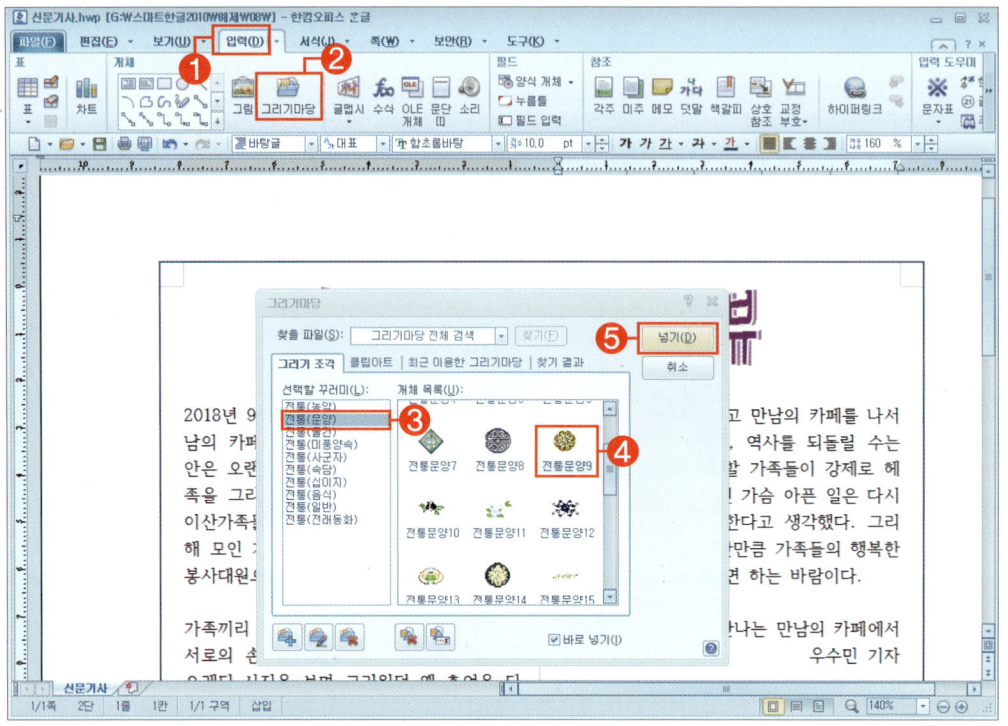

02 마우스 포인터 모양이 십자가 모양으로 변경되면 왼쪽의 **쪽 테두리 위에서 드래그**하여 그립니다.

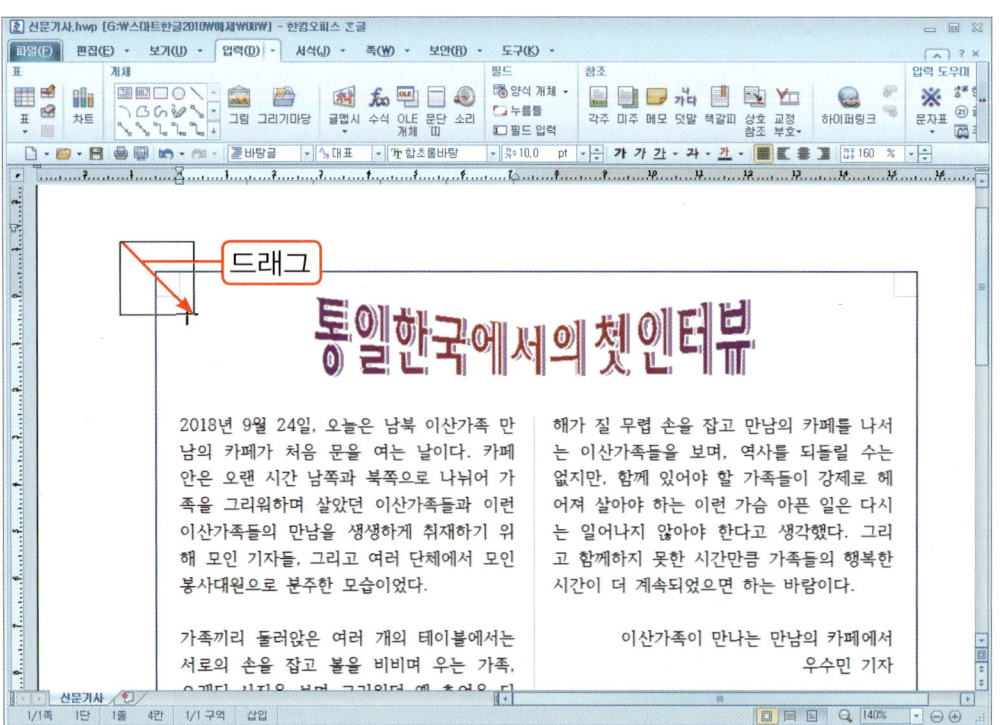

03 삽입된 전통문양 개체를 선택한 후 Ctrl + Shift 키를 누른 채 오른쪽으로 드래그하여 복사합니다.

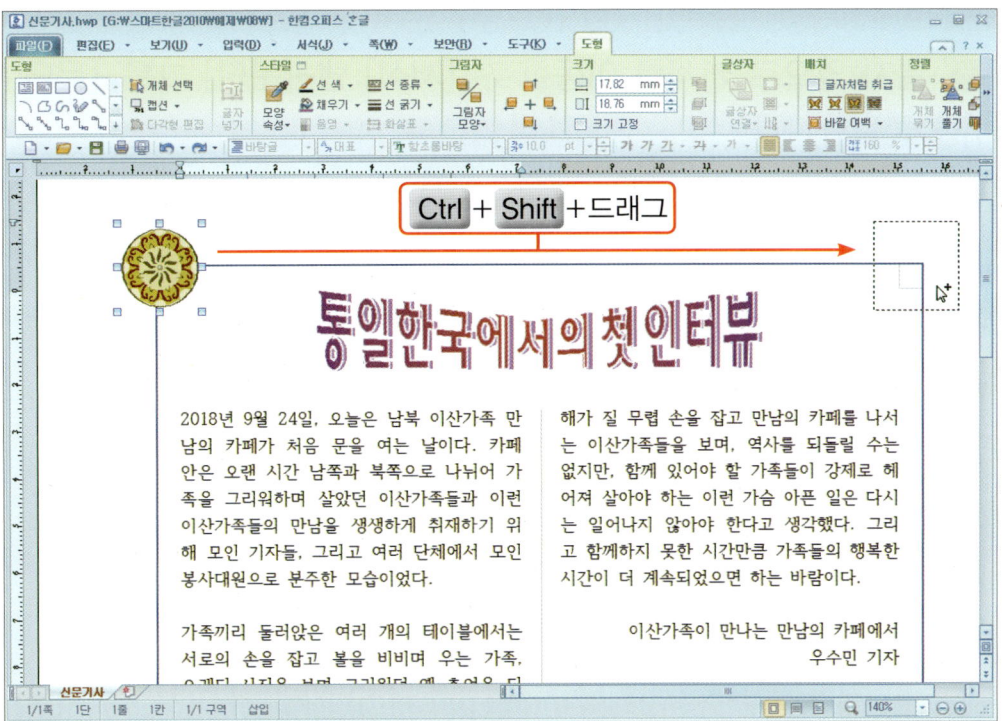

04 같은 방법으로 아래쪽에도 전통문양 개체를 복사합니다.

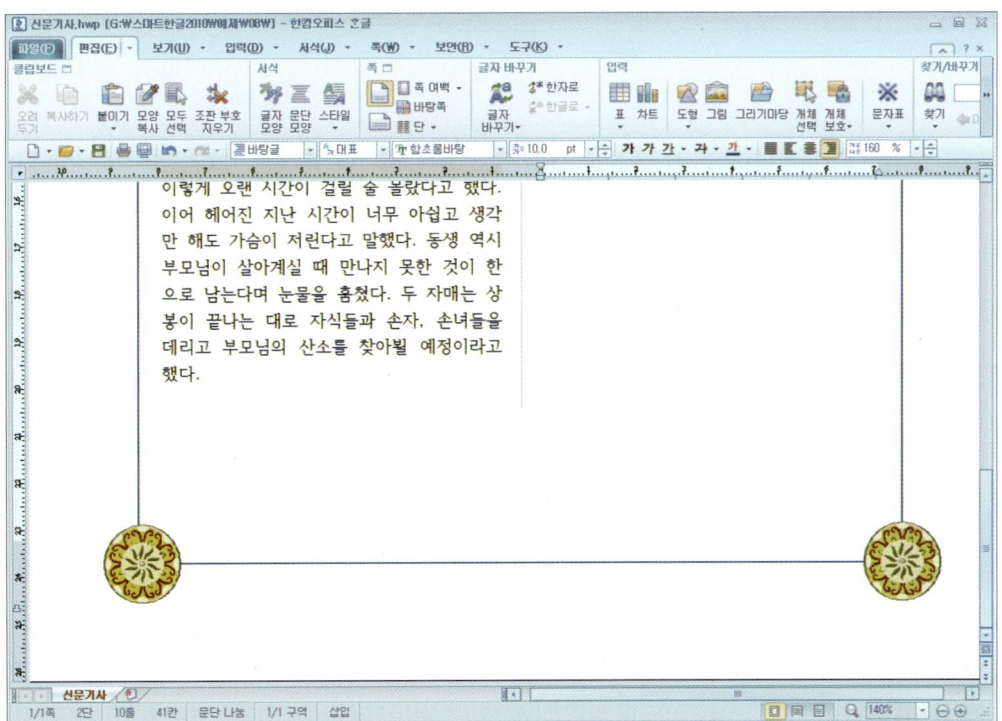

배움터 삽입된 그리기 마당 개체 삭제하기

개체가 선택된 상태에서 Delete 키를 누르거나 마우스 오른쪽 단추를 클릭해 나타나는 바로 가기 메뉴에서 [지우기]를 선택합니다.

08 신문기사 양식 만들기 • **87**

 문단 첫 글자 장식하기

01 '해가 질 무렵' 글자 앞으로 커서를 이동한 후 [서식] 탭-[문단] 그룹-[문단 첫 글자 장식(가)]을 클릭합니다.

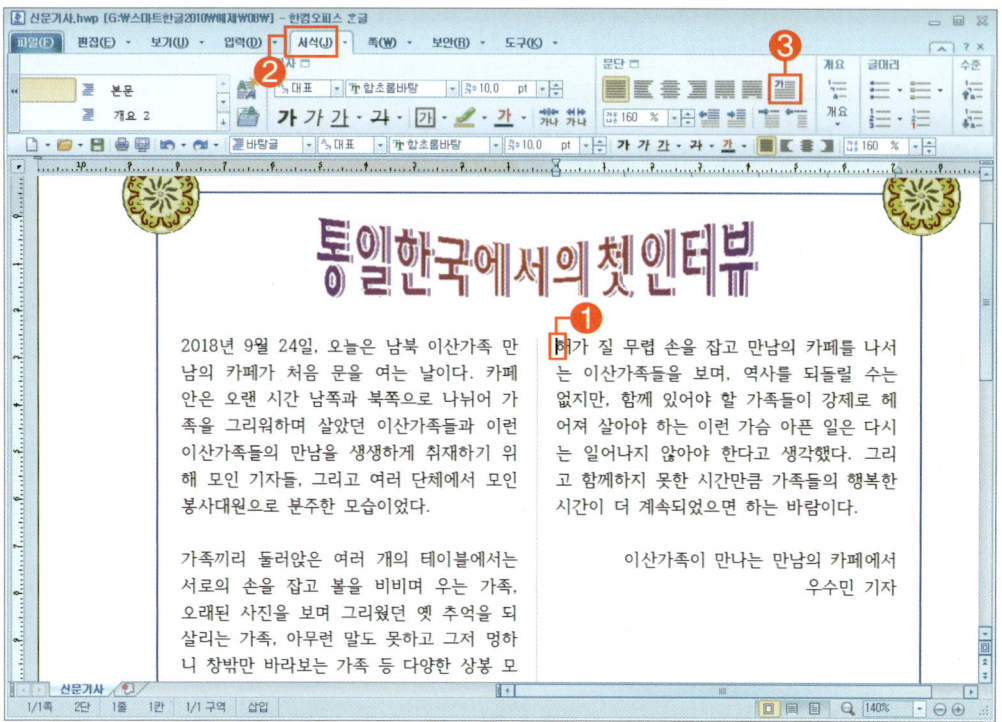

02 [문단 첫 글자 장식] 대화상자가 나타나면 [모양]은 '3줄(가)'을 클릭하고 [선 종류]는 그림과 같이 선택합니다.

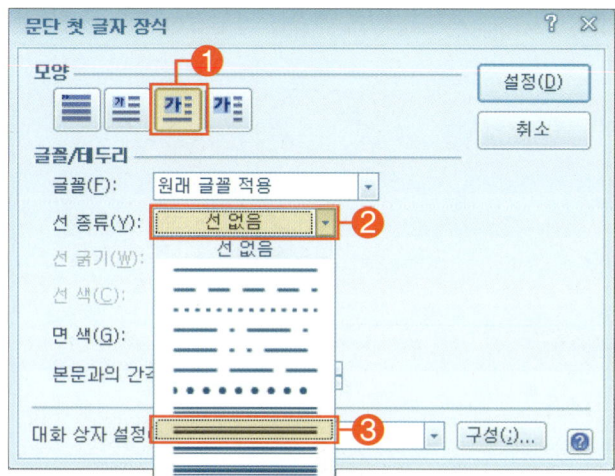

03 [선 색]은 '멜론색', [면 색]은 '노른자색'으로 각각 지정하고 [설정] 단추를 클릭합니다.

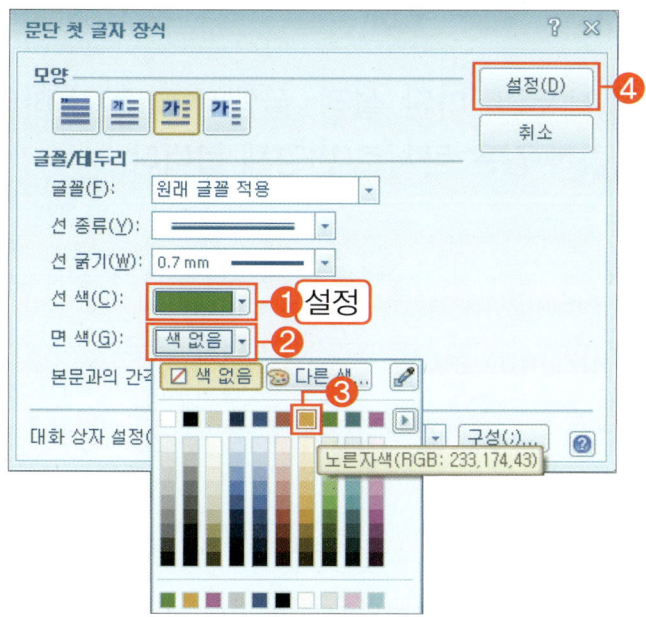

04 선택한 문단의 첫 글자가 설정된 값으로 변경된 것을 확인합니다.

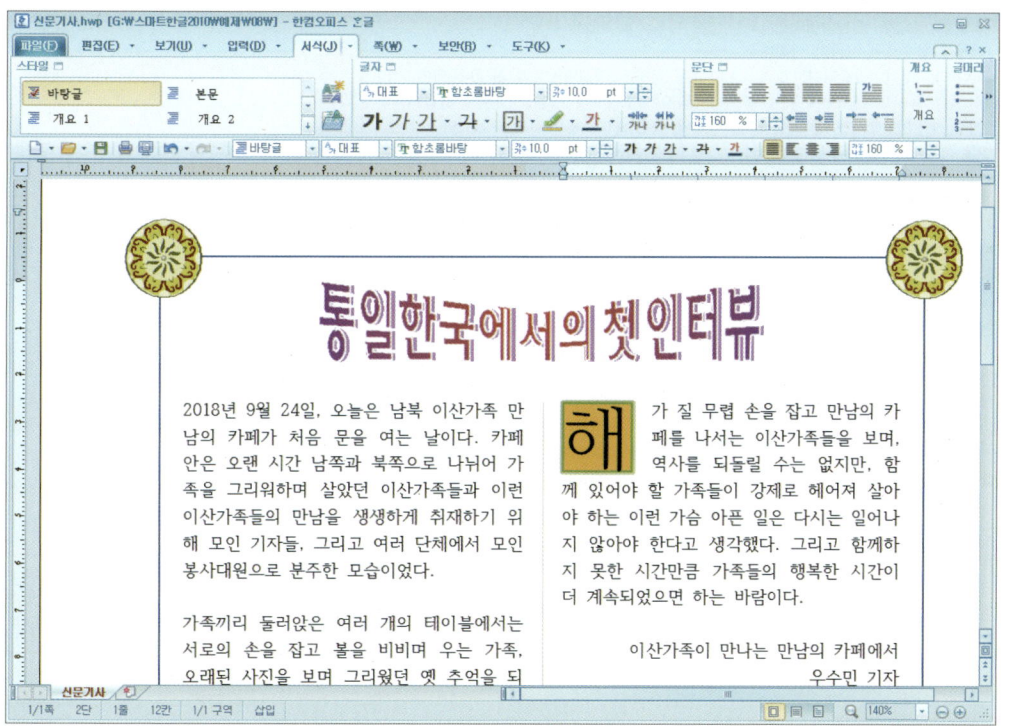

배움터 한 번 만들어진 '문단 첫 글자 장식' 결과를 없앨 때에는 [문단 첫 글자 장식] 대화상자의 [모양]에서 '없음(☰)'을 선택합니다.

 디딤돌학습

1 '별자리.hwp' 파일을 불러온 후, 쪽 테두리, 다단 설정, 글맵시, 그리기 마당, 문단 첫 글자 장식하기를 이용해 그림과 같은 문서로 변경해 봅니다.

- 글맵시
- 배치 : 자리 차지
- 여백 : [아래쪽]–[8mm]

- 그리기 마당 : [전통(문양)]–[전통문양7]

도움터

- 글맵시 모양 : 채우기–연한 자주색 그러데이션, 역위로 계단식 모양
- 쪽 테두리 : [종류]–▬▬▬, [색]–[빨강]
- 다단 설정 : [단 개수]–[2], '구분선 넣기' 체크, [색]–[빨강]
- 문단 첫 글자 장식 : [모양]–[3줄], [선 종류]– — — — — , [선 색]–[파랑], [면 색]–[노랑]

09 취업과정 소개 표 만들기

이번 장에서는 표를 삽입한 후 셀의 채우기 색, 테두리 색, 테두리 두께 등을 이용해 표를 꾸미는 방법에 대해 알아봅니다. 또한 만들어진 표에 새로운 줄/칸을 삽입하거나 특정 셀을 나누는 방법 및 여러 개의 셀을 하나의 셀로 합치는 방법도 익혀보도록 하겠습니다.

베이비시터, 산모도우미 과정

구분	반일제(4시간)		종일제(8시간)		입주(24시간)	
	기본	가사포함	기본	가사포함	기본	가사포함
베이비시터	30,000원	40,000원	50,000원	60,000원		
산모도우미			60,000원	70,000원	80,000원	90,000원

*아기2명(쌍둥이 포함)은 기본요금+1만원, 4인초과 가족수당(가사포함시)은 기본요금+5천원

 무엇을 배울까요?

- ⋯ 표 삽입과 표 안에 내용 입력하기
- ⋯ 셀 속성 지정 및 줄/칸 삽입하기
- ⋯ 셀 나누기 및 셀 합치기
- ⋯ 셀 크기 및 대각선 지정하기

01 표 삽입과 셀 속성 지정하기

표 삽입하기

01 그림과 같은 **내용을 입력**한 후 **두 번째 줄 첫 번째 칸으로 커서를 이동**합니다. **[입력] 탭-[표] 그룹-[표(▦)]를 클릭**합니다.

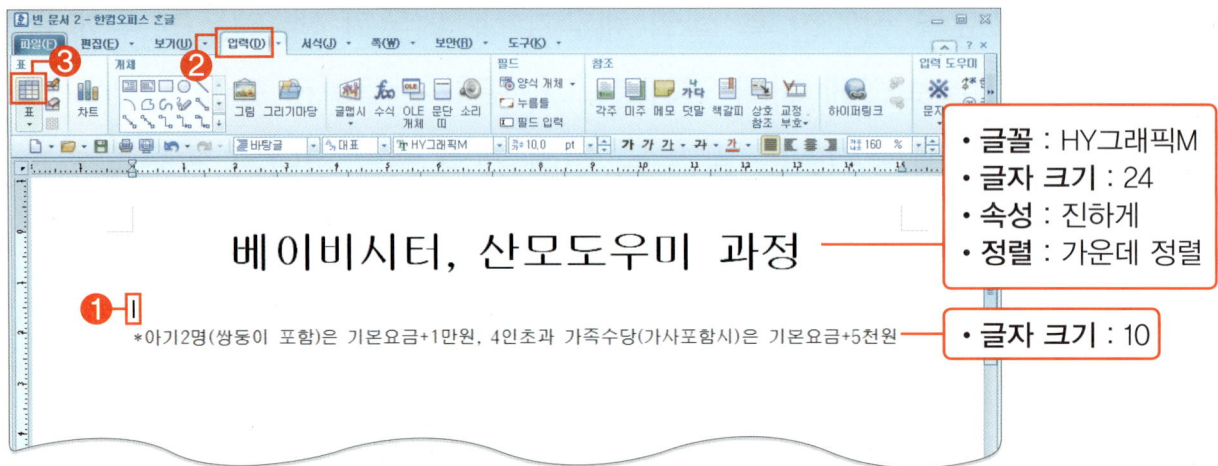

- 글꼴 : HY그래픽M
- 글자 크기 : 24
- 속성 : 진하게
- 정렬 : 가운데 정렬
- 글자 크기 : 10

02 [표 만들기] 대화상자가 나타나면 **[줄 수]는 '3', [칸 수]는 '4'로 지정**합니다. '글자처럼 취급'을 **체크 표시**한 후 **[만들기] 단추를 클릭**합니다.

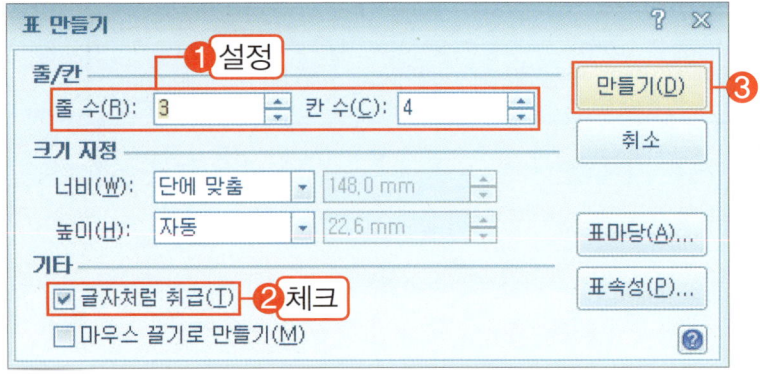

[표 만들기] 대화상자에서 '마우스 끌기로 만들기'를 체크한 후 3줄 6칸의 표를 삽입해 봅니다.

표 만들기의 다른 방법

[표] 그룹에서 [표(▼)]를 클릭하여 나타나는 바둑판 모양의 표 상자에서 원하는 줄 수와 칸 수의 위치에서 클릭하면 삽입됩니다.

03 표가 만들어지면 그림과 같이 **표 안에 내용을 입력**합니다.

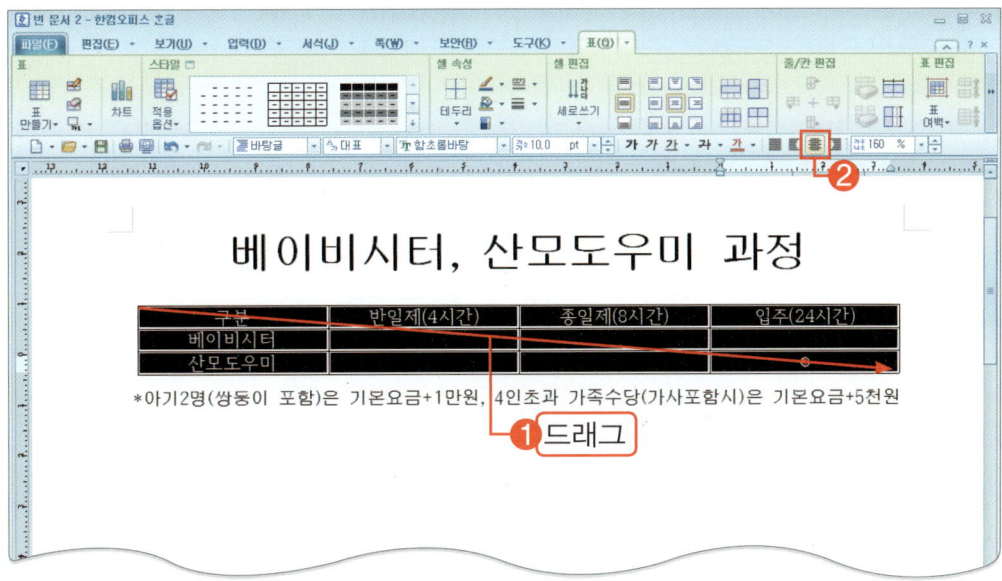

04 표의 **첫 번째 셀부터 마지막 셀까지 드래그**하여 표의 모든 셀이 선택되면 [서식] 도구 상자에서 [**가운데 정렬(≡)**]을 클릭합니다.

05 **편집 창의 빈 공간을 클릭**하거나 Esc 키를 눌러 블록 지정을 해제한 후, 표 안의 내용이 가운데 정렬된 것을 확인합니다.

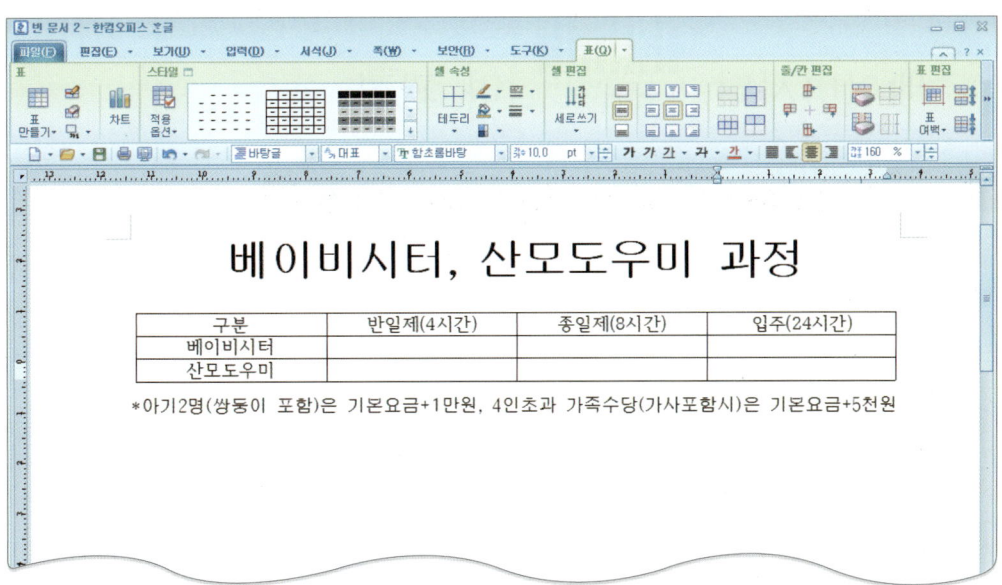

셀 속성 지정하기

01 표의 **첫 번째 줄을 블록 지정**한 후 [표] 탭-[셀 속성] 그룹-[**셀 배경 색**( )]-[**노른자 색**]을 **선택**합니다.

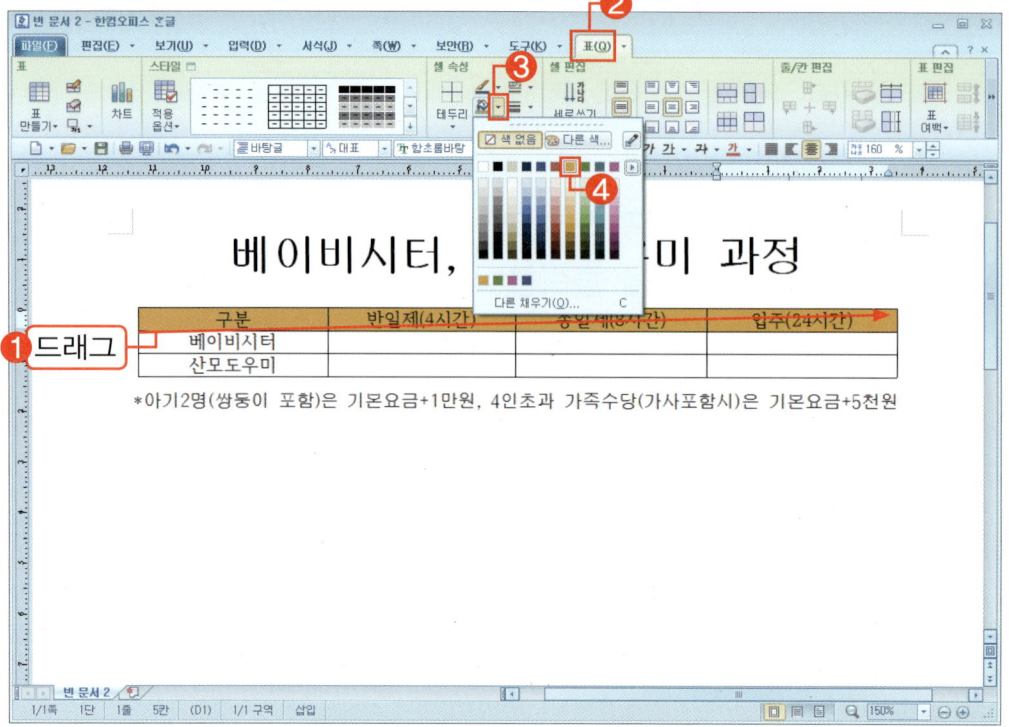

02 **표 전체를 블록 지정**한 후 [표] 탭-[셀 속성] 그룹-[**셀 테두리 색**( )]-[**바다색**]을 **선택**합니다.

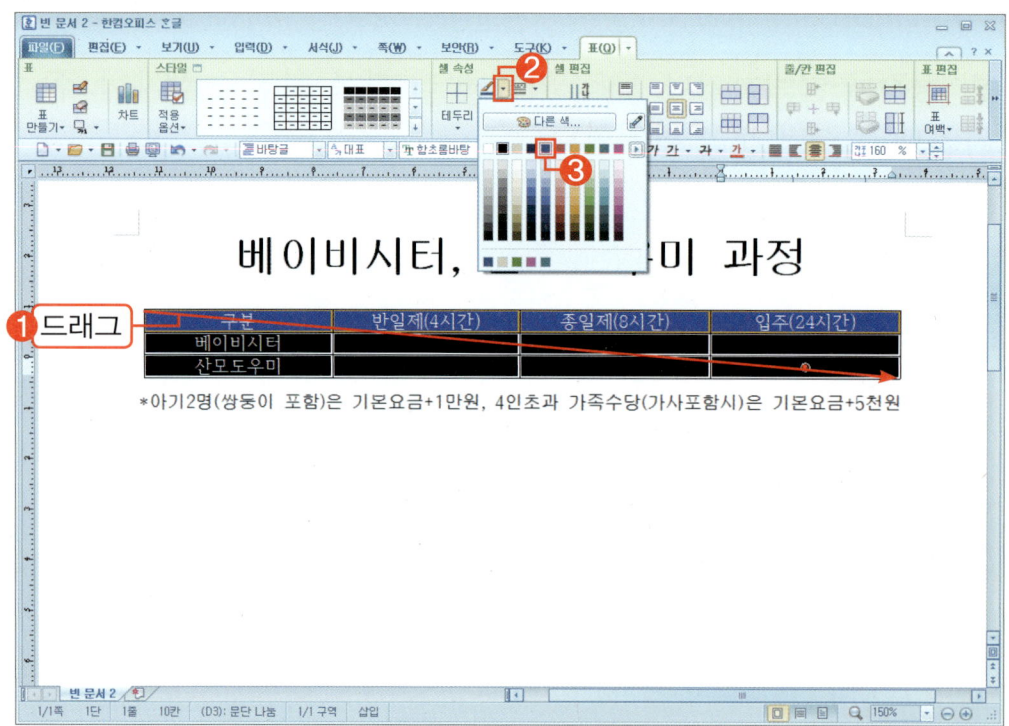

03 [표] 탭-[셀 속성] 그룹-[셀 테두리 굵기(≡▼)]-[0.6mm]를 선택합니다.

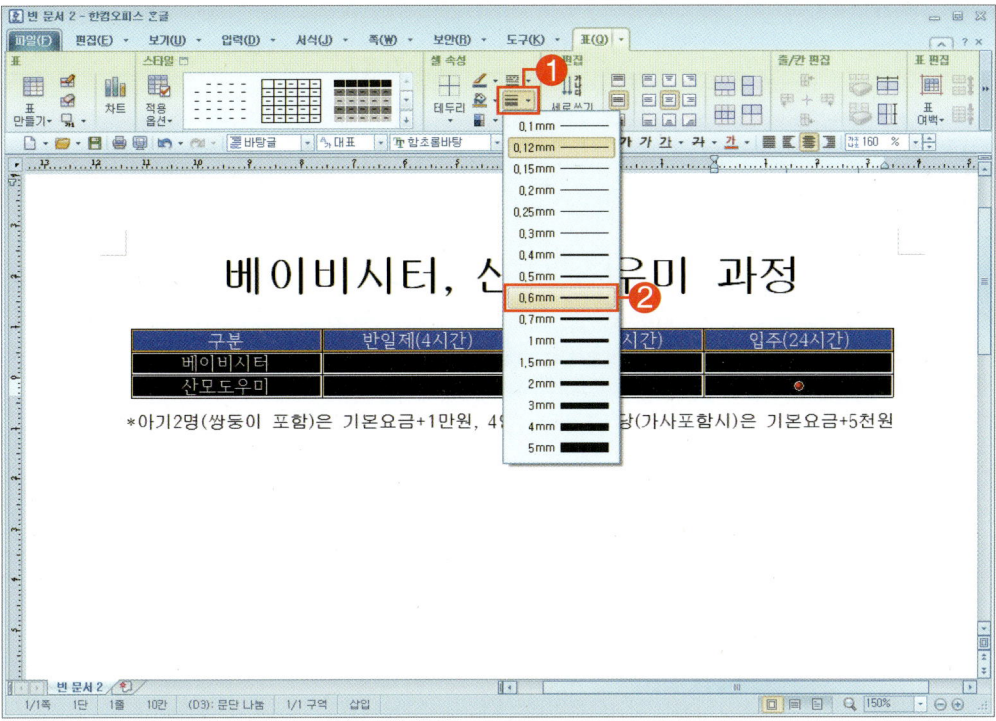

04 이번에는 [표] 탭-[셀 속성] 그룹-[테두리(테두리▼)]-[바깥쪽 모두(⊞)]를 선택합니다.

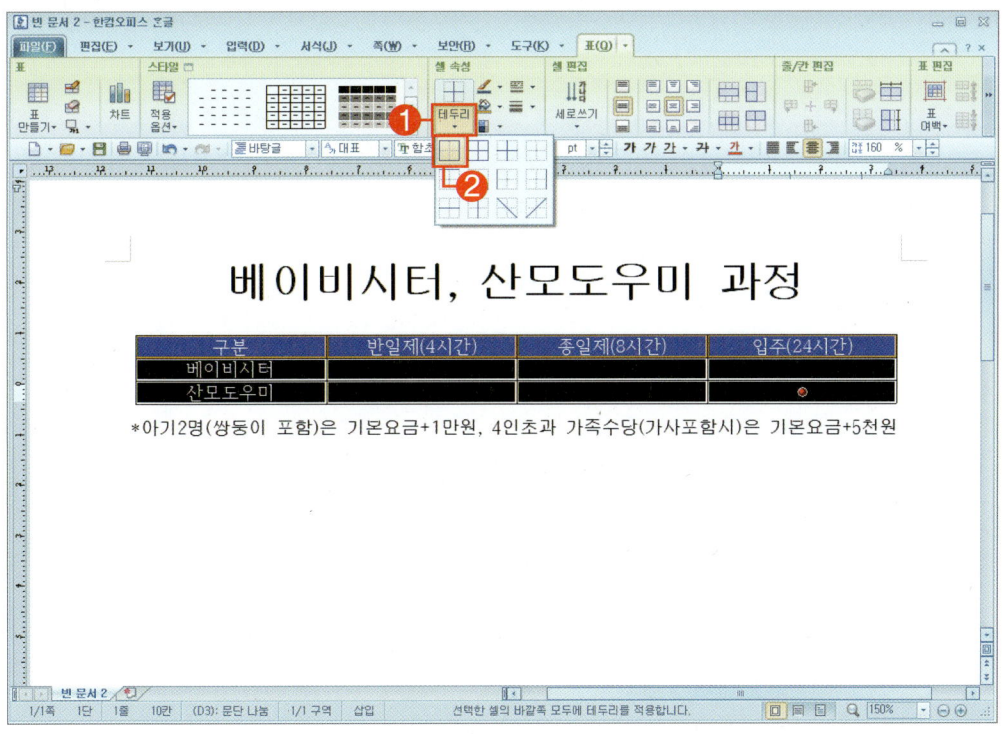

05 [표] 탭-[셀 속성] 그룹-[셀 테두리 굵기(≡▼)]-[0.2mm]로 선택합니다.

06 [표] 탭-[셀 속성] 그룹-[테두리( )]-[안쪽 모두( )]를 선택합니다.

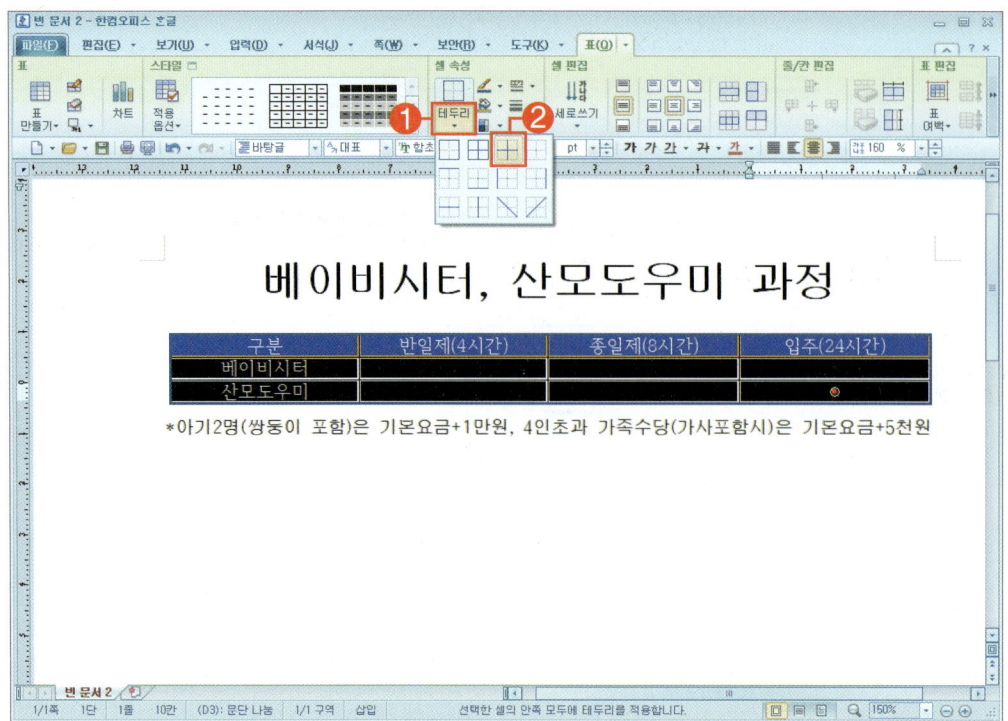

07 표의 안쪽과 바깥쪽 테두리의 색과 굵기가 변경된 것을 확인합니다.

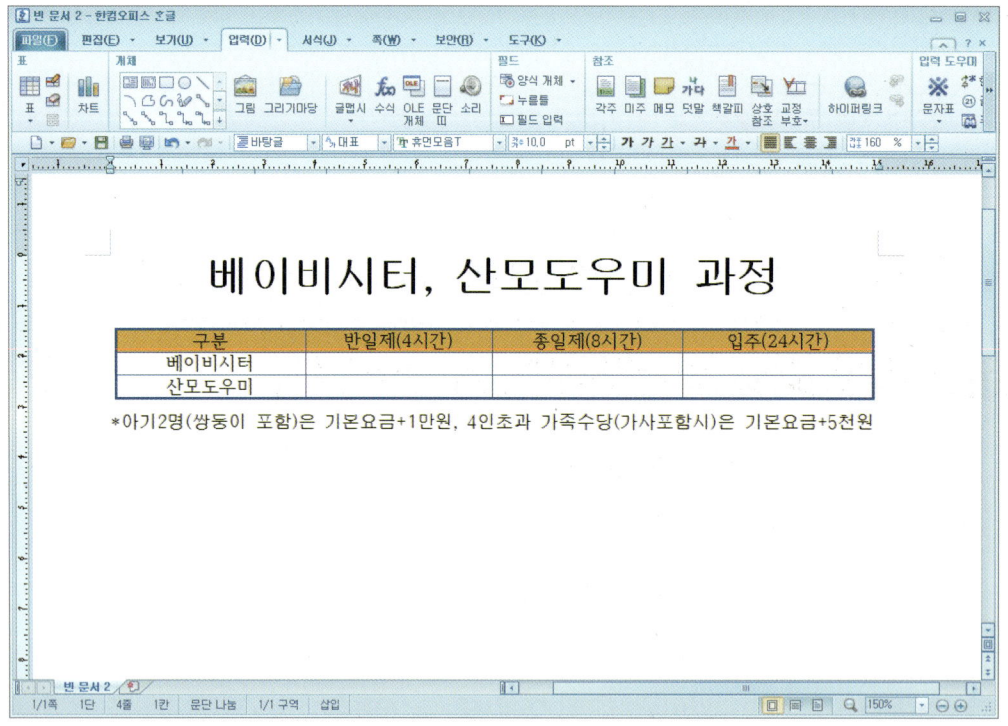

표의 안쪽 가로 선만 점선 모양으로 적용해 봅니다.
• 점선 : [표] 탭-[셀 속성] 그룹-[셀 테두리 모양( )]에서 선택

줄 추가 및 셀 나누기/셀 합치기

01 '반일제(4시간)' 글자 앞으로 커서를 이동한 후 [표] 탭-[줄/칸 편집] 그룹-[아래에 줄 추가하기(　)]를 클릭합니다.

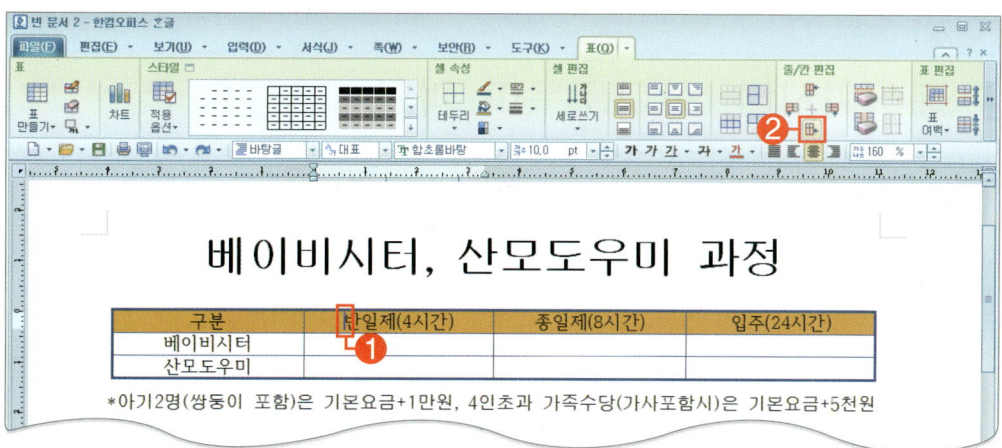

02 줄이 추가되면 그림과 같이 **셀 영역을 블록 지정**한 후 [표] 탭-[셀 편집] 그룹-[셀 나누기(　)]를 클릭합니다.

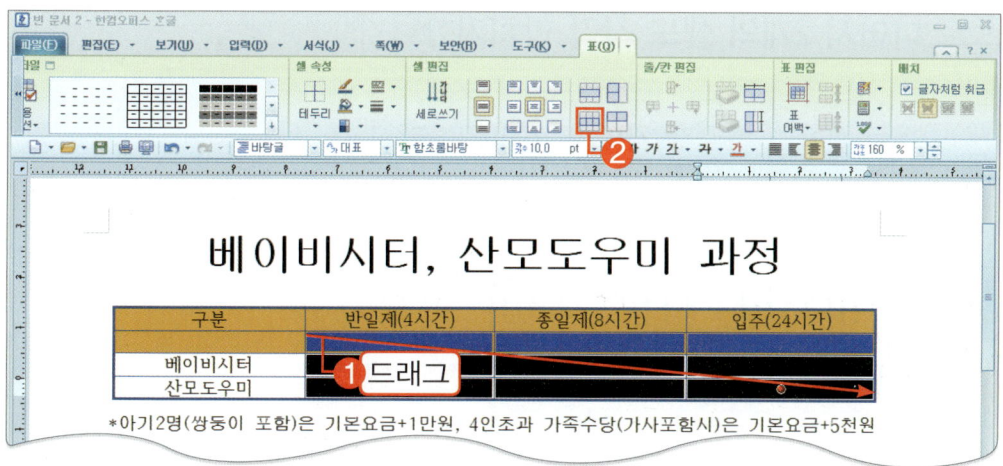

03 [셀 나누기] 대화상자가 나타나면 **[줄 수]의 체크 표시 부분을 클릭**합니다. [줄 수]의 체크 표시는 취소되고, 자동으로 [칸 수]가 체크됩니다. 기본값 '2'를 확인하고 [나누기] 단추를 클릭합니다.

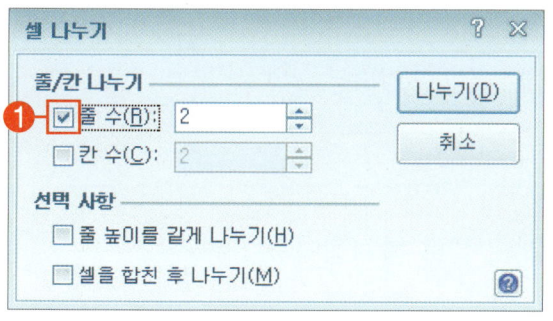
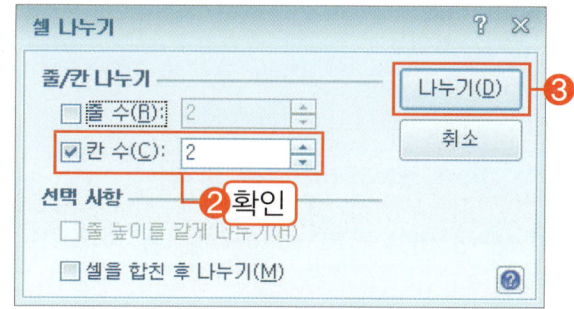

04 그림과 같이 **내용을 입력**합니다. **표의 첫 번째 칸에서 첫 번째와 두 번째 셀을 블록 지정**한 후 [표] 탭-[셀 편집] 그룹-[**셀 합치기**( )]를 **클릭**합니다.

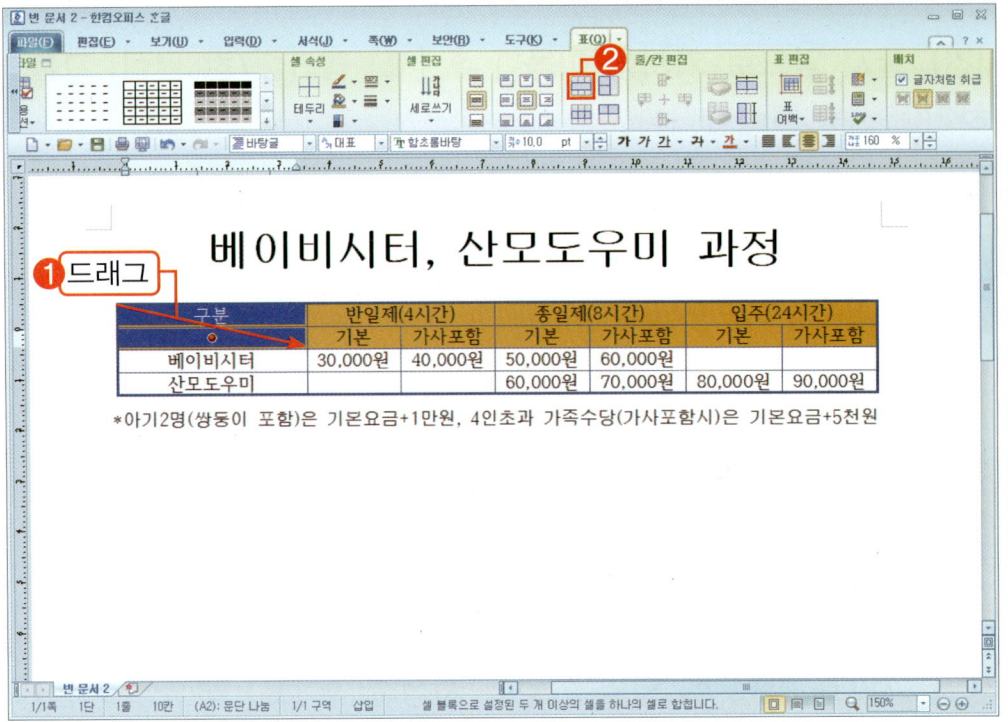

05 같은 방법으로 **나머지 2개의 셀도 각각 합치기**합니다.

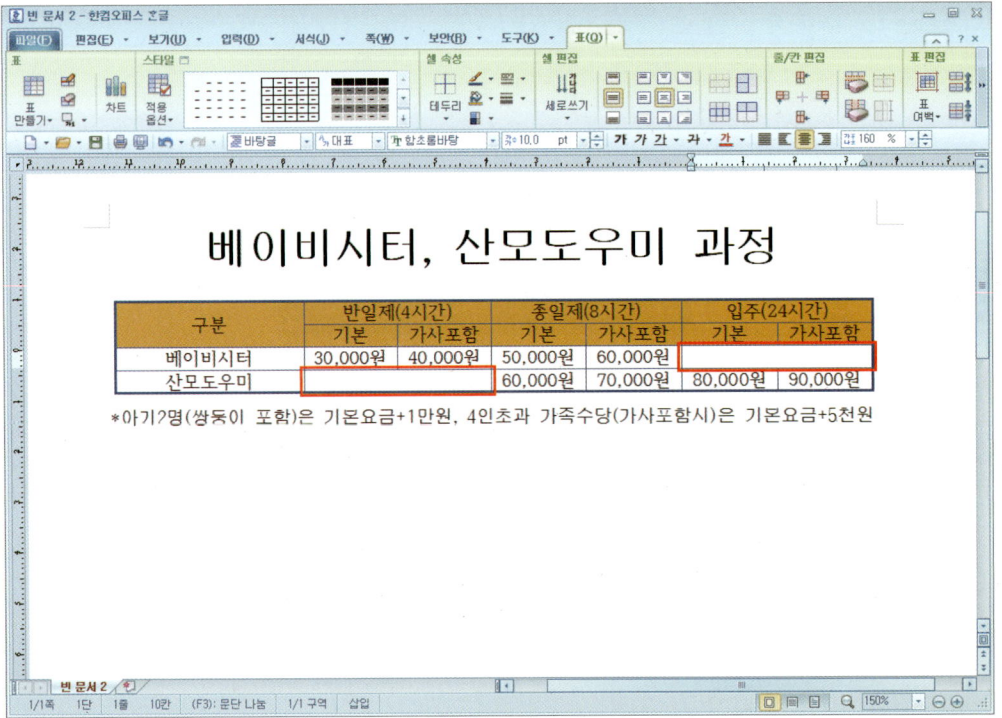

배움터 셀 합치기의 다른 방법

2개 이상의 셀을 블록 설정한 후, M 키를 누르면 1개의 셀로 합쳐집니다.

03 표/셀 크기 및 대각선 지정하기

01 **표의 바깥쪽 테두리를 클릭**하여 표의 크기를 조절할 수 있는 8개의 점이 표시되면 **아래쪽 크기 조절점을 아래쪽으로 드래그**합니다. 표의 전체 높이가 크게 변경됩니다.

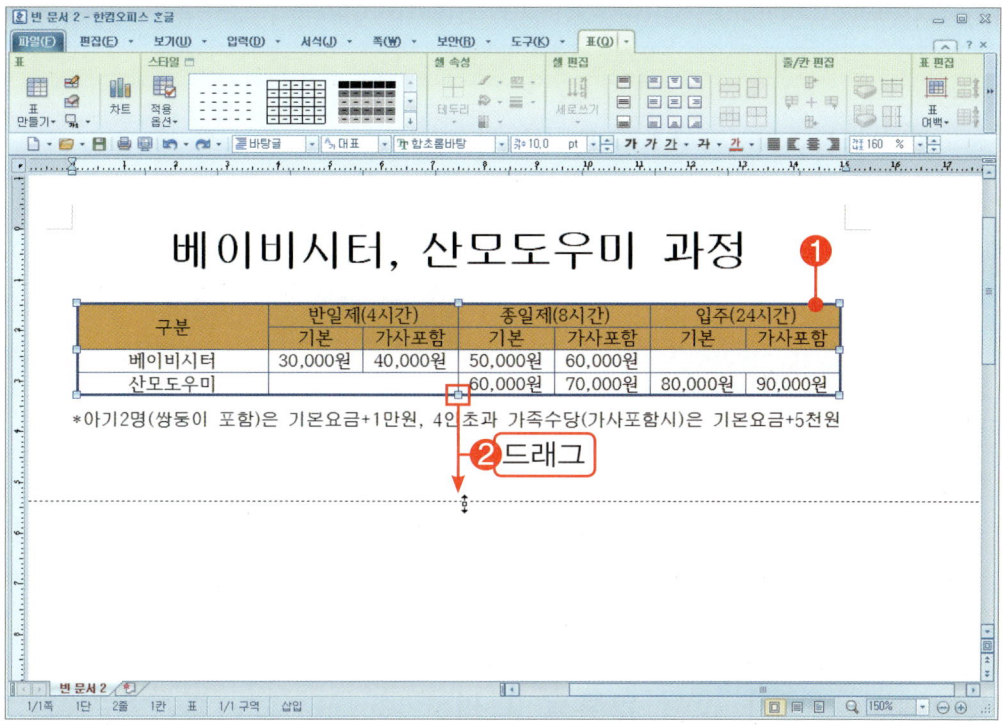

02 **Esc** 키를 눌러 표 선택을 해제한 후, **두 번째 줄과 세 번째 줄 사이의 선을 위쪽으로 드래그**하여 줄의 높이를 조절합니다.

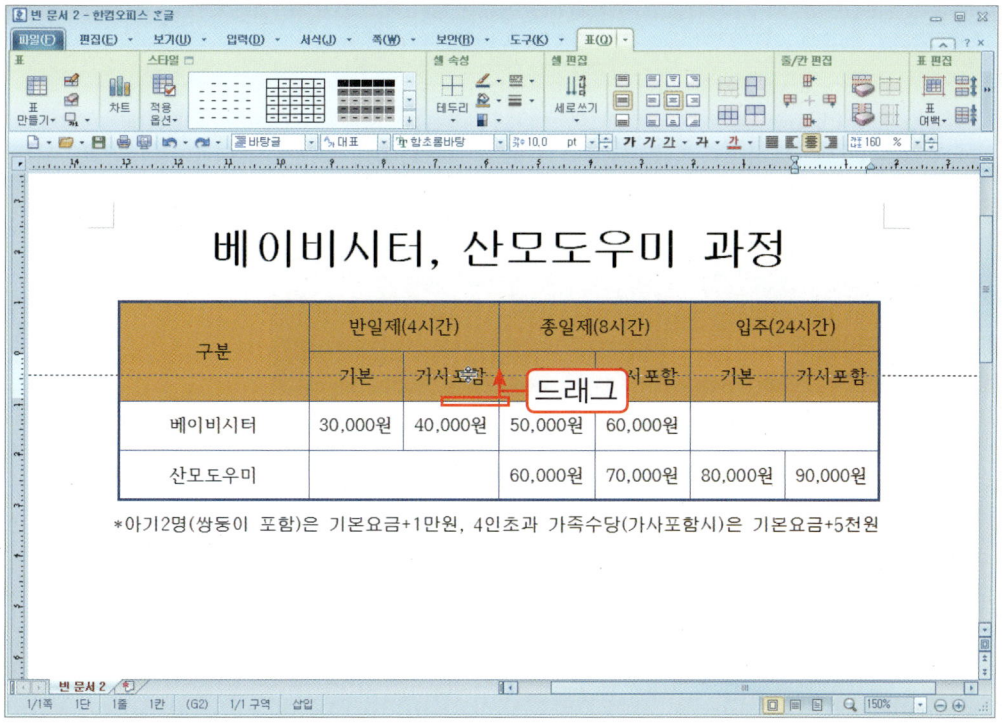

03 Ctrl 키를 누른 상태에서 비어 있는 셀을 각각 클릭하여 두 개의 셀을 선택합니다. [표] 탭-[셀 속성] 그룹-[테두리(테두리)]에서 [대각선 아래(◳)]와 [대각선 위(◱)]를 각각 선택합니다.

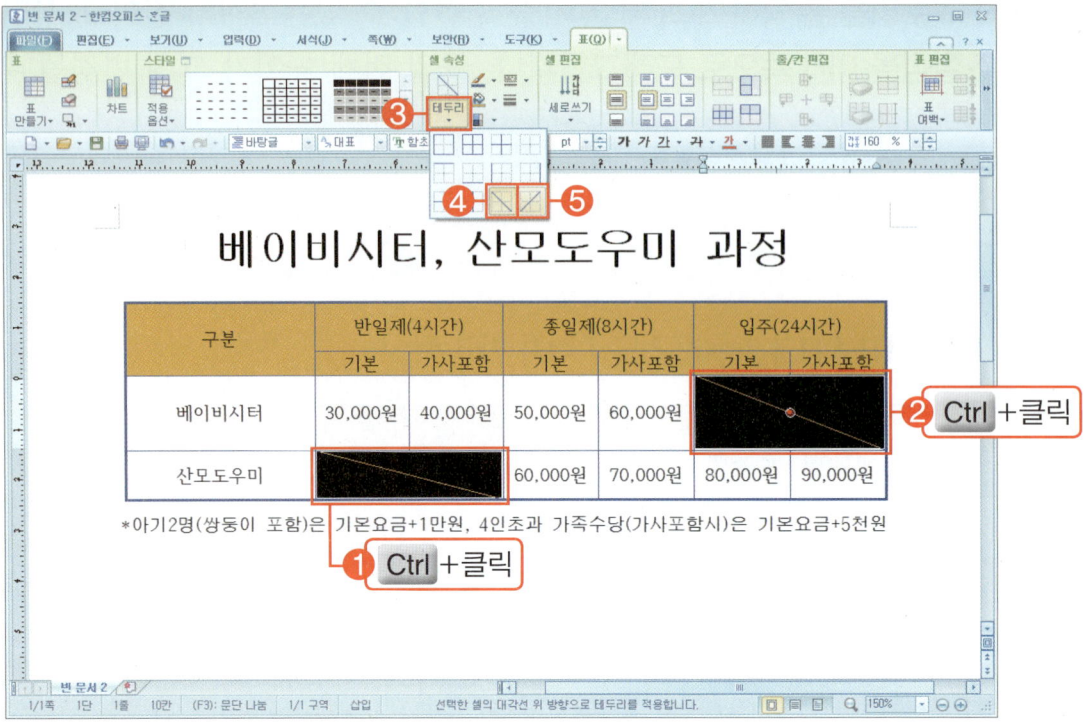

04 대각선이 삽입되면 그림과 같이 **블록을 지정**한 후 [표] 탭-[줄/칸 편집] 그룹-[셀 높이를 같게(▥)]를 **클릭**하여 결과를 확인합니다.

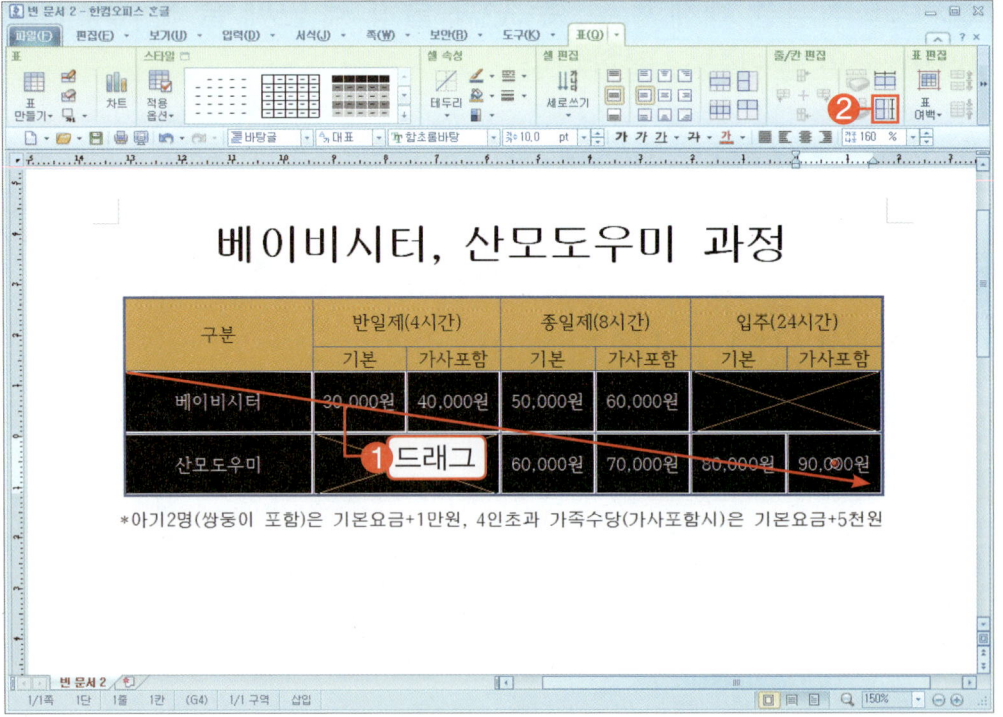

1 그림과 같은 표를 삽입한 후, 내용을 입력해 봅니다.

생활체육교실 참가자 모집

프로그램명	운영일시	대상	인원	참가비
청소년 농구교실	화 19:00~21:00	청소년	자율참여	
여성 에어로빅교실	월, 목 20:30~21:30	성인여성 누구나	20명	
어르신 포켓볼교실	수, 목 10:30~11:30	65세이상 어르신	15명	

- 글꼴 : 맑은 고딕
- 크기 : 24
- 속성 : 진하게
- 정렬 : 가운데 정렬

- 속성 : 진하게

- 정렬 : 가운데 정렬

2 셀 배경 색, 테두리 색, 테두리 모양, 두께를 지정하여 그림과 같이 표를 꾸며 봅니다.

생활체육교실 참가자 모집

프로그램명	운영일시	대상	인원	참가비
청소년 농구교실	화 19:00~21:00	청소년	자율참여	
여성 에어로빅교실	월, 목 20:30~21:30	성인여성 누구나	20명	
어르신 포켓볼교실	수, 목 10:30~11:30	65세이상 어르신	15명	

도움터

- **셀 배경 색** : 노른자색
- **바깥쪽 테두리** : [셀 테두리 색]-[멜론색], [셀 테두리 굵기]-[0.6mm], [셀 테두리 모양]-[실선]
- **안쪽 테두리** : [셀 테두리 색]-[멜론색], [셀 테두리 굵기]-[0.2mm], [셀 테두리 모양]-[점선]
- **대각선 테두리** : [셀 테두리 색]-[멜론색], [셀 테두리 굵기]-[0.2mm], [셀 테두리 모양]-[실선]

10 전기 사용량 차트 만들기

이번 장에서는 표에 입력된 숫자를 블록 지정하여 자동으로 평균과 합계를 구하는 방법에 대해 알아봅니다. 또한 표에 입력된 데이터를 이용해 차트를 만들고 차트 스타일이나 차트 제목을 꾸미는 방법도 익혀보도록 하겠습니다.

호수	4월	5월	6월	평균
101호	192	180	188	186.67
102호	208	230	244	227.33
201호	180	195	179	184.67
202호	250	275	249	258.00
301호	150	138	147	145.00
302호	190	180	204	191.33
합계	1,170	1,198	1,211	

 무엇을 배울까요?

- 블록 평균과 블록 합계 구하기
- 차트 마법사로 차트 만들기
- 차트 데이터 편집하기
- 차트 스타일과 차트 제목 꾸미기

블록 계산식 이용하기

01 '전기사용량.hwp' 파일을 불러오기하여 그림과 같이 **블록을 지정**합니다. [표] 탭-[표 편집] 그룹-[계산식( )]-[블록 평균]을 선택합니다.

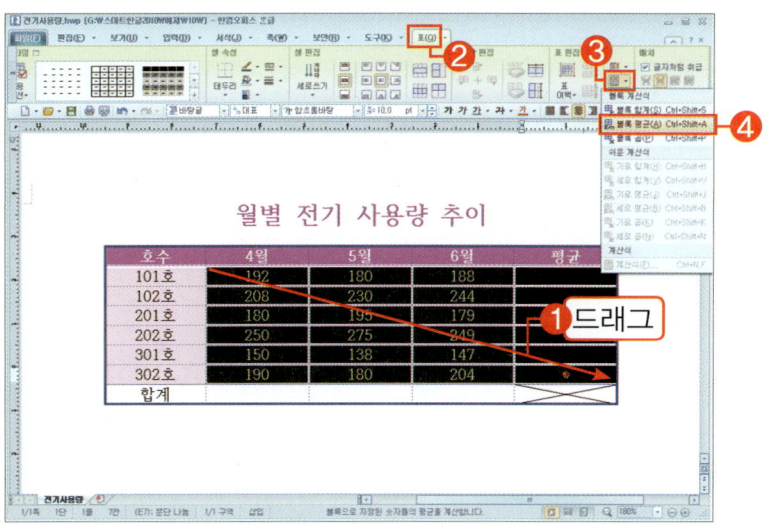

02 오른쪽 빈 셀에 평균 값이 자동으로 계산되어 입력됩니다.

03 이번에는 그림과 같이 4월, 5월, 6월의 셀 영역을 **블록 지정**한 후 [표] 탭-[표 편집] 그룹-[계산식( )]-[블록 합계]를 **선택**합니다.

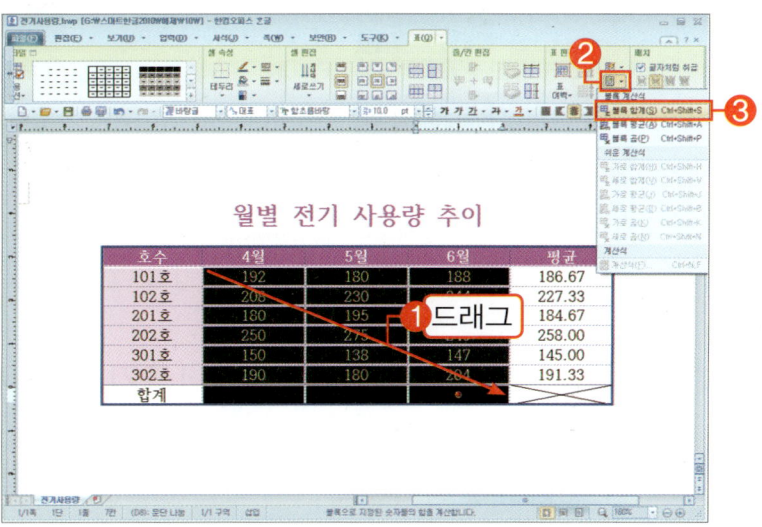

04 아래쪽 빈 셀에 합계 값이 자동으로 계산되어 입력됩니다.

월별 전기 사용량 추이				
호수	4월	5월	6월	평균
101호	192	180	188	186.67
102호	208	230	244	227.33
201호	180	195	179	184.67
202호	250	275	249	258.00
301호	150	138	147	145.00
302호	190	180	204	191.33
합계	1,170	1,198	1,211	

차트 마법사로 차트 만들기

차트 만들기

01 '호수'의 셀 영역을 블록 지정한 후 Ctrl 키를 누른 채 '6월'의 셀 영역을 블록 지정합니다. [표] 탭-[표] 그룹-[차트( )]를 클릭합니다.

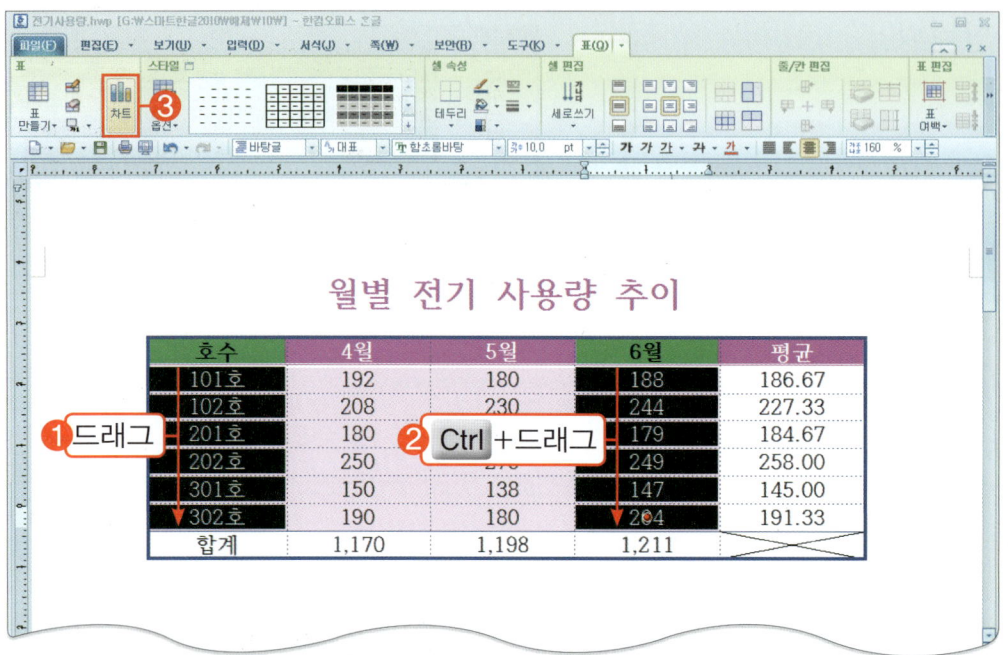

02 차트가 만들어지면 [차트] 탭-[크기] 그룹에서 [너비( )]는 '100mm', [높이( )]는 '50mm'로 지정하고, [크기 고정]은 체크 표시합니다. 차트를 드래그하여 그림과 같이 배치합니다.

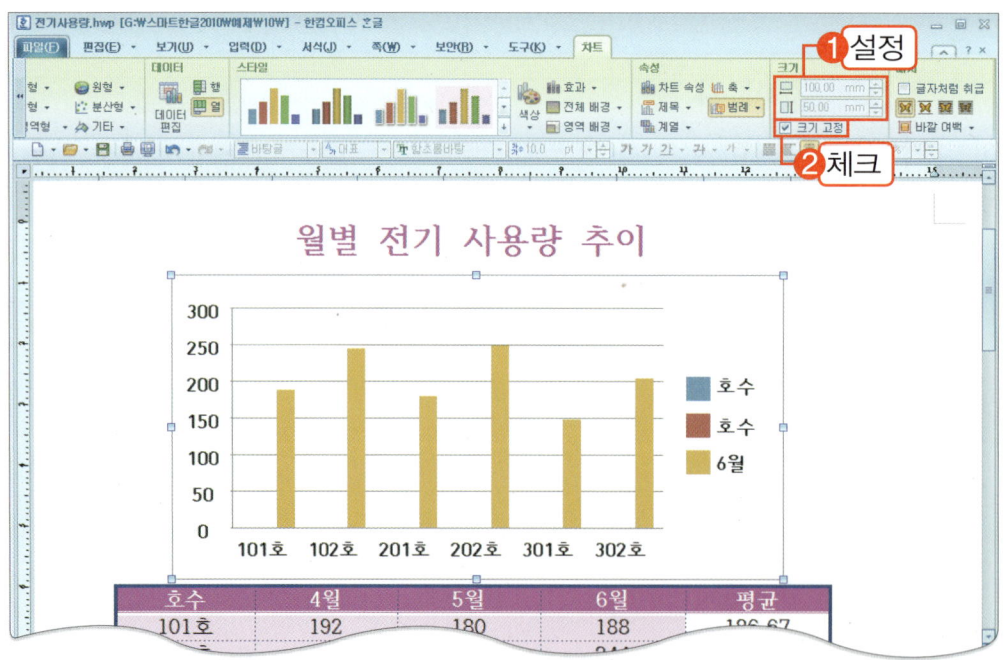

104 • 스마트한 생활을 위한 한글 2010

차트 마법사 실행하기

01 차트가 선택된 상태에서 [차트] 탭-[차트] 그룹의 그룹 이름(차트)을 클릭합니다.

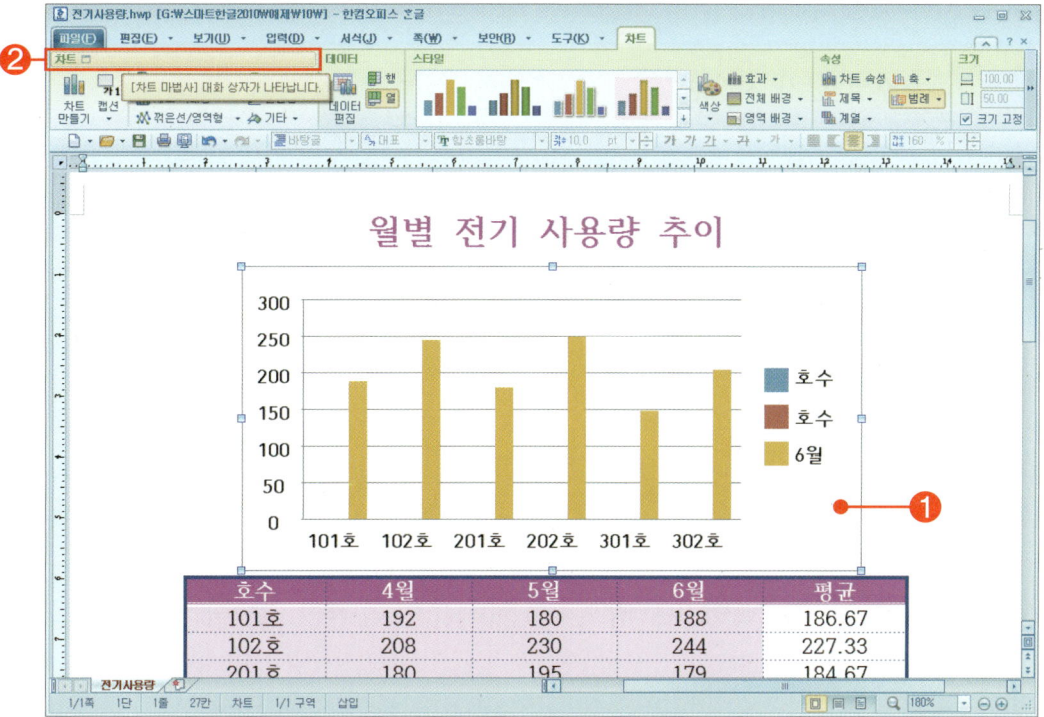

> **배움터** [차트 마법사] 대화상자를 호출하는 다른 방법
>
> 차트 개체를 더블 클릭하여 차트 편집 상태로 만든 후, 마우스 오른쪽 단추를 클릭해 나타나는 바로 가기 메뉴에서 [차트 마법사]를 선택합니다.

02 [차트 마법사] 1단계가 표시되면 그림과 같은 **차트 종류를 선택**하고 [다음] 단추를 **클릭**합니다. 2단계에서 **'열' 방향을 선택**하고 [다음] 단추를 **클릭**합니다.

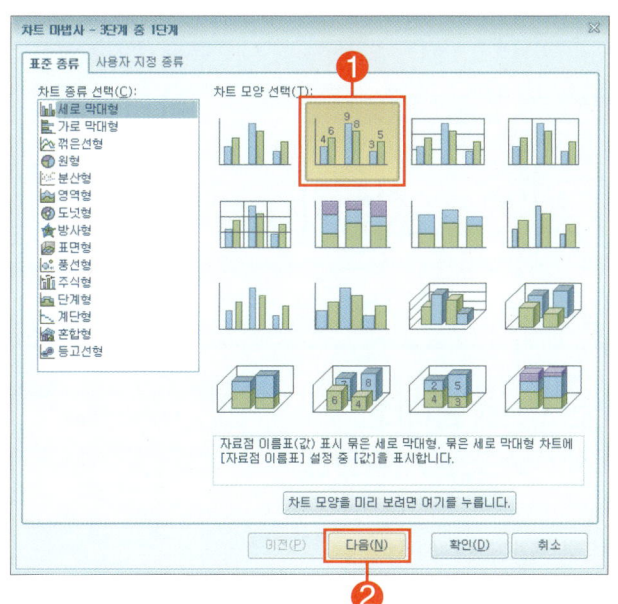

03 마지막 단계에서 [차트 제목], [X(항목) 축], [Y(값) 축]을 각각 입력하고 [확인] 단추를 클릭합니다.

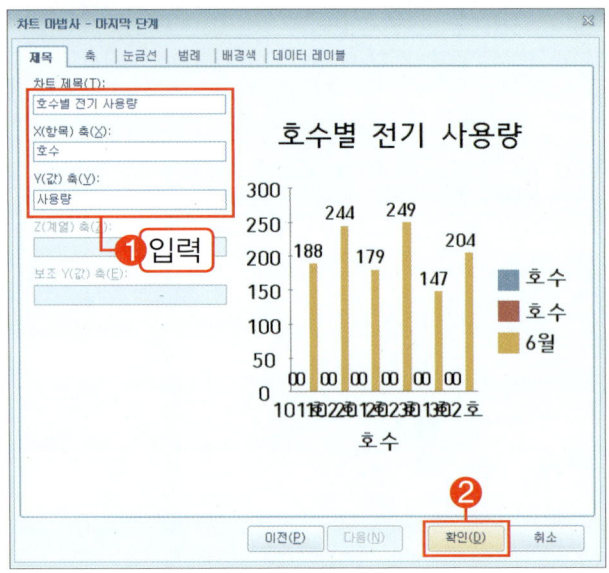

04 차트 마법사에서 지정한 차트 종류, 방향과 제목, 항목 축, 값 축으로 차트가 변경된 것을 확인합니다.

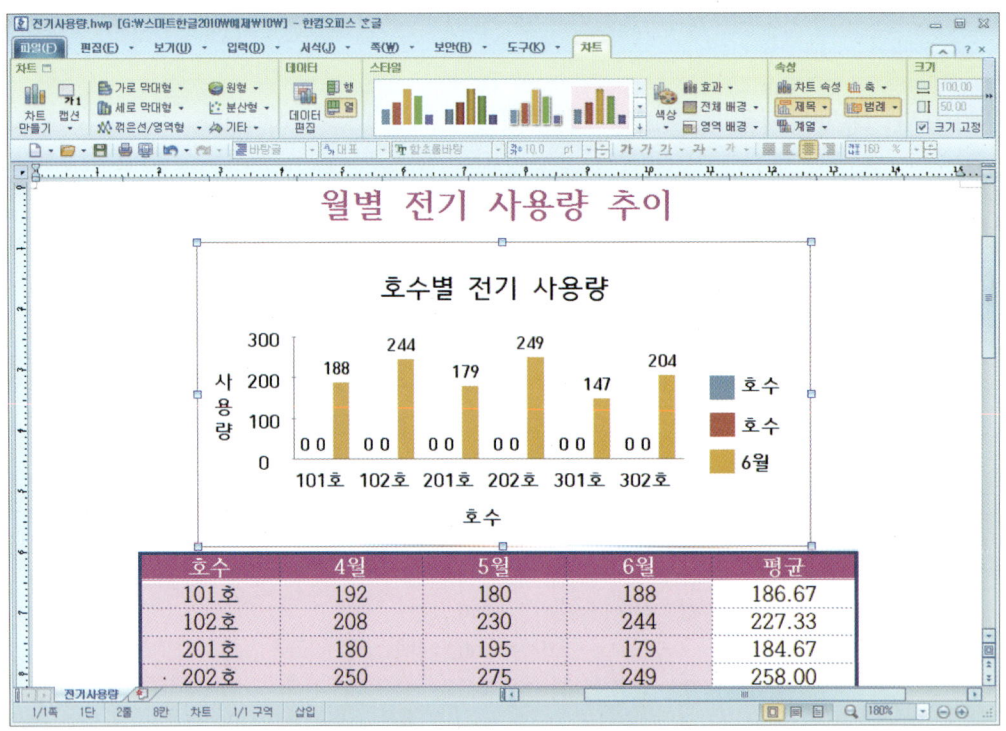

4~6월의 데이터를 그림과 같은 꺾은선형 차트로 작성해 봅니다.
- 차트 종류 : [차트 마법사-3단계 중 1단계]에서 [꺾은선형]-[꺾은선형] 선택
- 범례 위치 : [차트 마법사-마지막 단계]의 [범례] 탭에서 설정

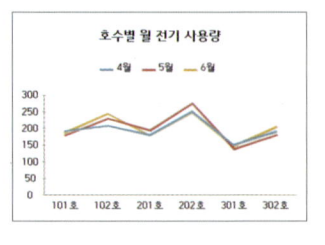

03 차트 편집하기

🖱 데이터 편집하기

01 차트가 선택된 상태에서 [차트] 탭-[데이터] 그룹-[데이터 편집(📊)]을 클릭합니다.

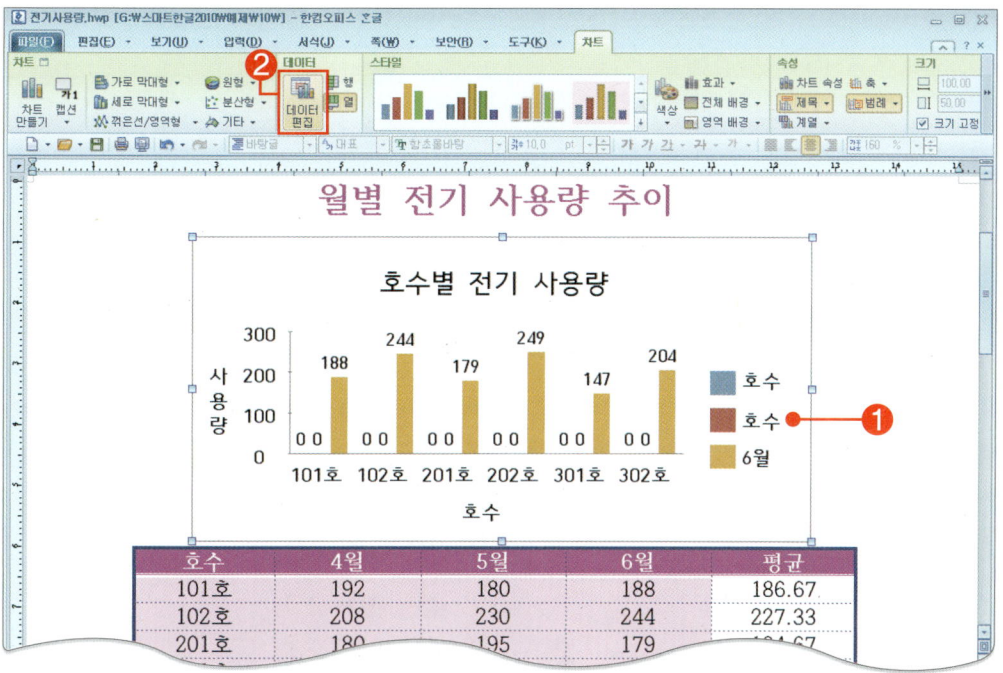

02 [차트 데이터 편집] 대화상자가 나타나면 '호수'를 선택한 다음 [선택한 열 삭제(📋)]를 클릭합니다. 다시 '호수'를 선택한 다음 [선택한 열 삭제(📋)]를 클릭하고 [확인] 단추를 클릭합니다.

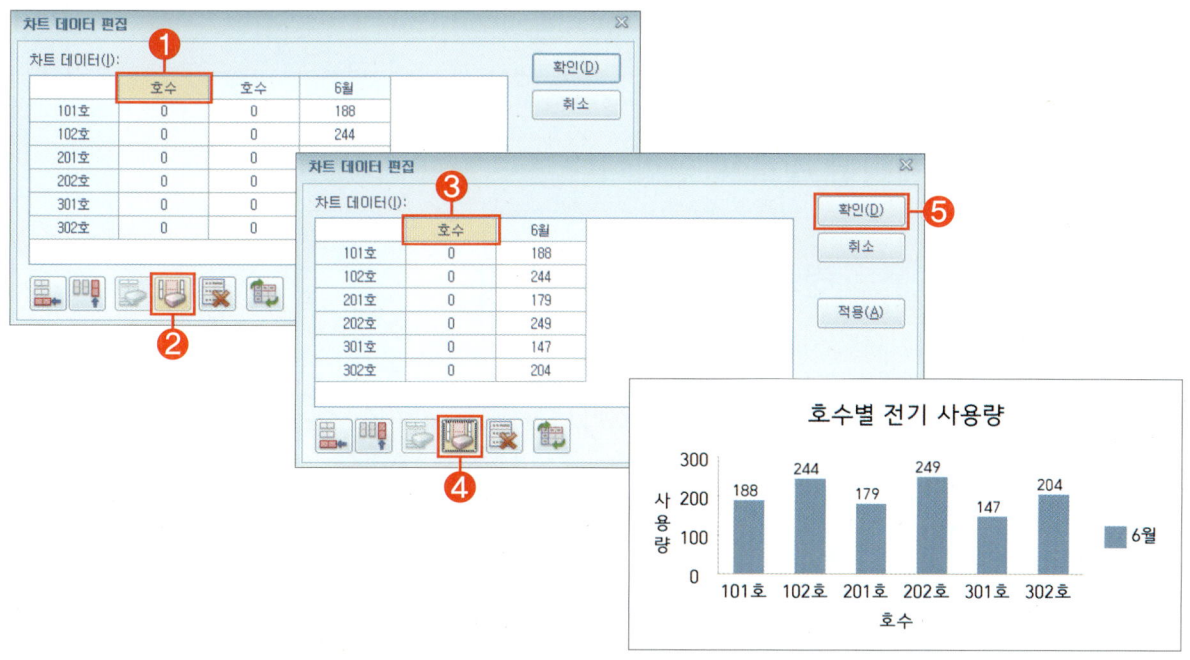

차트 스타일 지정하기

01 차트가 선택된 상태에서 [차트] 탭-[스타일] 그룹-[자세히(▼)]를 클릭합니다. 스타일 목록에서 [초록색/붉은 색 혼합, 그림자 모양, 연노란색 배경]을 선택합니다.

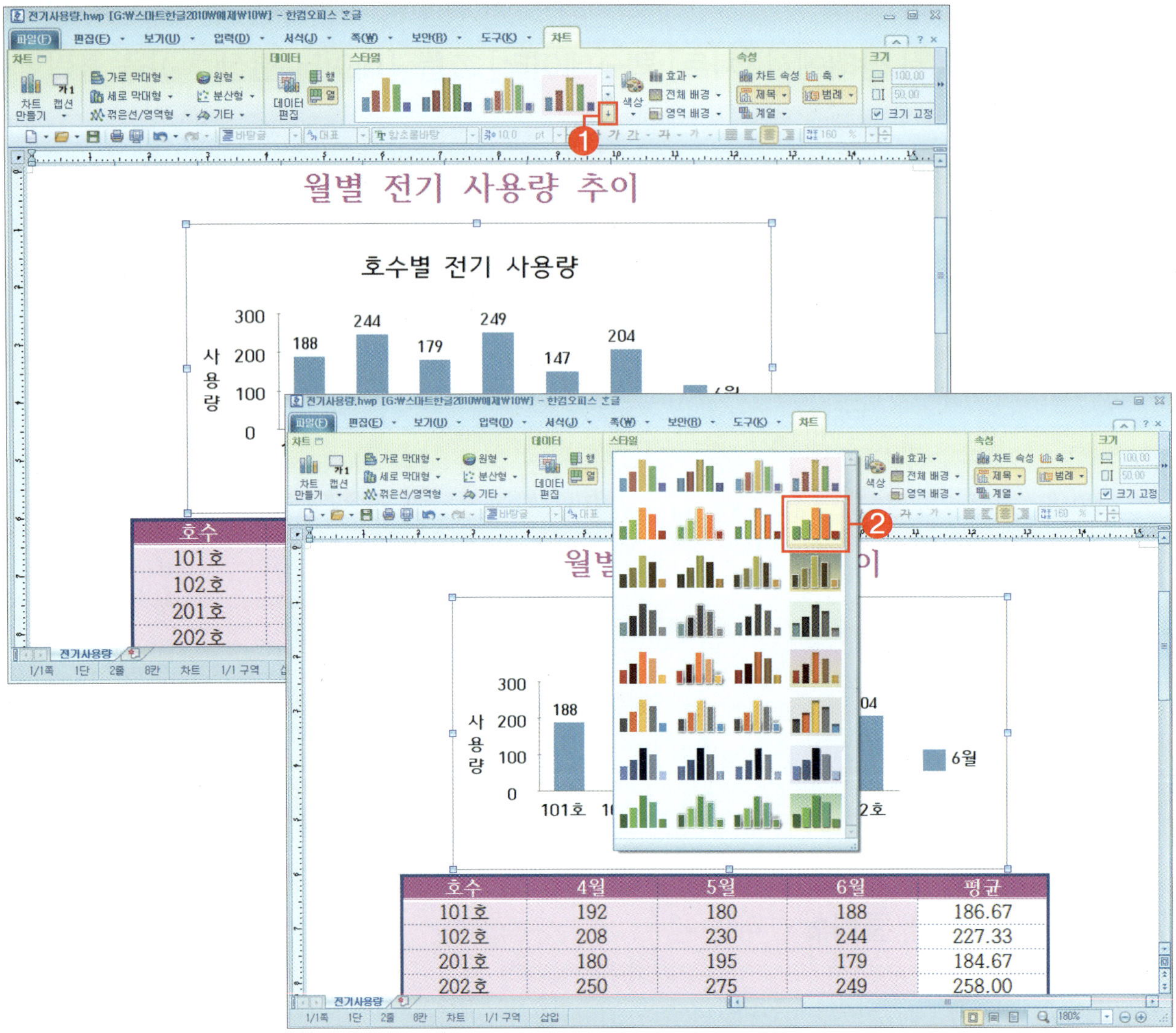

02 차트 스타일이 지정된 것을 확인합니다.

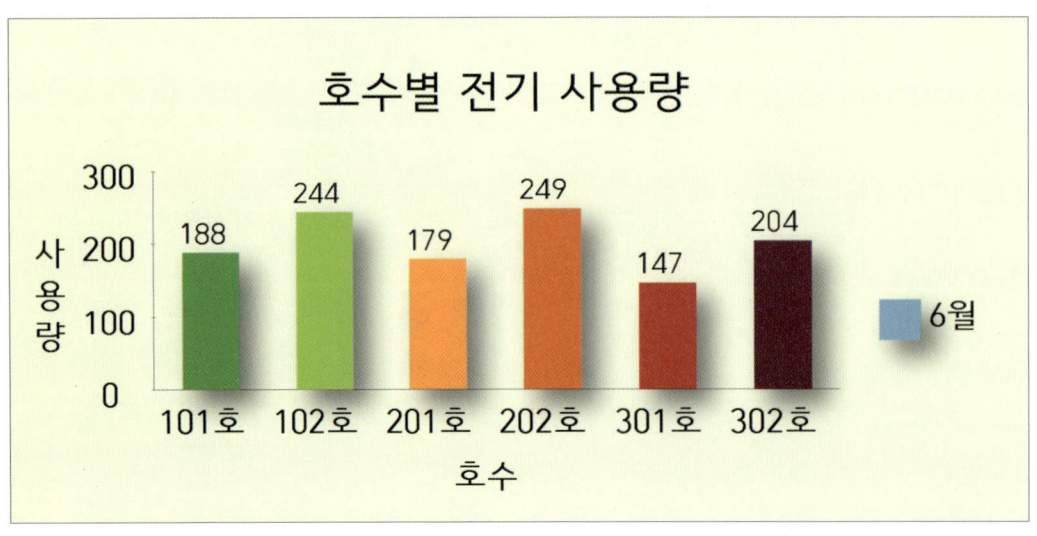

차트 제목 꾸미기

01 차트가 선택된 상태에서 [차트] 탭-[속성] 그룹-[제목(제목▼)]-[제목 모양]을 선택합니다. [제목 모양] 대화상자의 [글자] 탭에서 글꼴(한컴 솔잎 M)과 크기(15pt), 속성(진하게), 글자 색([기본] 색상 테마-[멜론색])을 지정하고 [설정] 단추를 클릭합니다.

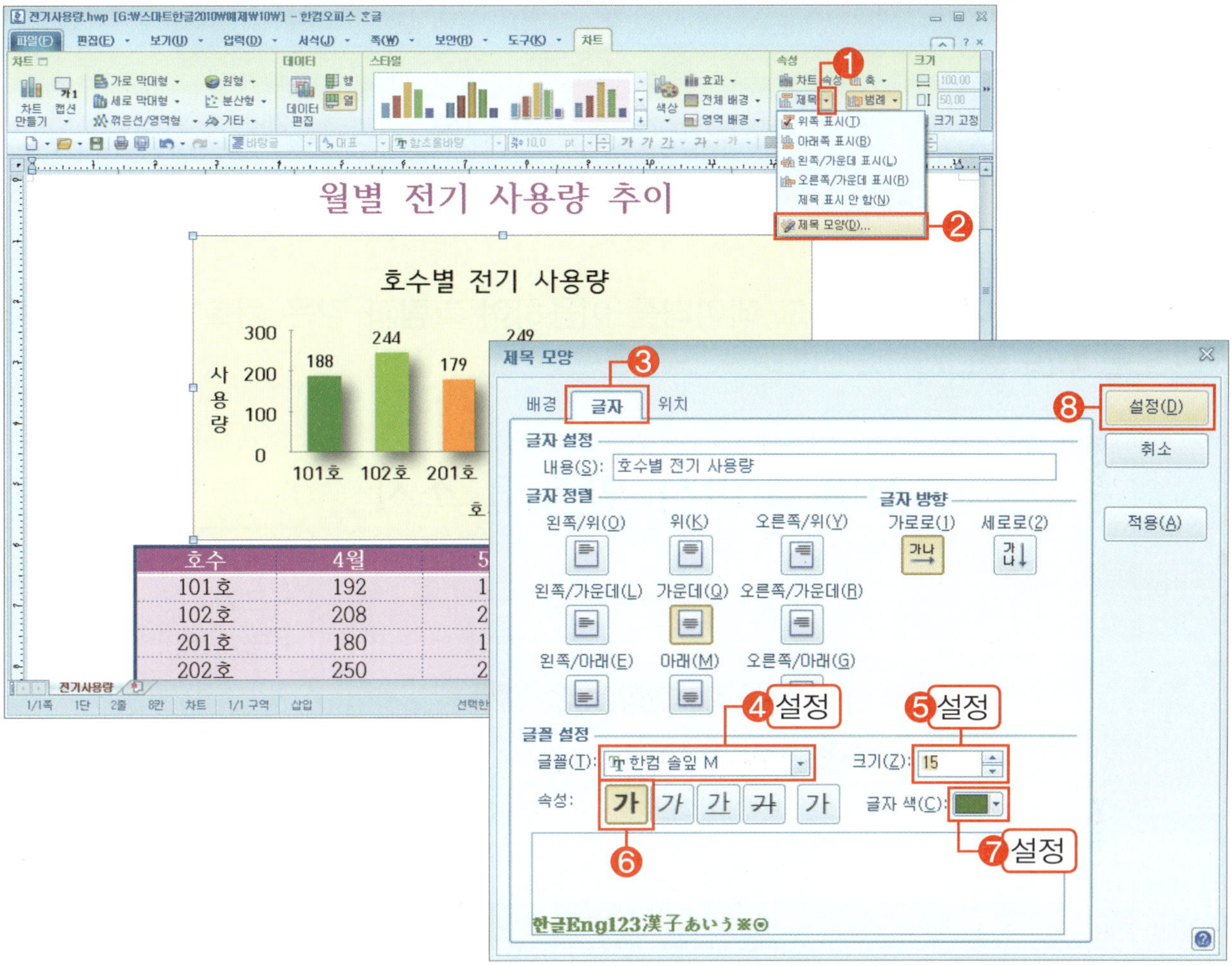

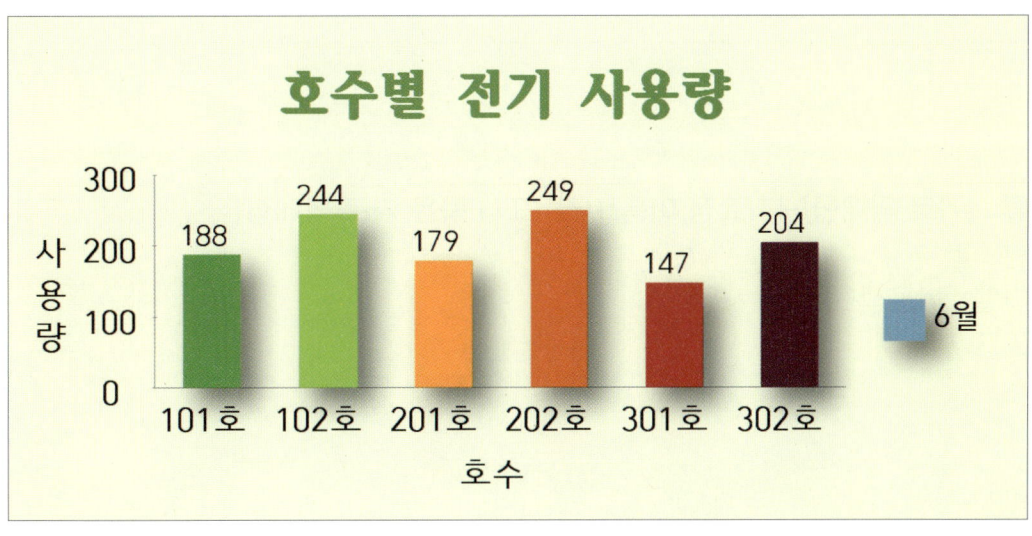

02 차트 제목 서식이 변경된 것을 확인합니다.

1 '만족도조사.hwp' 파일을 불러오기하여 그림과 같이 '블록 평균'과 '블록 합계' 값을 구해 봅니다.

항목	만족	보통	불만족	합계
남성	42	97	38	177
여성	26	42	183	251
평균	34.00	69.50	110.50	✕

2 '남성'과 '여성'의 만족도 데이터를 이용하여 그림과 같은 차트를 만들고 차트를 꾸며 봅니다.

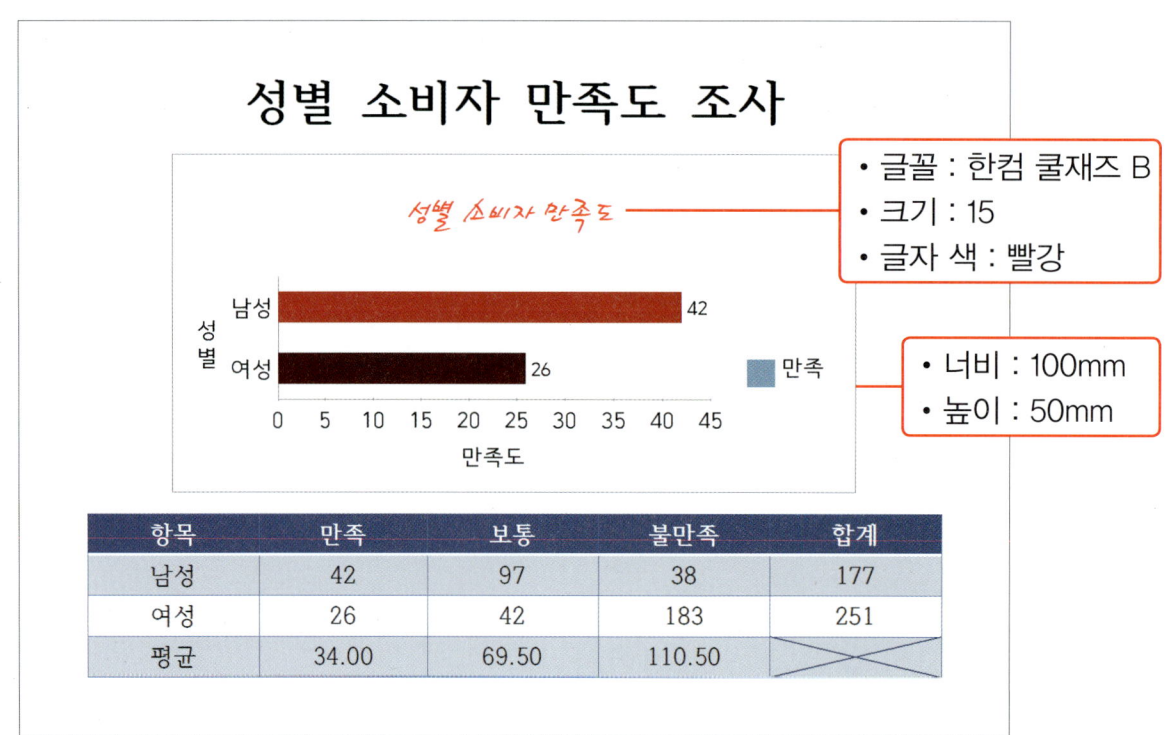

- 글꼴 : 한컴 쿨재즈 B
- 크기 : 15
- 글자 색 : 빨강

- 너비 : 100mm
- 높이 : 50mm

도움터

- **차트 종류** : [가로 막대형]–[자료점 이름표(값) 표시 묶은 가로 막대형]
- **차트 방향** : 열
- **차트 스타일** : 붉은색조, 기본 모양

예방접종 확인증 만들기

이번 장에서는 새로운 탭을 추가하여 해당 탭에 저장되어 있는 파일을 불러오는 방법에 대해 알아봅니다. 또한 메일 머지 기능을 이용해 동일한 문서 내용에 사람 이름과 날짜, 장소의 데이터만 다르게 하여 많은 문서를 한 번에 만드는 방법과 워터마크를 추가하는 방법도 익혀보도록 하겠습니다.

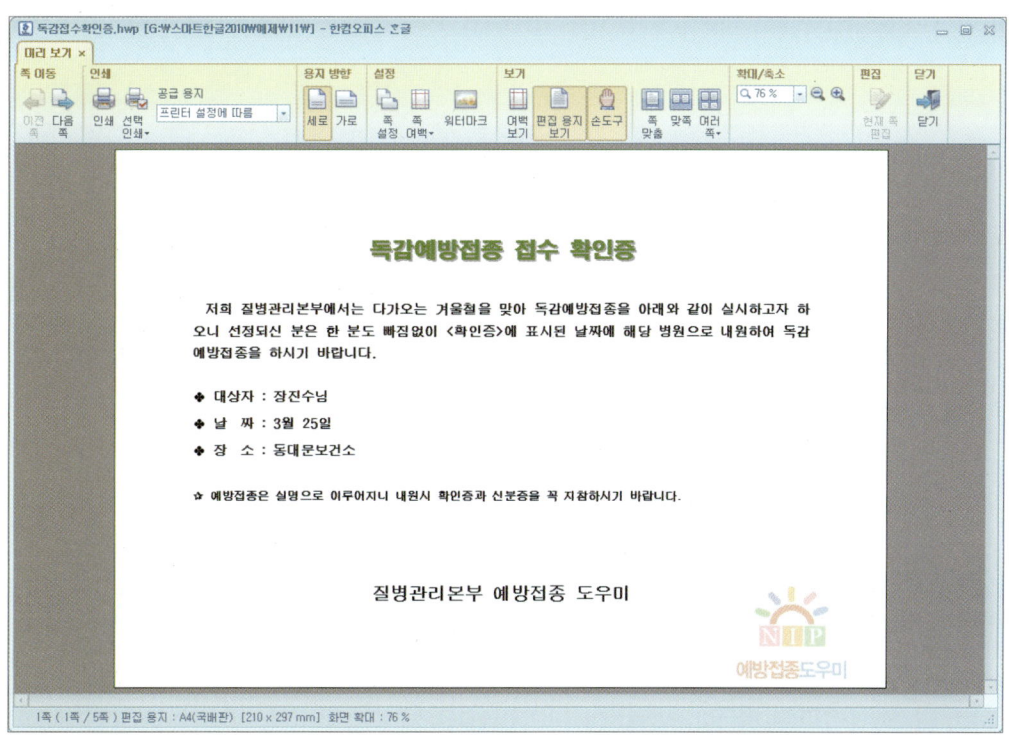

 무엇을 배울까요?

⋯▶ 새 탭에 문서 불러오기
⋯▶ 메일 머지 표시 달고 만들기
⋯▶ 워터마크 넣기
⋯▶ 메일 머지 결과 파일 만들기

데이터 파일 만들기

01 '빈 문서'에서 **첫 번째 줄에 '3'을 입력**한 후 Enter 키를 누릅니다.

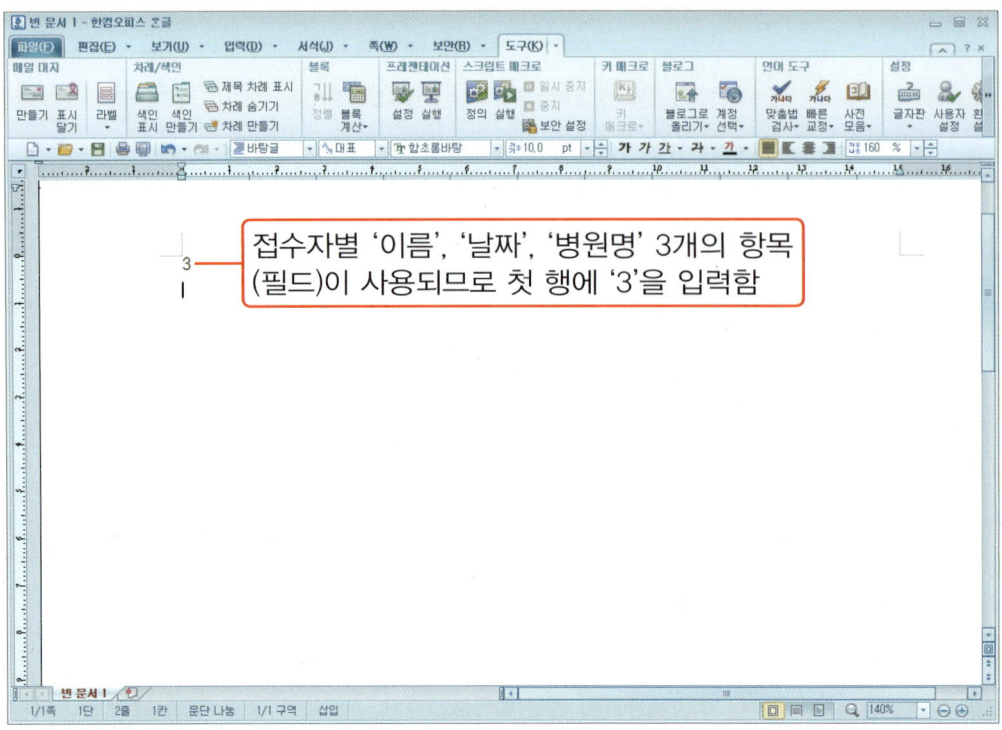

02 그림과 같이 다섯 명의 '이름', '날짜', '병원명' 항목(필드)의 **데이터를 각각 입력**한 후 **'접수자명단.hwp'으로 저장**합니다.

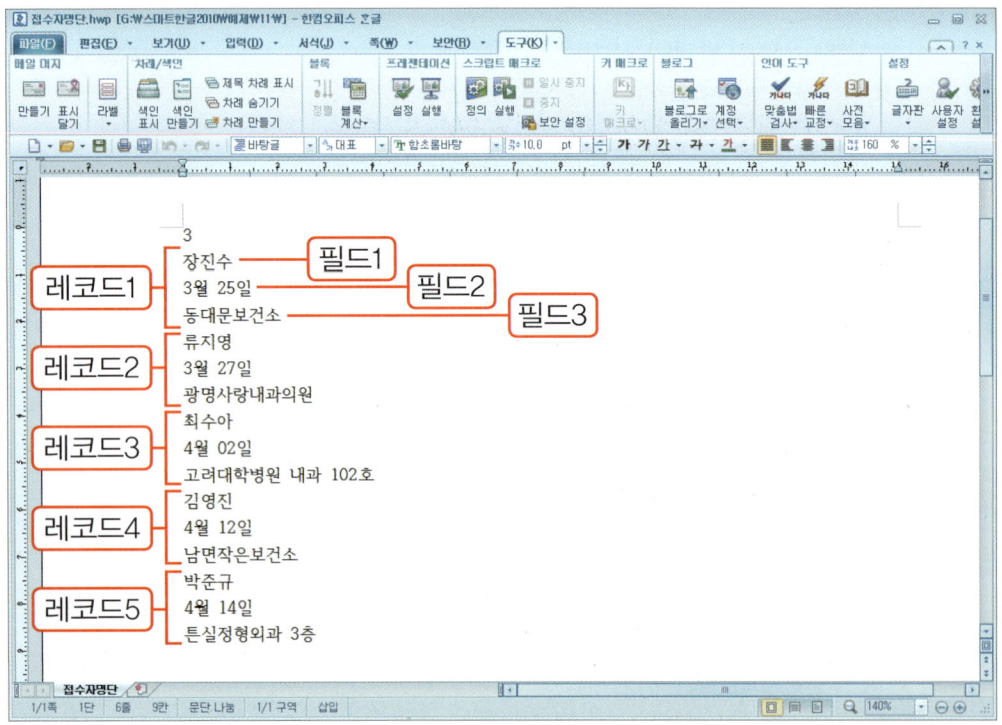

 ## 현재 탭에 문서 불러오기

01 화면 아래쪽의 '**새 탭( )**'을 **클릭**하거나 [파일]-[새 문서]-[새 탭] 메뉴를 선택하여 새로운 '빈 문서'를 열기합니다.

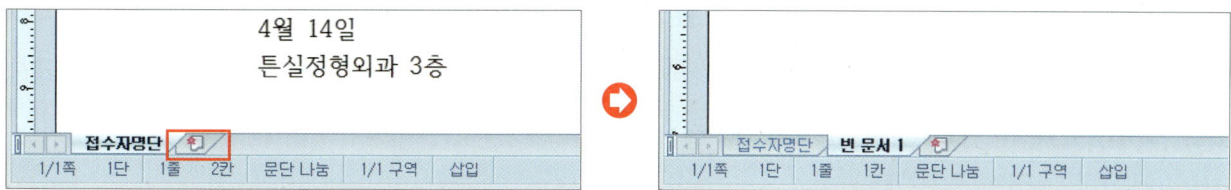

02 추가된 '빈 문서' 탭이 선택된 상태에서 **[서식] 도구 상자**의 [**불러오기( )**]를 **클릭**하거나 [파일]-[불러오기] 메뉴를 선택합니다. [불러오기] 대화상자가 나타나면 '**독감접수확인증.hwp**' 파일을 **선택**하고 '**현재 창에**'를 **체크 표시**한 후 [**열기**] 단추를 클릭합니다.

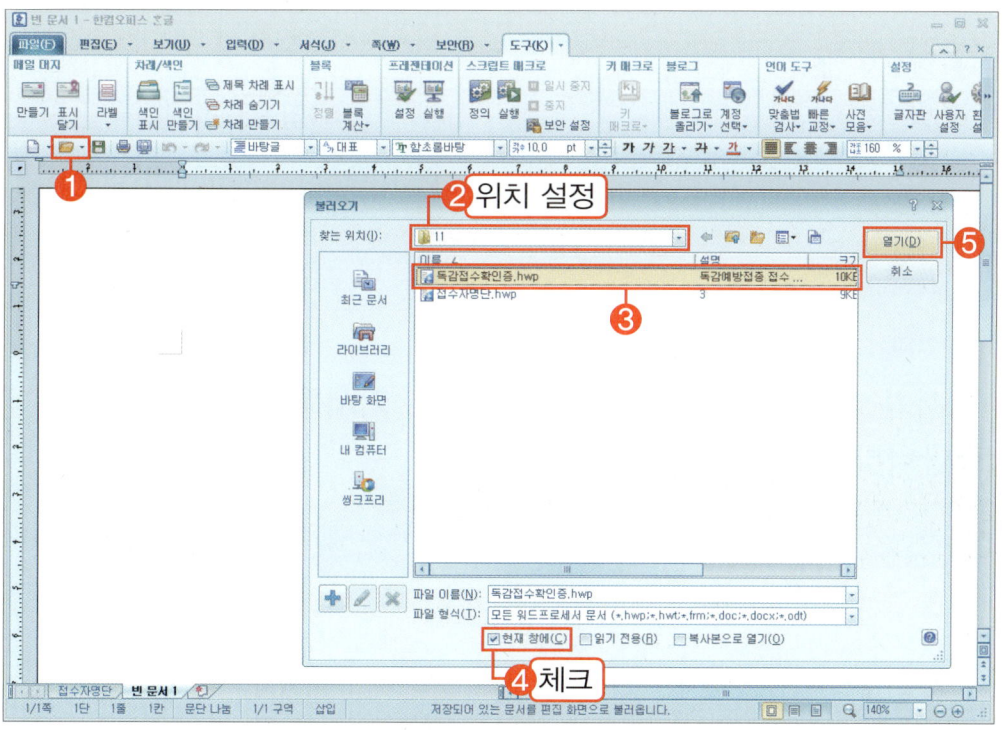

03 현재 탭에 '독감접수확인증.hwp' 파일이 불러오기 되면 **해당 탭을 '접수자명단' 탭 앞으로 드래그**하여 위치를 이동합니다.

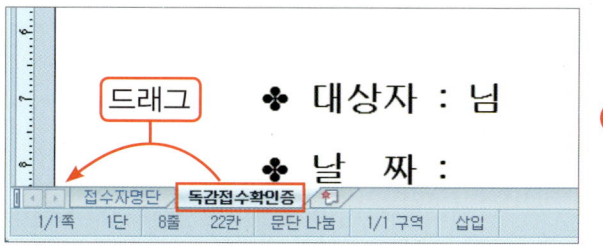 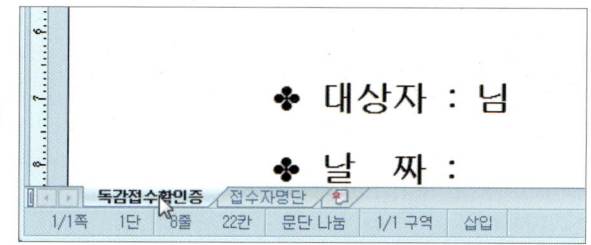

11 예방접종 확인증 만들기 • **113**

03 메일 머지 만들기

메일 머지 표시 달기

01 '독감접수확인증' 파일의 '님' 앞으로 커서를 이동한 후 [도구] 탭-[메일 머지] 그룹-[표시 달기()]를 클릭합니다. [메일 머지 표시 달기] 대화상자가 나타나면 [필드 만들기] 탭에서 '1'을 입력하고 [넣기] 단추를 클릭합니다.

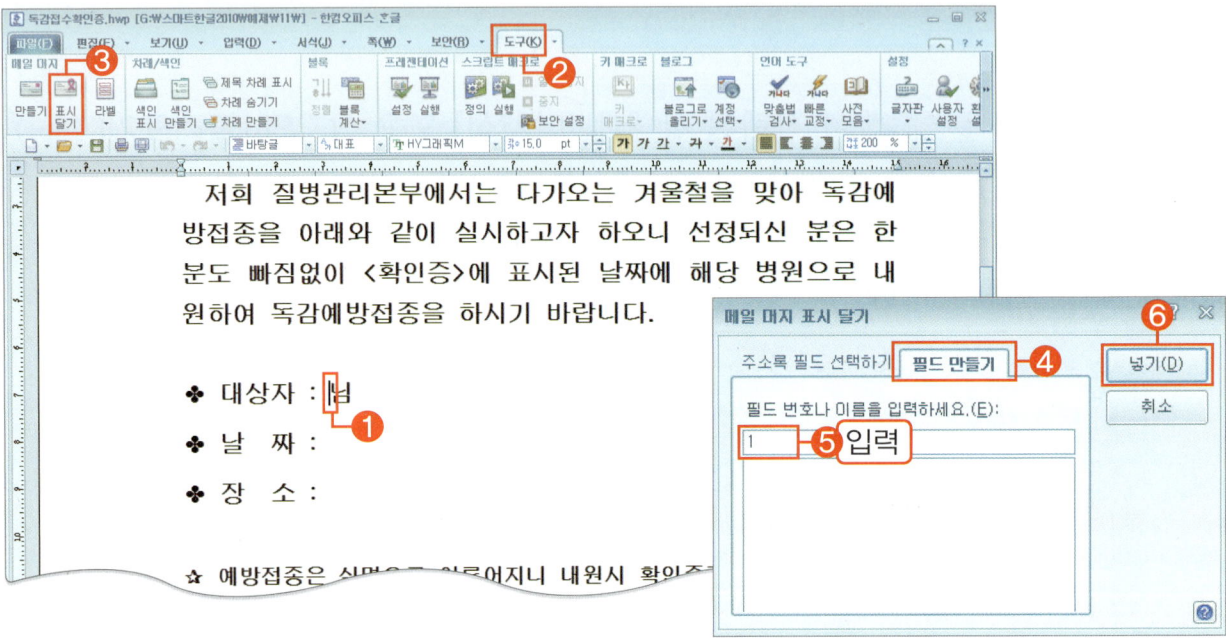

02 메일 머지 표시가 나타납니다. '날짜 :' 다음으로 커서를 이동한 후 같은 방법으로 '2'를 입력합니다.

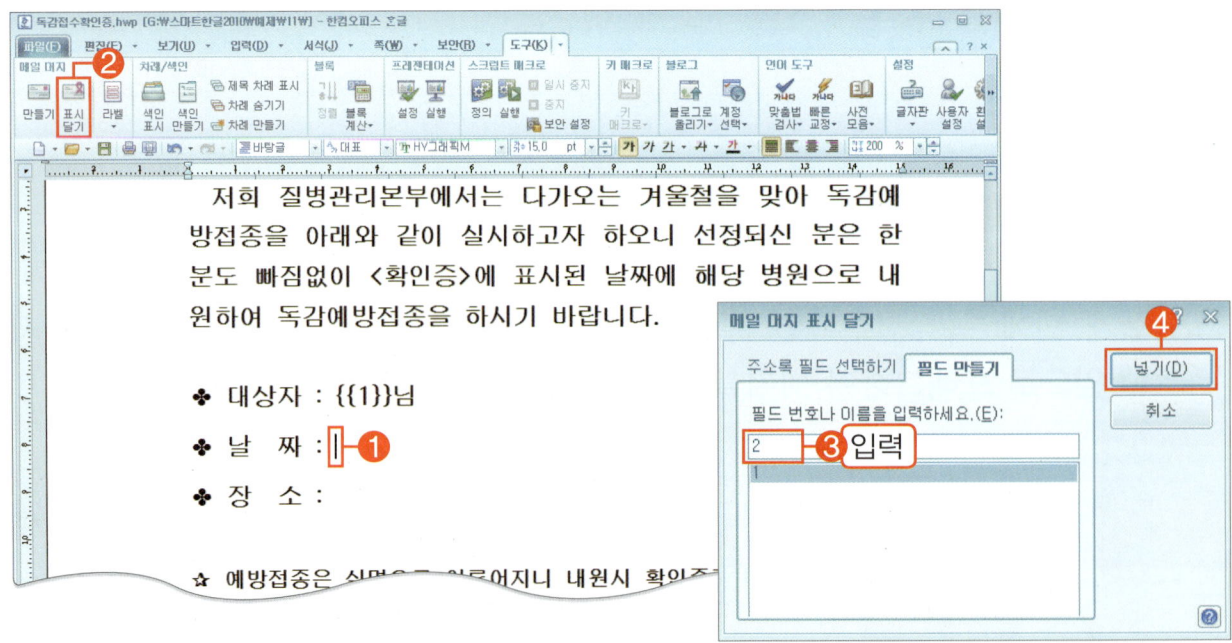

03 '장 소 :' 다음으로 커서를 이동한 후, 같은 방법으로 '3'을 입력합니다.

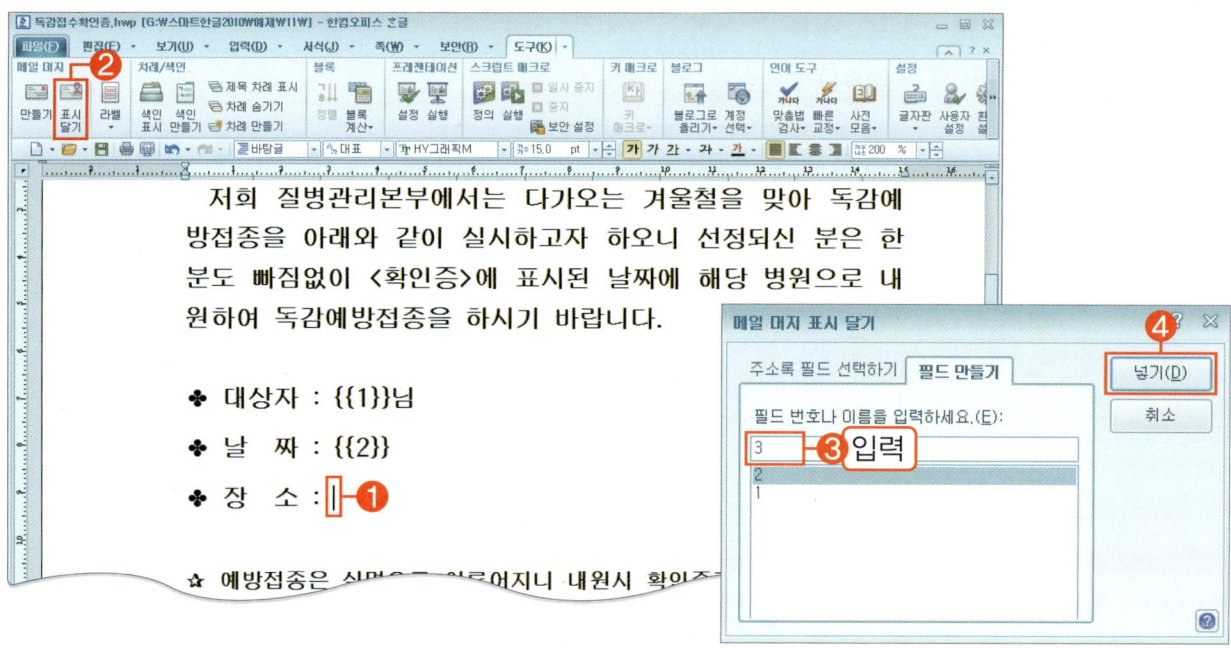

메일 머지 만들기

01 [도구] 탭-[메일 머지] 그룹-[만들기(📧)]를 클릭합니다. [메일 머지 만들기] 대화상자가 나타나면 [자료 종류]는 '**한글 파일**'을 선택한 후 '**파일 선택(📁)**'을 클릭합니다.

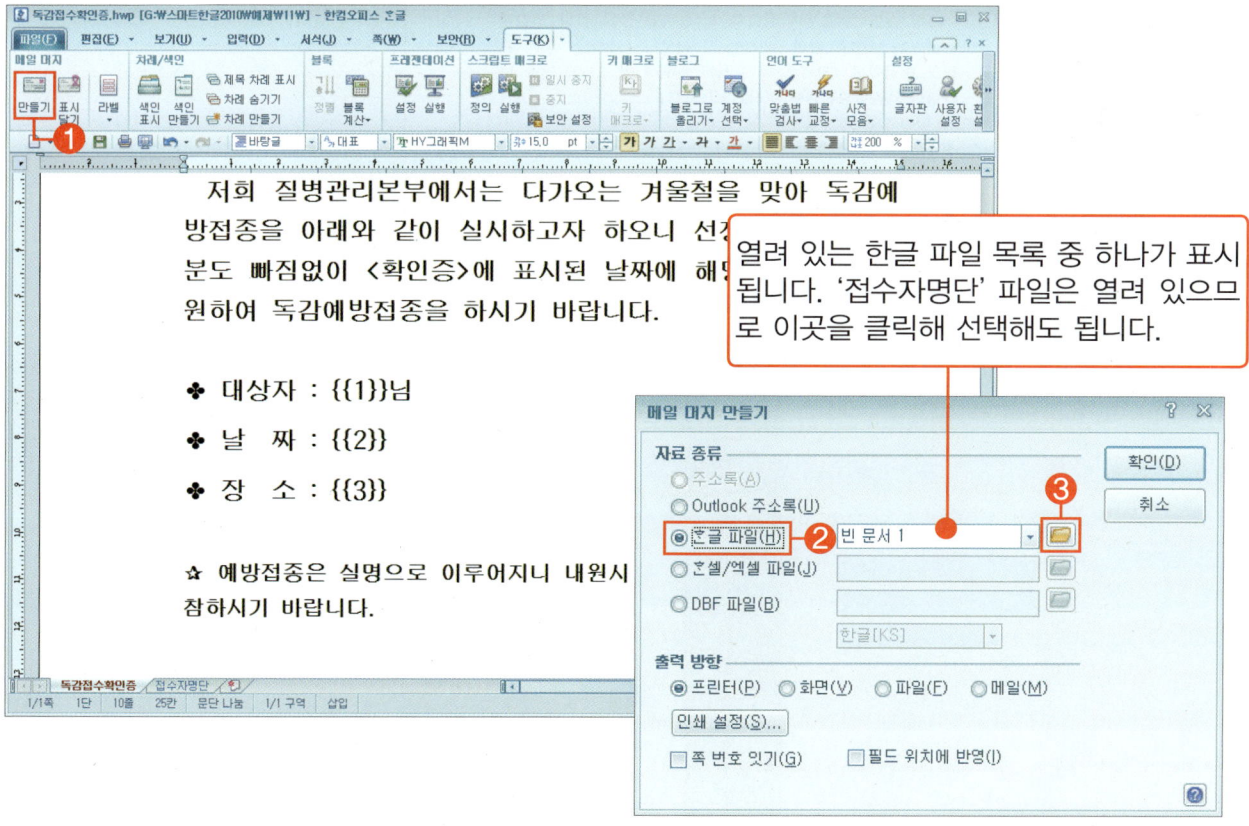

02 [한글 파일 불러오기] 대화상자가 나타나면 '**접수자명단.hwp**' **파일을 선택**하고 [**열기**] **단추를 클릭**합니다. [메일 머지 만들기] 대화상자의 [출력 방향]에서 '**화면**'**을 선택**한 후 [**확인**] **단추를 클릭**합니다.

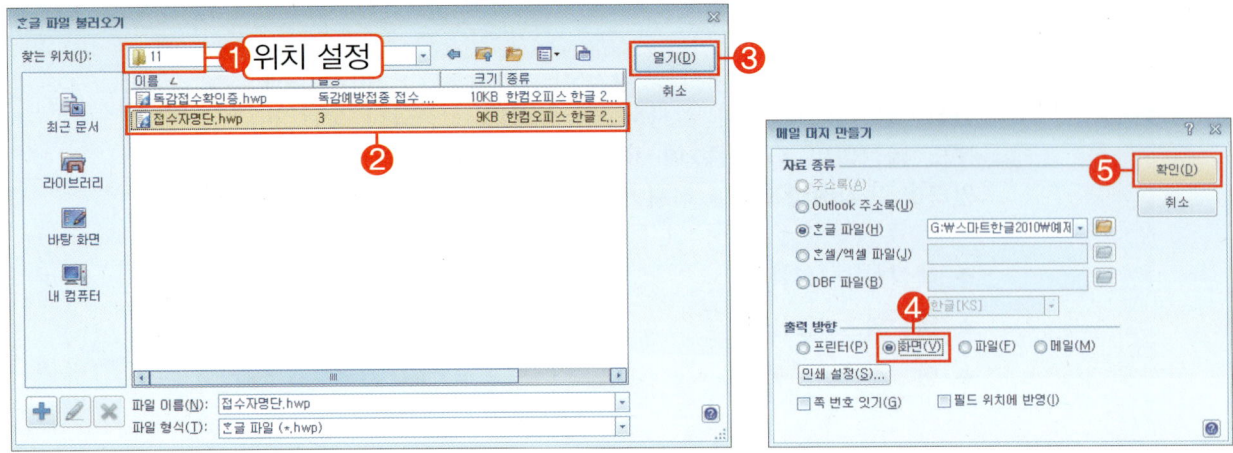

03 미리 보기 창이 나타나면 Page Down 키를 눌러 다섯 명의 데이터가 표시되는 것을 확인합니다.

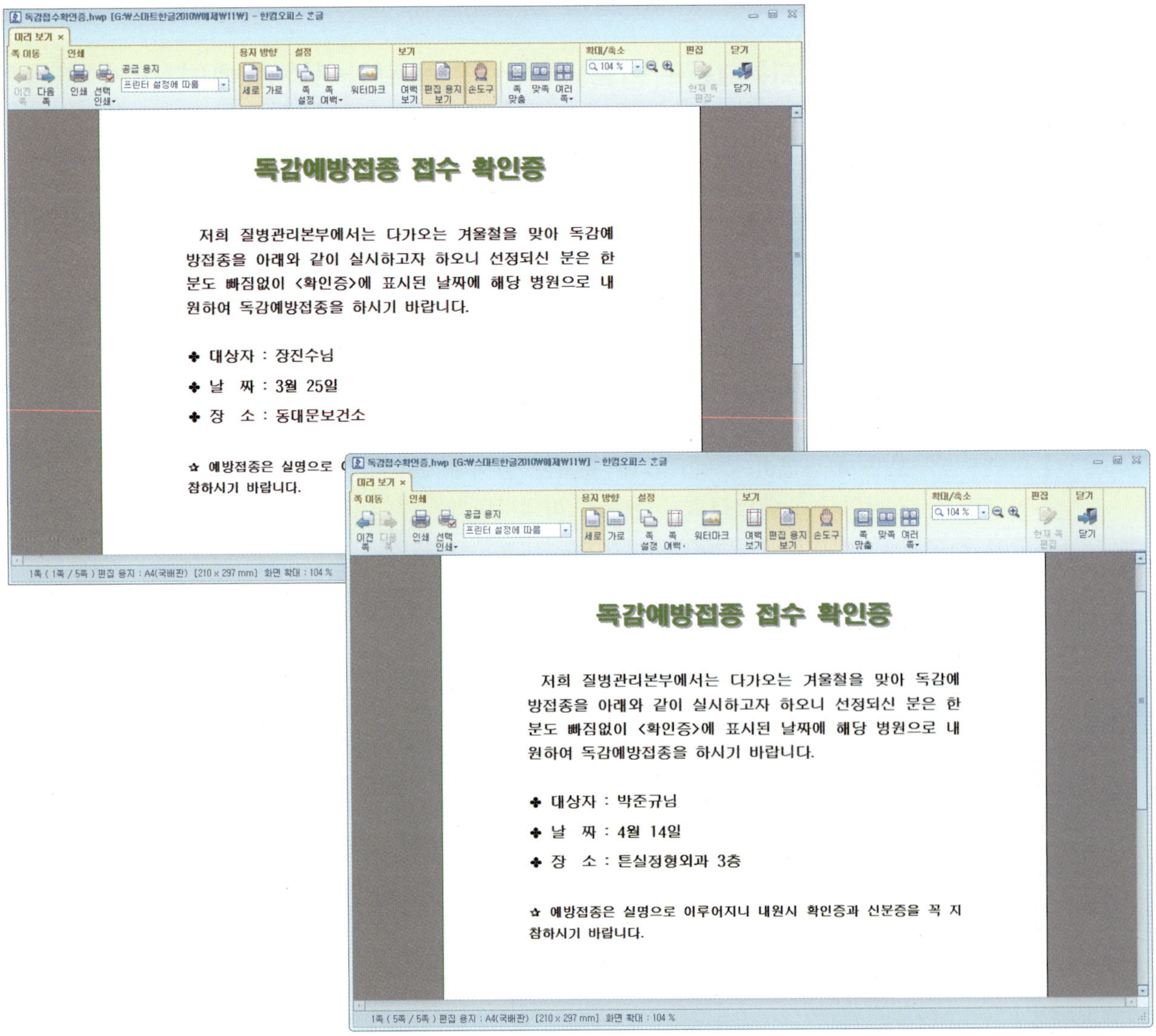

워터마크 넣기

01 [미리 보기] 탭-[용지 방향] 그룹-[가로(📄)]를 클릭합니다. 용지 방향이 가로로 넓게 변경된 것을 확인합니다.

02 [미리 보기] 탭-[설정] 그룹-[워터마크(🖼)]를 클릭합니다.

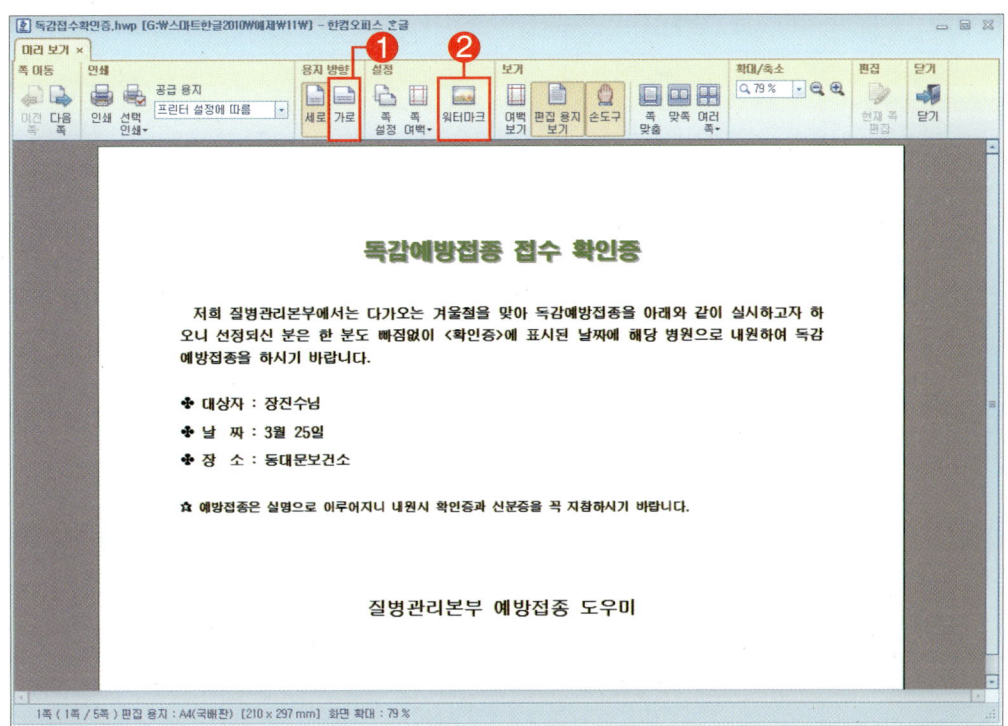

03 [인쇄] 대화상자가 나타나면 '그림 워터마크'를 선택합니다. [그림 파일]의 '파일 선택(📁)'을 클릭한 후, [그림 넣기] 대화상자가 나타나면 '예방접종도우미.jpg' 그림 파일을 선택하고 [열기] 단추를 클릭합니다.

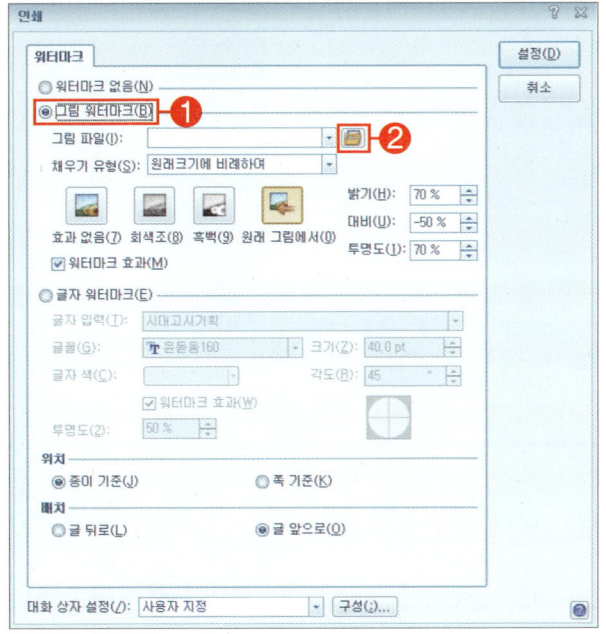
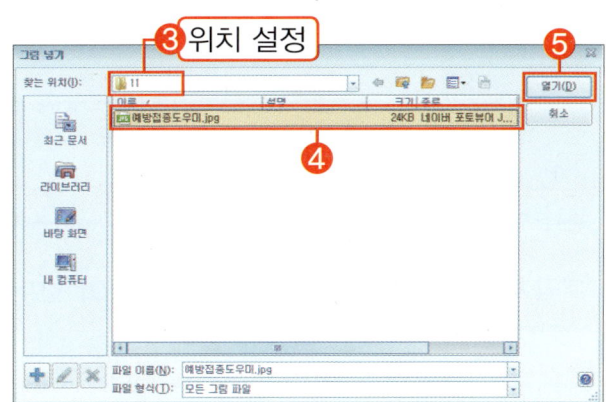

11 예방접종 확인증 만들기 • **117**

04 [채우기 유형]은 '오른쪽 아래로'를 선택하고 '효과 없음'을 클릭한 후, [설정] 단추를 클릭합니다.

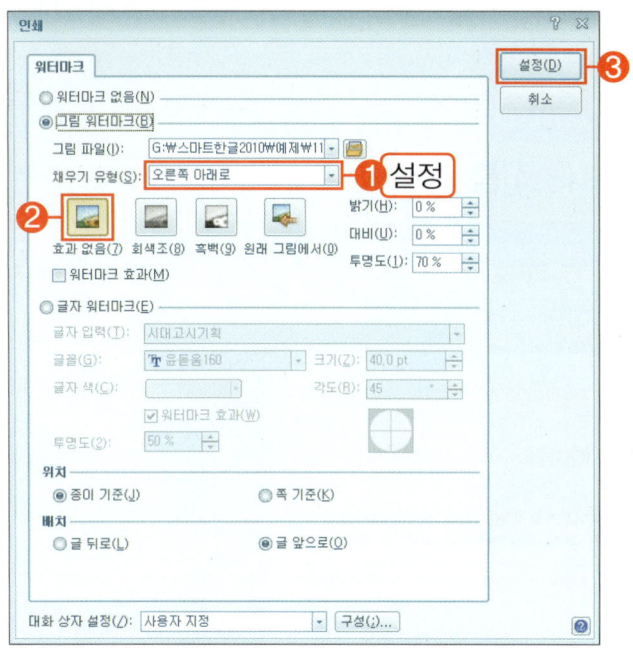

05 Page Down 키와 Page Up 키를 눌러 모든 쪽 오른쪽 아래에 그림이 표시되는 것을 확인합니다. [미리보기] 탭-[닫기] 그룹-[닫기(　)]를 클릭합니다.

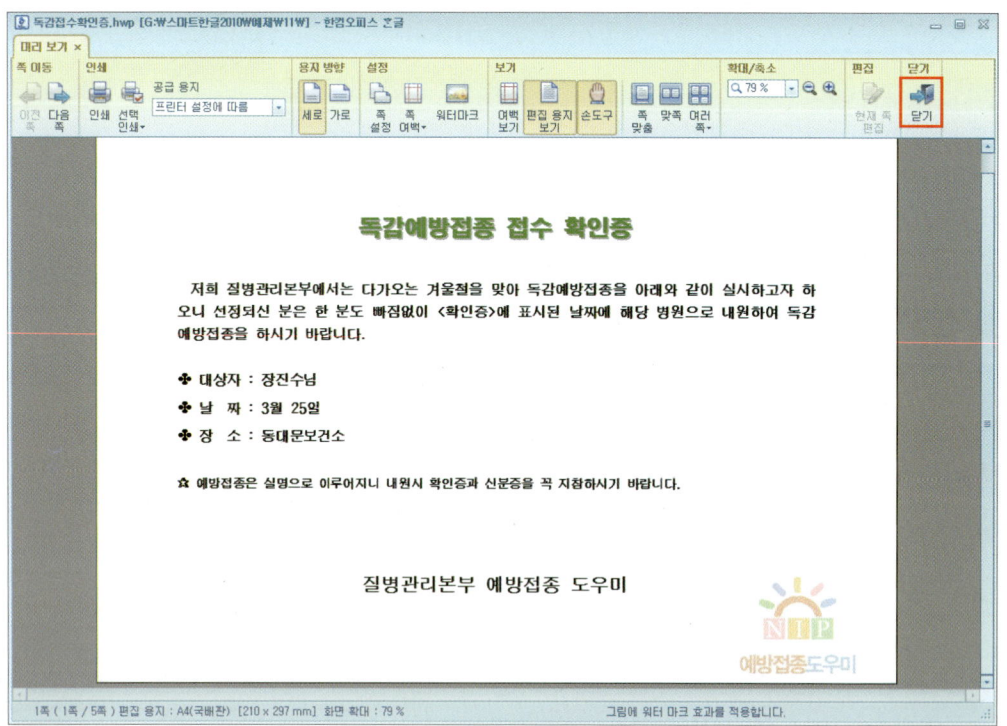

'글자 워터마크' 항목을 이용해 문서의 모든 쪽에 '한글 2010 배우기' 글자가 문서 중앙에 표시되도록 워터마크를 설정해 봅니다.

04 메일 머지 결과 '파일'로 만들기

01 [도구] 탭-[메일 머지] 그룹-[만들기(　)]를 클릭합니다. [메일 머지 만들기] 대화상자가 나타나면 [자료 종류]에서 '**한글 파일**'을 **선택**한 후 '**파일 선택(　)**'을 **클릭**합니다. [한글 파일 불러오기] 대화상자가 나타나면 '**접수자명단.hwp**' 파일을 **선택**하고 [열기] 단추를 클릭합니다.

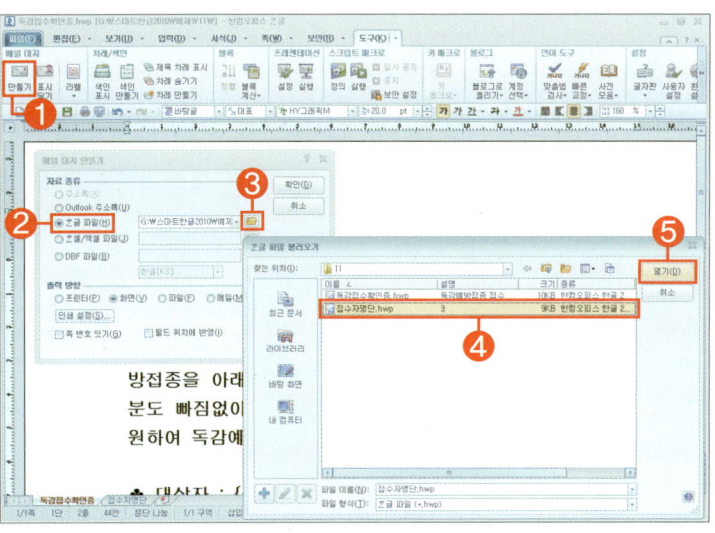

02 [출력 방향]을 '**파일**'로 **선택**한 후 '**저장하기(　)**'를 **클릭**합니다. [한글 파일 저장하기] 대화상자가 나타나면 **파일 이름을 '독감접수확인증(보관용)'으로 입력**하고 [저장] 단추를 클릭합니다.

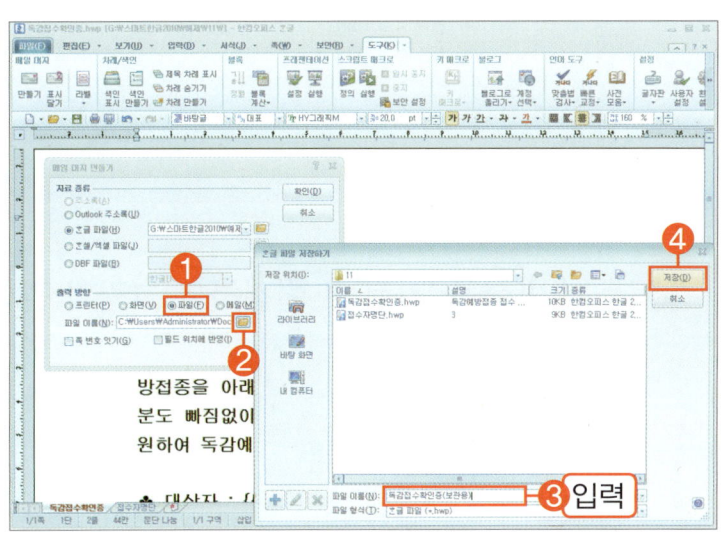

03 저장 위치에 '독감접수확인증(보관용).hwp' 파일이 만들어진 것을 확인합니다. 파일을 열고 저장 내용을 확인합니다.

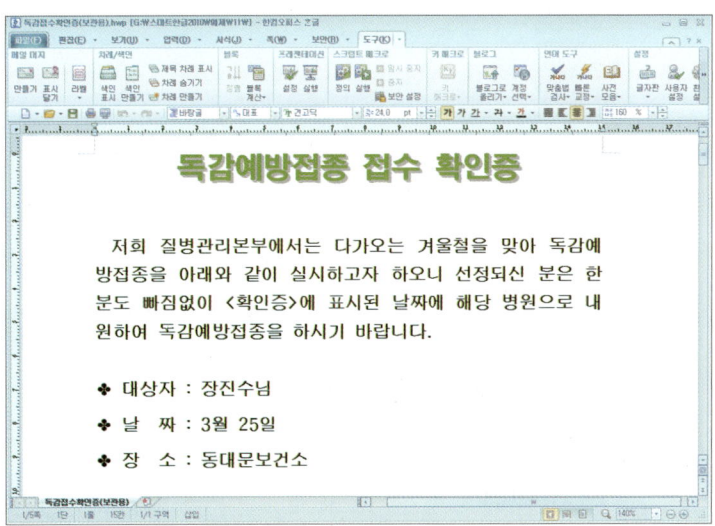

1. 메일 머지 기능을 이용해 '회원명단.hwp' 파일의 데이터가 '회원정보확인.hwp' 파일의 각 필드에 화면으로 표시되도록 메일 머지 만들기를 해 봅니다.

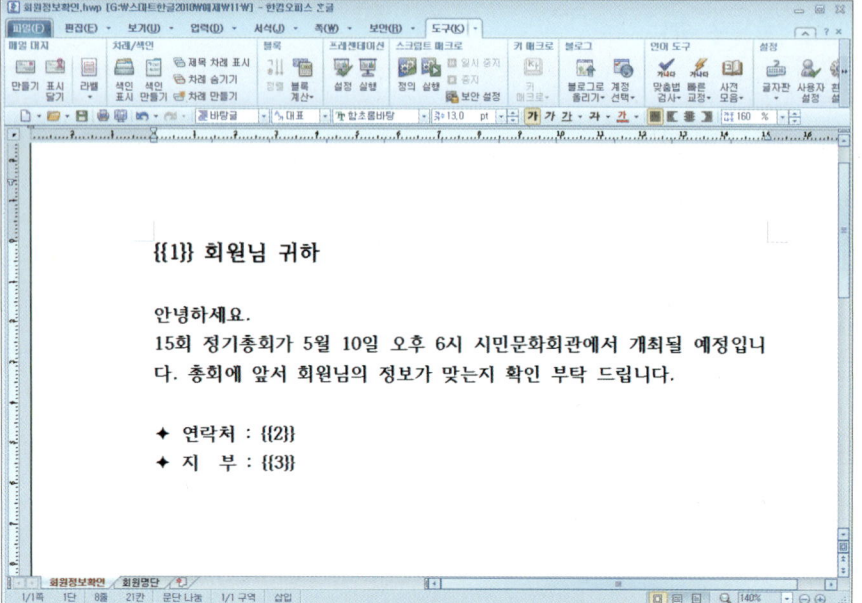

〈회원명단〉 파일 내용

3
장진수
010-1254-X86X
동부지부
류지영
031-751-7X5X
광명지부
최수아
010-5820-X52X
남부지부
김영진
055-879-7X8X
하동지부
박준규
010-8963-X50X
강남지부

2. 용지 방향을 '가로'로 변경하고 그림과 같이 글자 워터마크를 삽입해 봅니다.

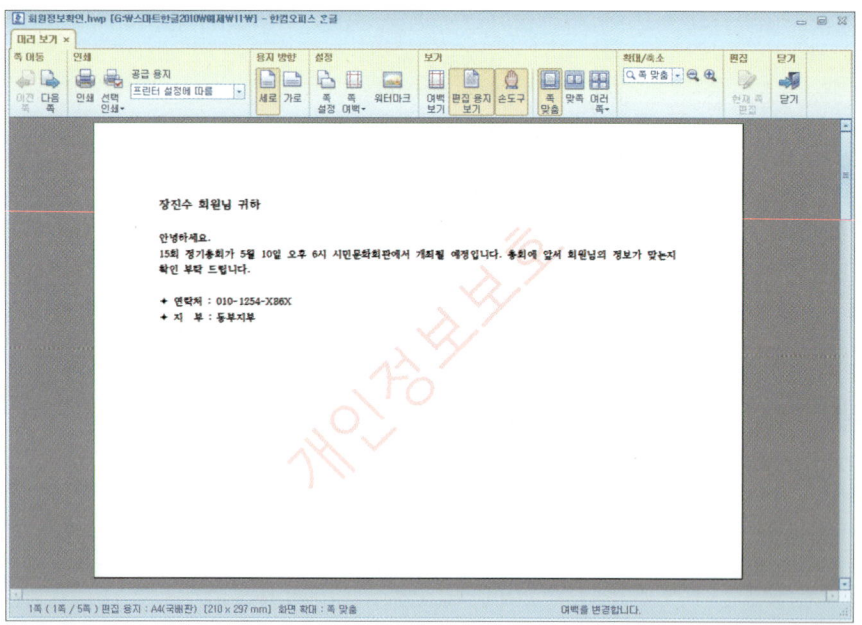

도움터

- 글자 입력 : 개인정보보호
- 글꼴 : 함초롬돋움
- 글꼴 크기 : 80pt
- 글자 색 : 빨강
- 각도 : -45
- 배치 : 글 뒤로

12 보관용 문서 만들기

이번 장에서는 기존 문서에서 쪽을 나누기한 후 배경색을 지정하여 문서 표지를 만드는 방법에 대해 알아봅니다. 또한 편집 용지 설정 방법 및 문서에 머리말과 꼬리말, 각주를 삽입하는 방법도 익혀보도록 하겠습니다.

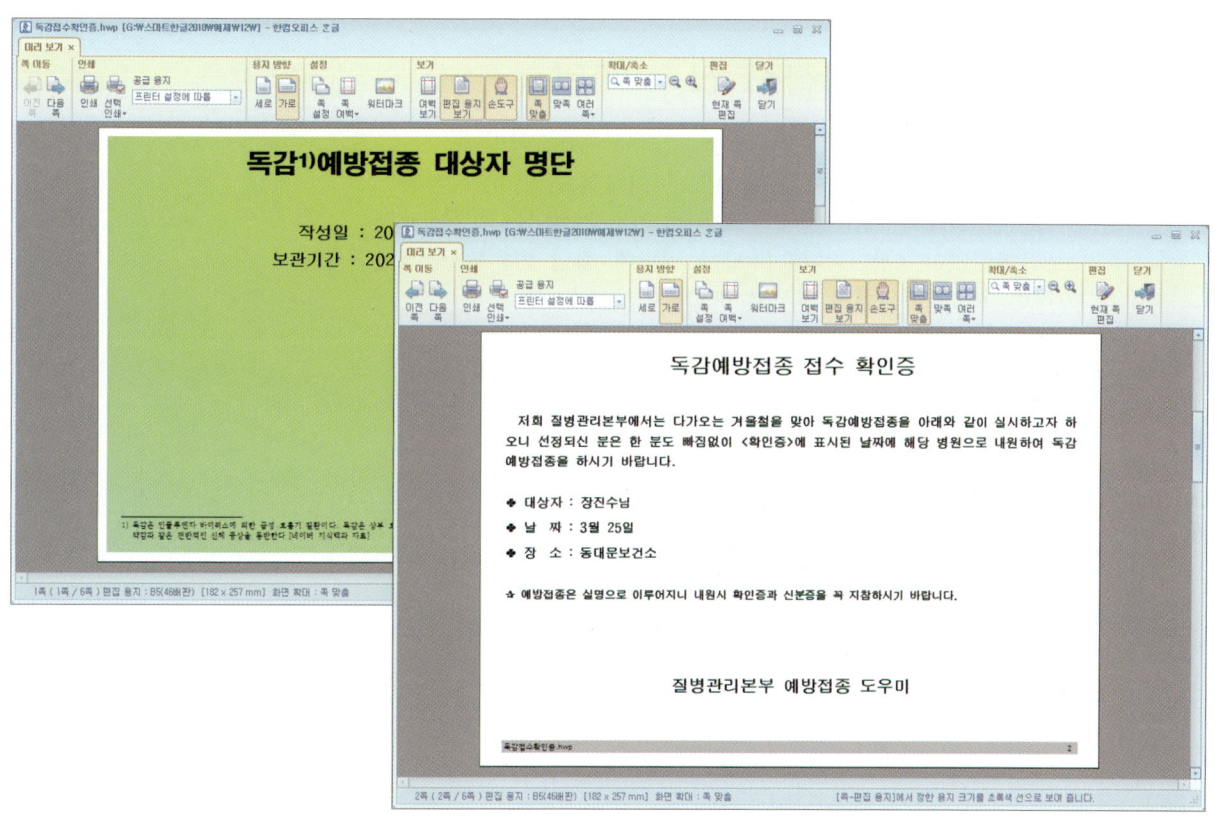

 무엇을 배울까요?

- 쪽 나누기와 배경 지정하기
- 편집 용지 설정하기
- 머리말과 꼬리말 넣기
- 쪽 여백 지정과 보기 방법 지정하기

쪽 테두리/배경 지정하기

쪽 나누기

01 '독감접수확인증.hwp' 파일을 불러오기 한 후 **첫 번째 쪽의 첫 번째 줄에 커서를 이동**합니다. [쪽] 탭-[나누기] 그룹-[쪽 나누기(🔖)]를 클릭합니다.

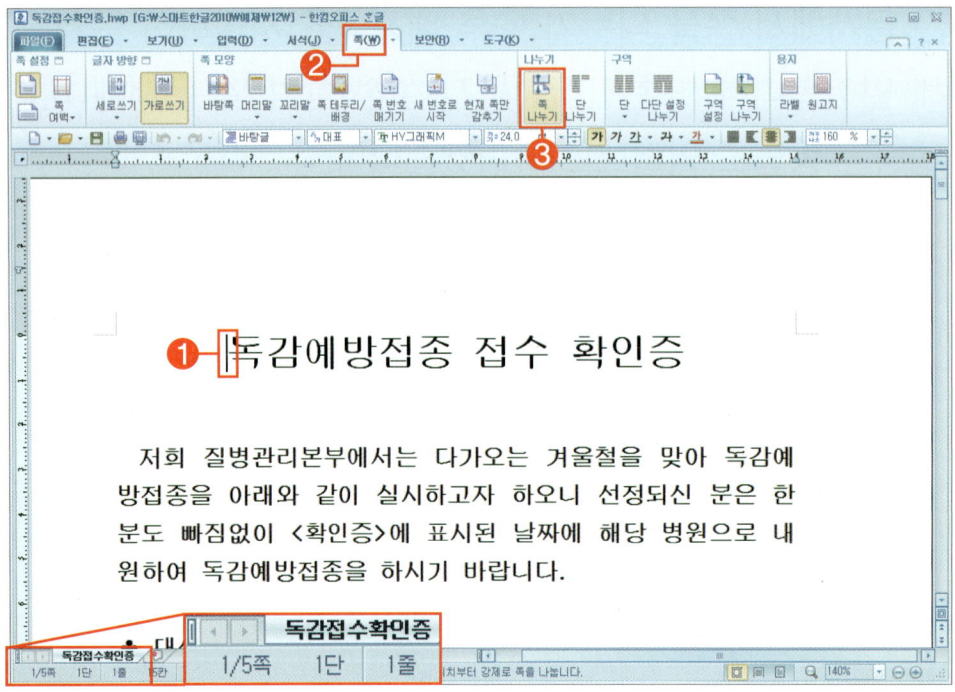

02 커서가 놓였던 위치 앞에 새로운 쪽이 만들어집니다. 새로 생긴 쪽에 그림과 같은 **내용을 입력**합니다.

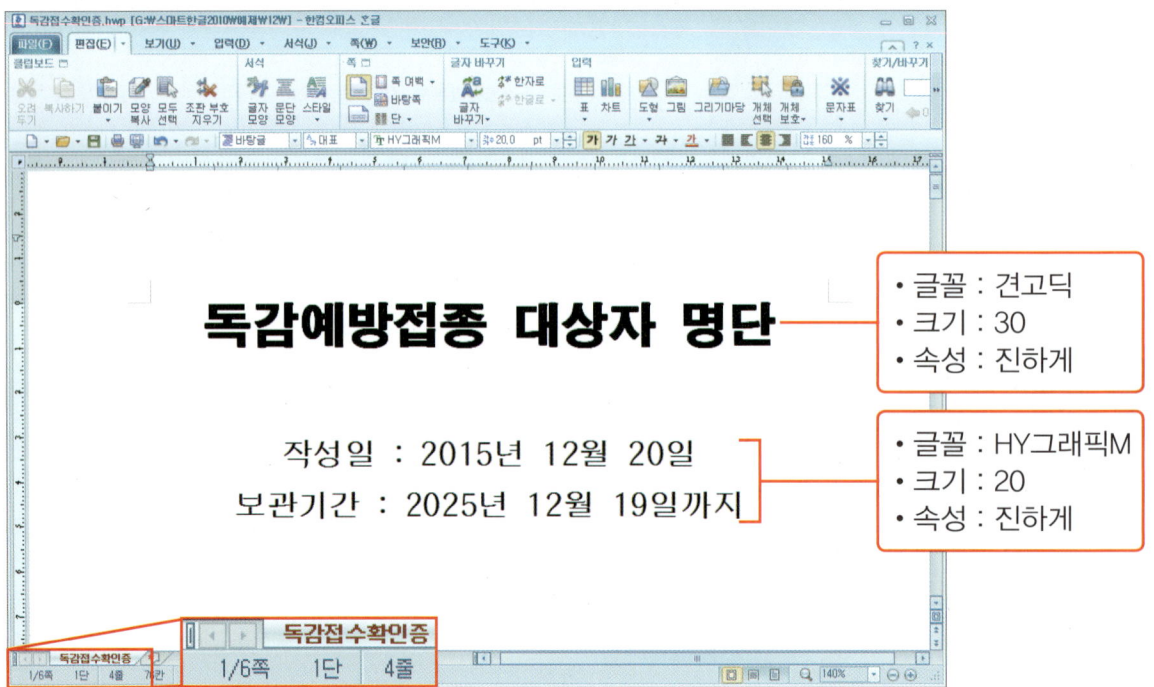

쪽 배경 색 지정하기

01 첫 번째 쪽에서 [쪽] 탭-[쪽 모양] 그룹-[쪽 테두리/배경(▣)]을 클릭합니다. [배경] 탭에서 [채우기]는 '그러데이션'을 클릭한 후, [유형]은 '나르시스'를 선택합니다.

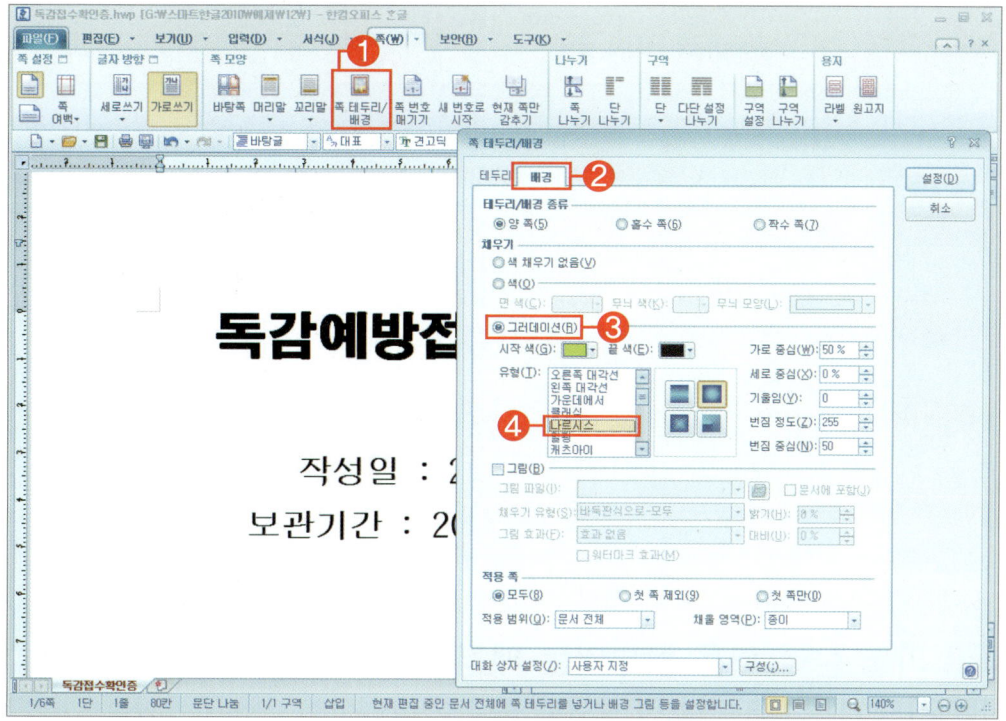

02 [끝 색]은 '초록(RGB : 0, 128, 0) 80% 밝게'를 선택합니다. [적용 쪽]은 '첫 쪽만'을 선택하고 [설정] 단추를 클릭합니다.

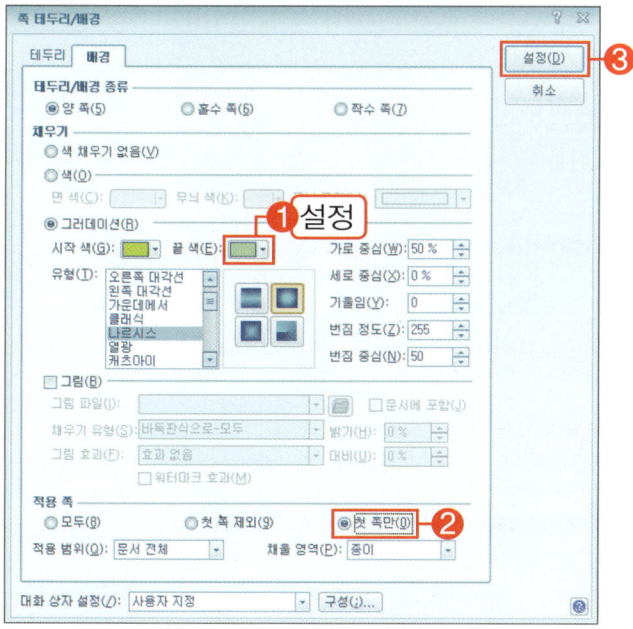

03 [파일]-[미리 보기] 메뉴를 선택하여 쪽에 배경이 적용된 것을 확인합니다.

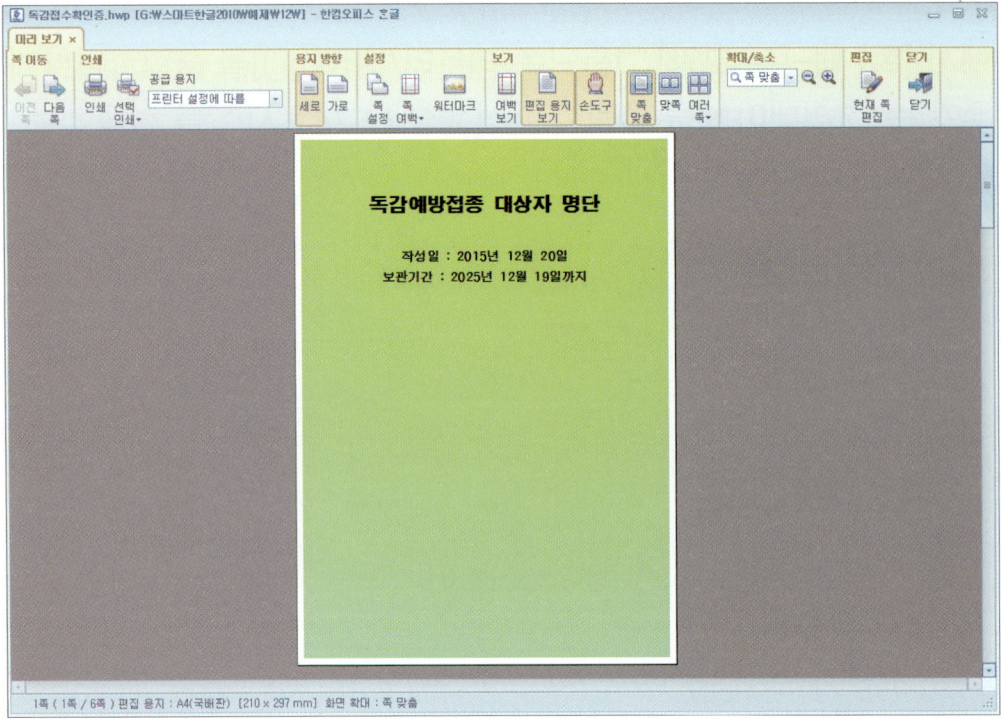

04 Page Down 키를 눌러 다음 쪽부터는 배경이 적용되지 않은 것을 확인한 후 [미리 보기] 탭-[닫기] 그룹-[닫기( )]를 클릭합니다.

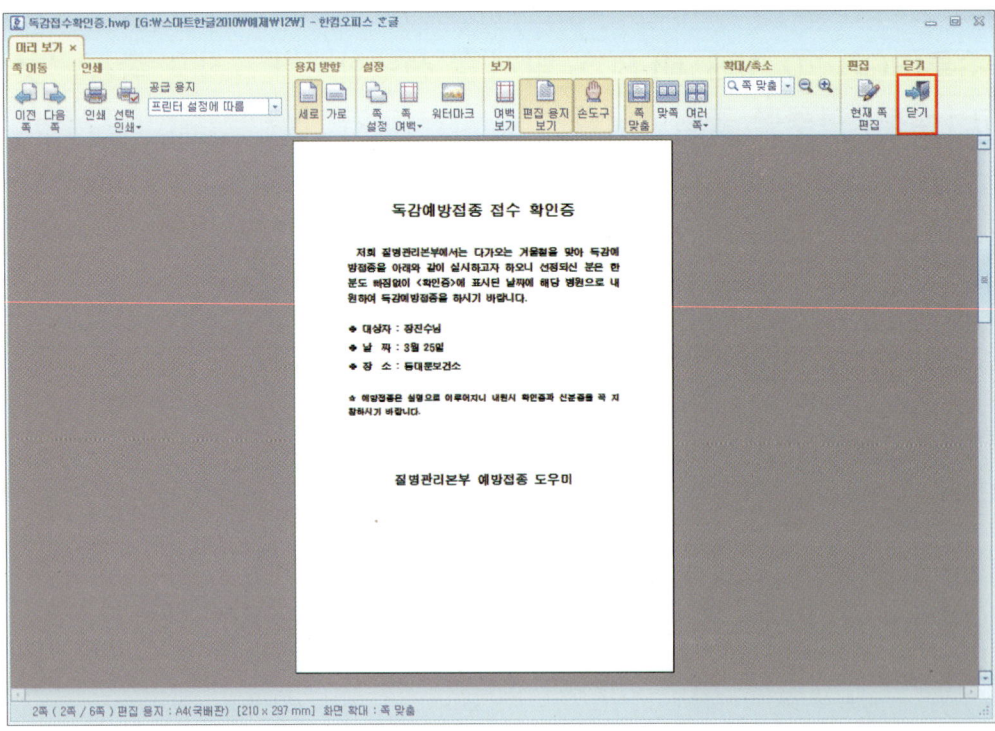

 ## 편집 용지 설정과 주석 넣기

편집 용지 설정하기

01 [쪽] 탭-[쪽 설정] 그룹의 그룹 이름(쪽 설정)을 클릭합니다.

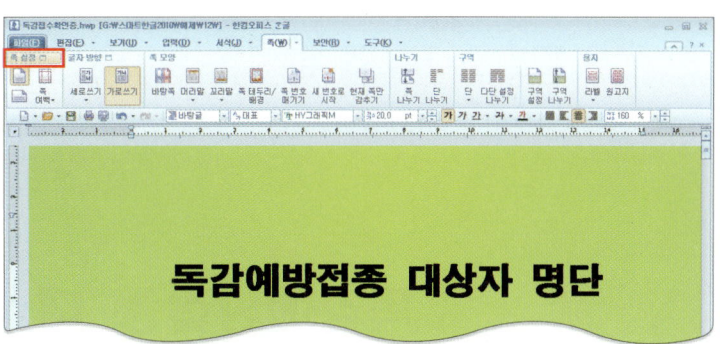

02 [편집 용지] 대화상자가 나타나면 용지 종류는 [종류]에서 'B5(46배판) [182x257 mm]'로 지정합니다. [용지 방향]은 '가로'를 클릭하고, [왼쪽] 용지 여백과 [오른쪽] 용지 여백 값은 '30mm'로 지정한 후, [설정] 단추를 클릭합니다.

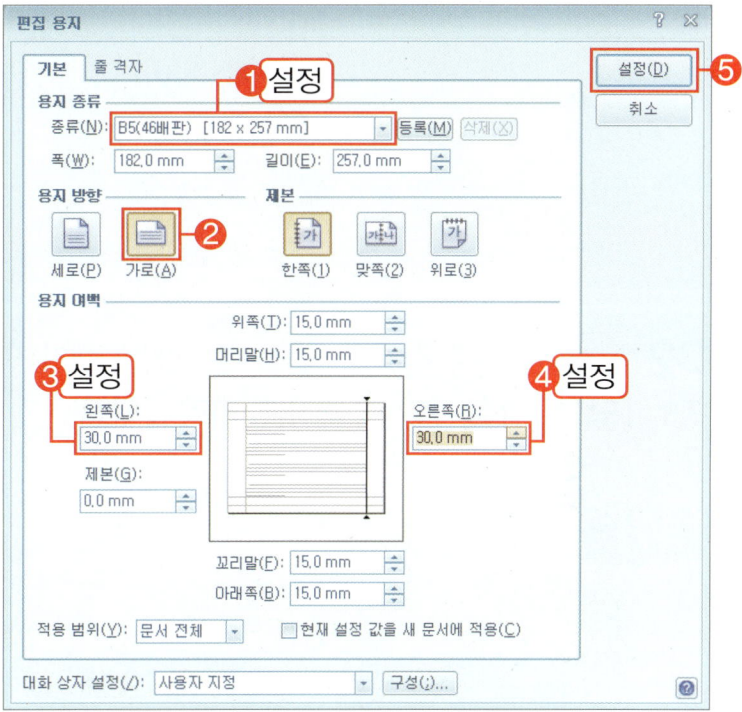

03 [파일]-[미리 보기] 메뉴를 선택하여 용지 종류와 여백이 변경된 것을 확인합니다. [미리 보기] 탭-[닫기] 그룹-[닫기]를 클릭합니다.

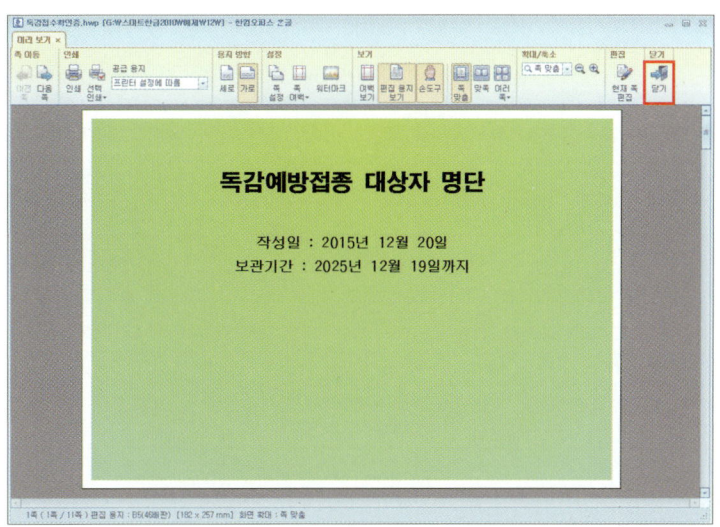

주석 넣기

01 첫 번째 쪽의 '독감' 글자 다음으로 커서를 이동한 후, [입력] 탭-[참조] 그룹-[각주(圖)]를 클릭합니다.

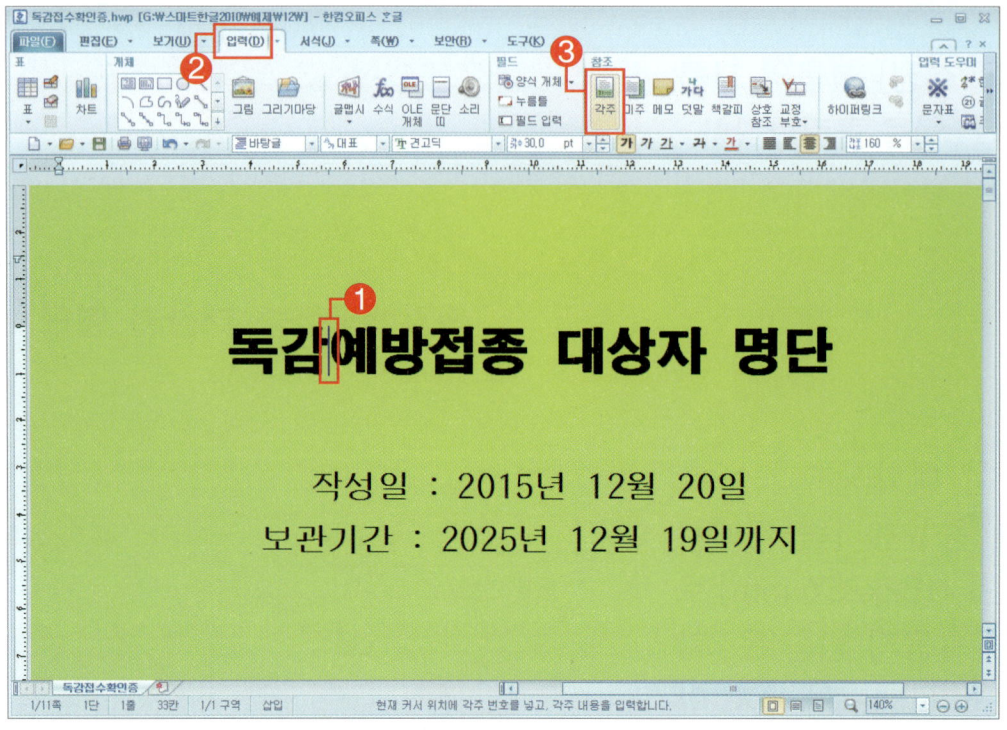

02 문서 아래에 각주를 넣을 수 있는 공간이 표시되면 **내용을 입력**하고 [주석] 탭-[닫기] 그룹-[닫기(圖)]를 클릭합니다.

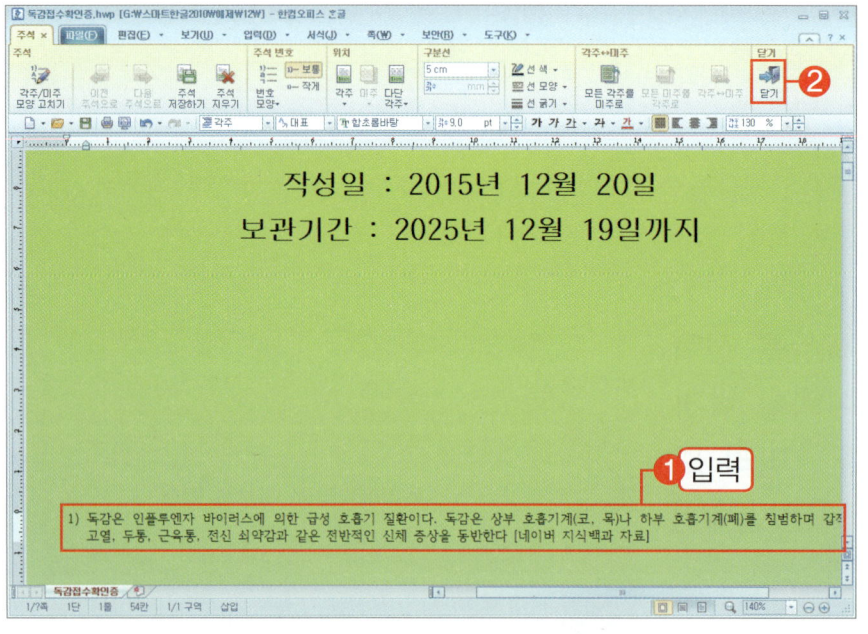

[입력 내용]

독감은 인플루엔자 바이러스에 의한 급성 호흡기 질환이다. 독감은 상부 호흡기계(코, 목)나 하부 호흡기계(폐)를 침범하며 갑작스런 고열, 두통, 근육통, 전신 쇠약감과 같은 전반적인 신체 증상을 동반한다 [네이버 지식백과 자료]

03 머리말/꼬리말 넣기

머리말 넣기

01 두 번째 쪽으로 이동한 후, [쪽] 탭-[쪽 모양] 그룹-[머리말(📄)]-[머리말/꼬리말]을 선택합니다.

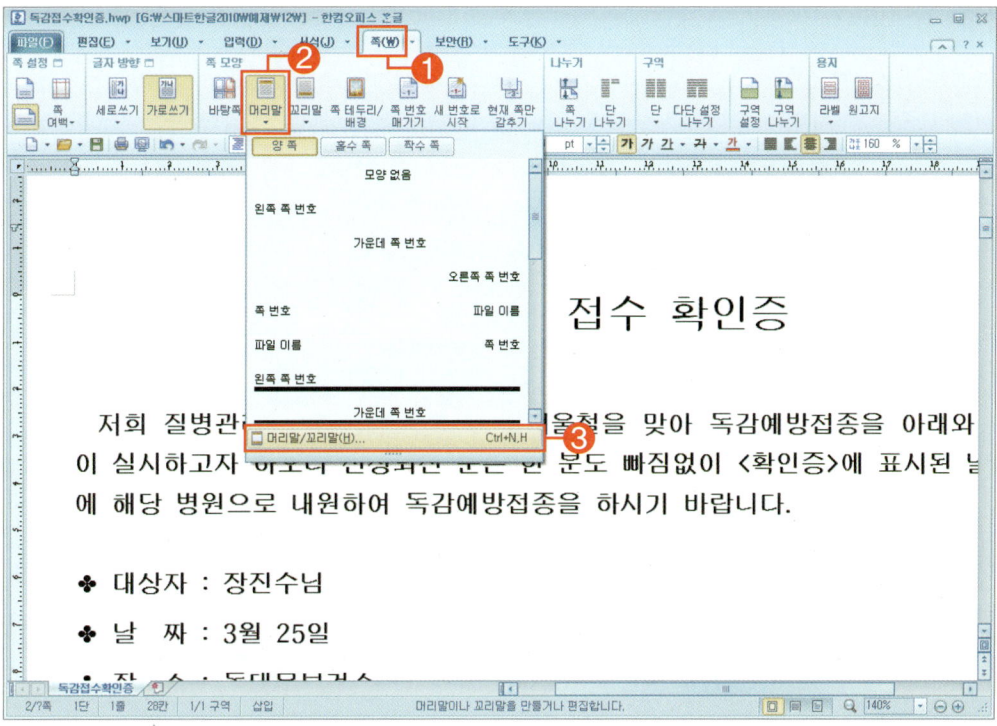

02 [머리말/꼬리말] 대화상자가 나타나면 [위치]를 '홀수 쪽'으로 선택하고 [만들기] 단추를 클릭합니다.

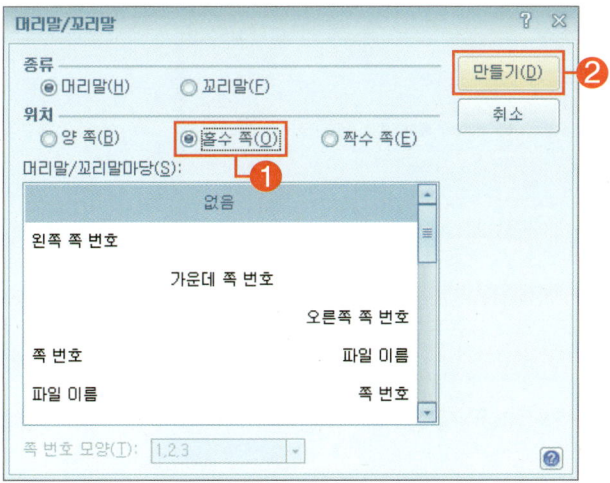

12 보관용 문서 만들기 • **127**

03 머리말 영역이 표시되면 **내용을 입력**하고 **[머리말/꼬리말] 탭-[닫기] 그룹-[닫기( )]**를 클릭합니다.

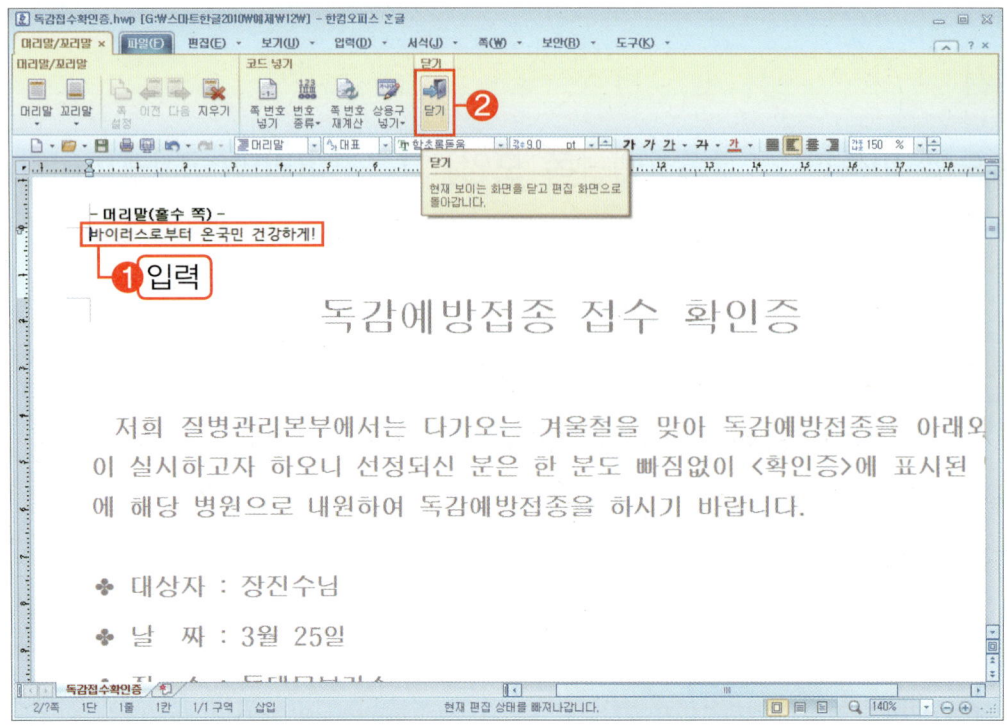

04 **[파일]-[미리 보기] 메뉴를 선택**하여 홀수 쪽에만 머리말이 표시되는 것을 확인합니다. **[미리 보기] 탭-[보기] 그룹-[맞쪽( )]을 클릭**하여 두 쪽을 함께 표시한 후, 비교해 봅니다. **[미리 보기] 탭-[닫기] 그룹-[닫기( )]**를 클릭합니다.

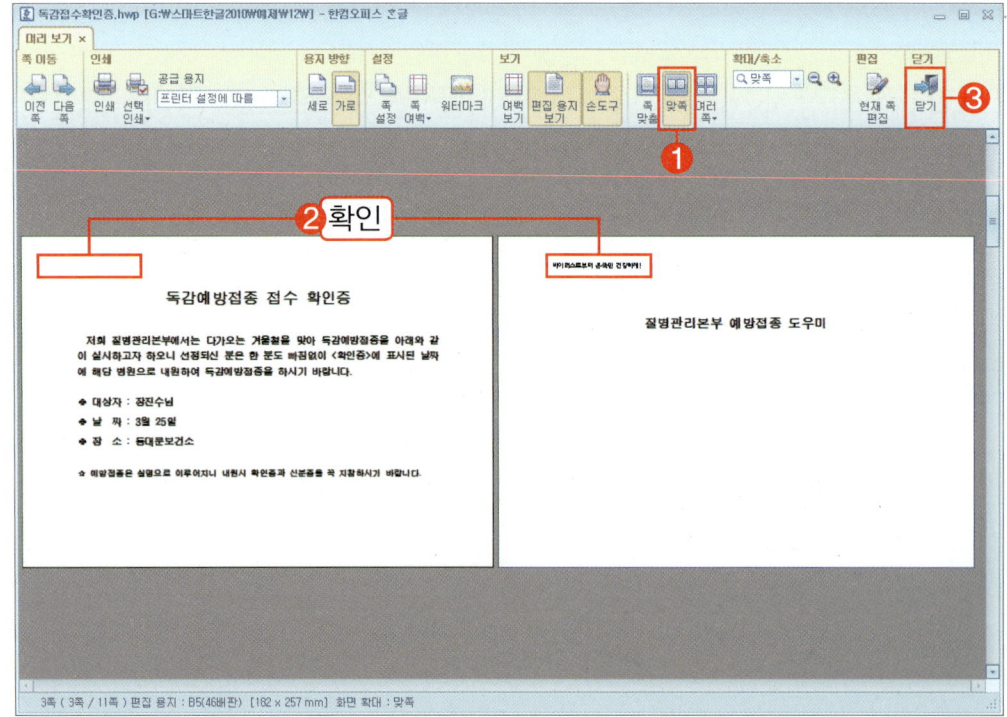

꼬리말 넣기

01 두 번째 쪽에서 [쪽] 탭-[쪽 모양] 그룹-[꼬리말( )]을 클릭합니다. 꼬리말 목록에서 가장 아래쪽 항목(파일 이름_쪽 번호)을 선택합니다.

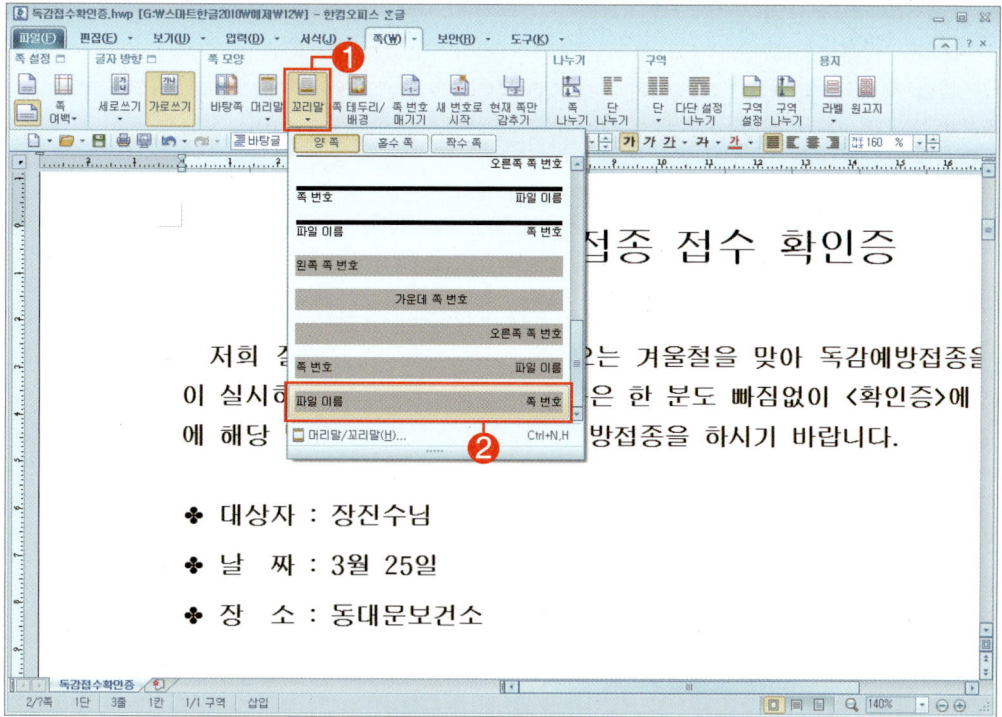

02 [파일]-[미리 보기] 메뉴를 선택하여 짝수 쪽과 홀수 쪽 아래에 '파일명'과 '쪽 번호'가 표시되는 것을 확인합니다.

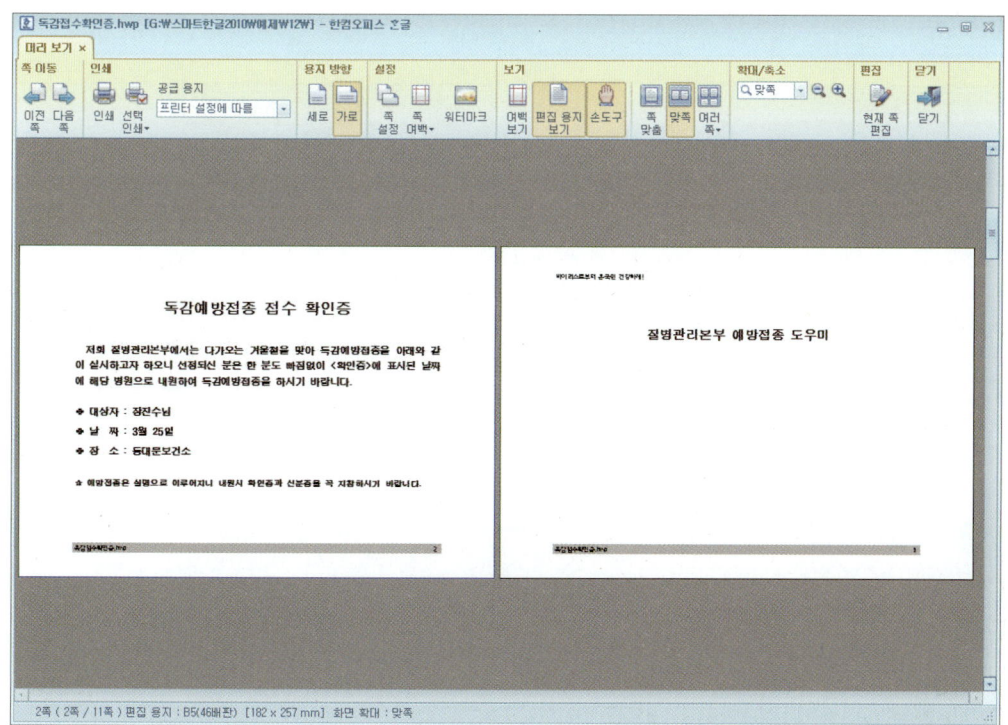

쪽 여백 지정하기

01 한 쪽에 표시되어야 하는 내용이 넘쳐 다음 쪽에 표시된 상태입니다. **[미리 보기] 탭-[보기] 그룹-[여백 보기(□)]를 클릭**해 설정된 여백을 확인합니다.

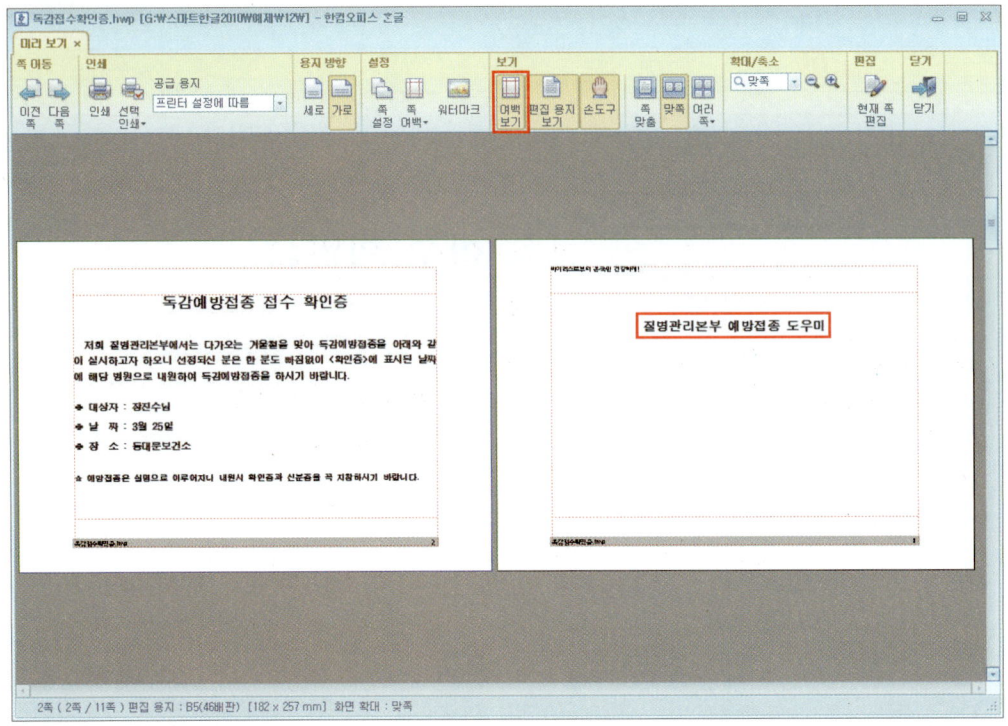

02 **[미리 보기] 탭-[설정] 그룹-[쪽 여백(□)]-[좁게]를 선택**합니다.

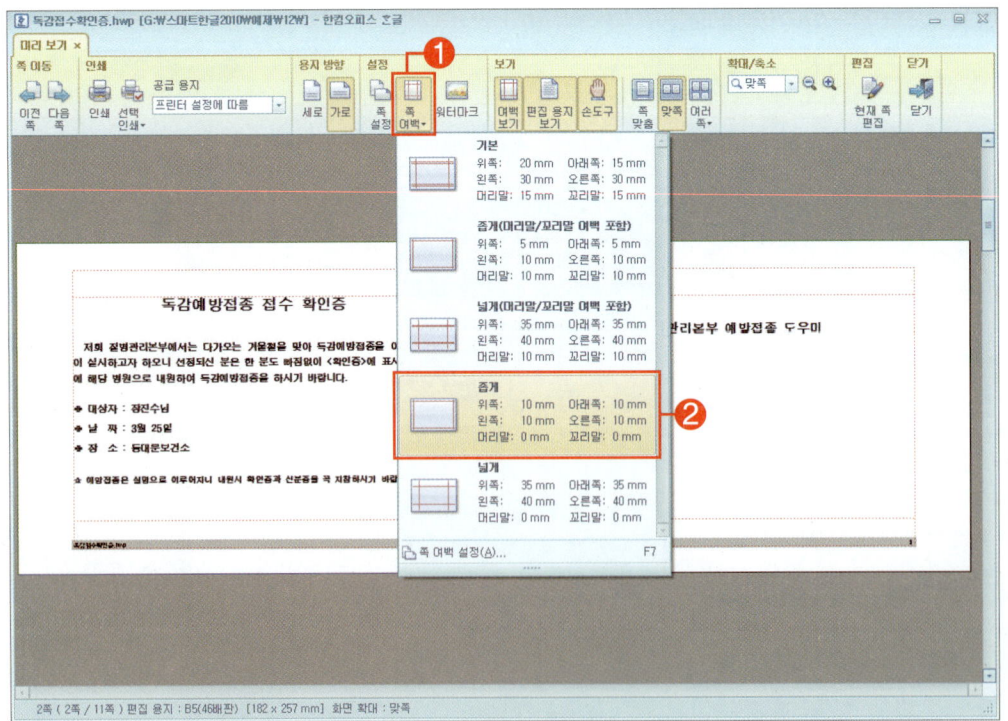

03 여백이 좁아지면서 다음 쪽으로 밀렸던 내용이 당겨집니다. [미리 보기] 탭-[보기] 그룹-[쪽 맞춤(圖)]을 클릭해 한 쪽으로 확인해 봅니다.

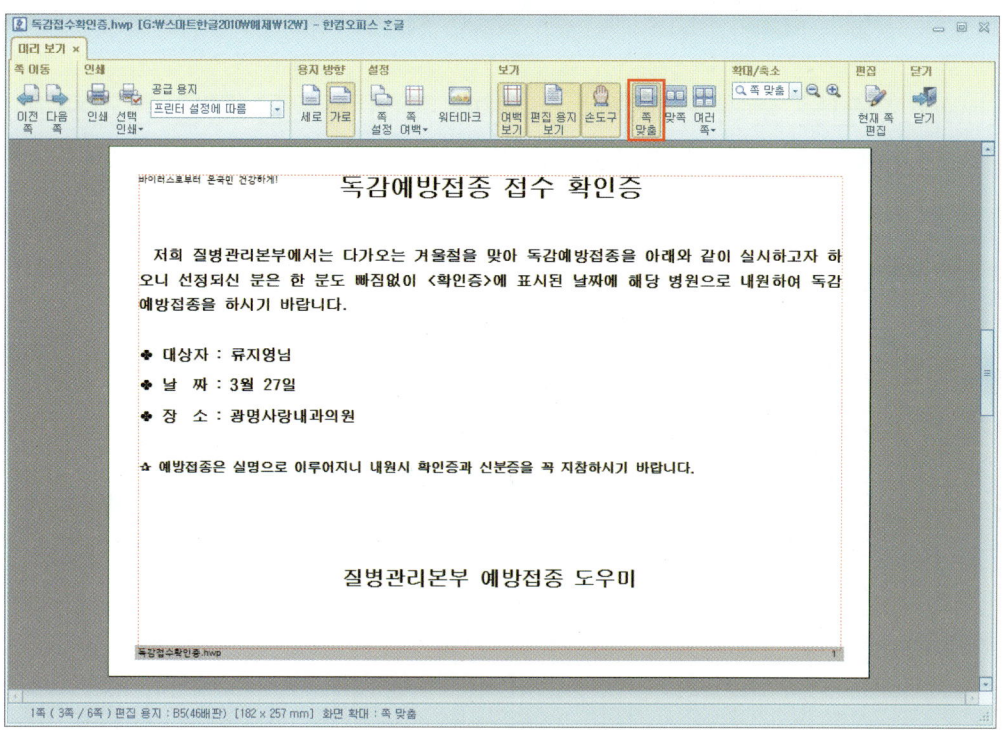

04 [여러 쪽(圖)]을 클릭한 후, '2×3'이 되도록 지정해 6개의 쪽 결과를 한 화면에서 확인합니다. [미리보기] 탭-[닫기] 그룹-[닫기(圖)]를 클릭합니다.

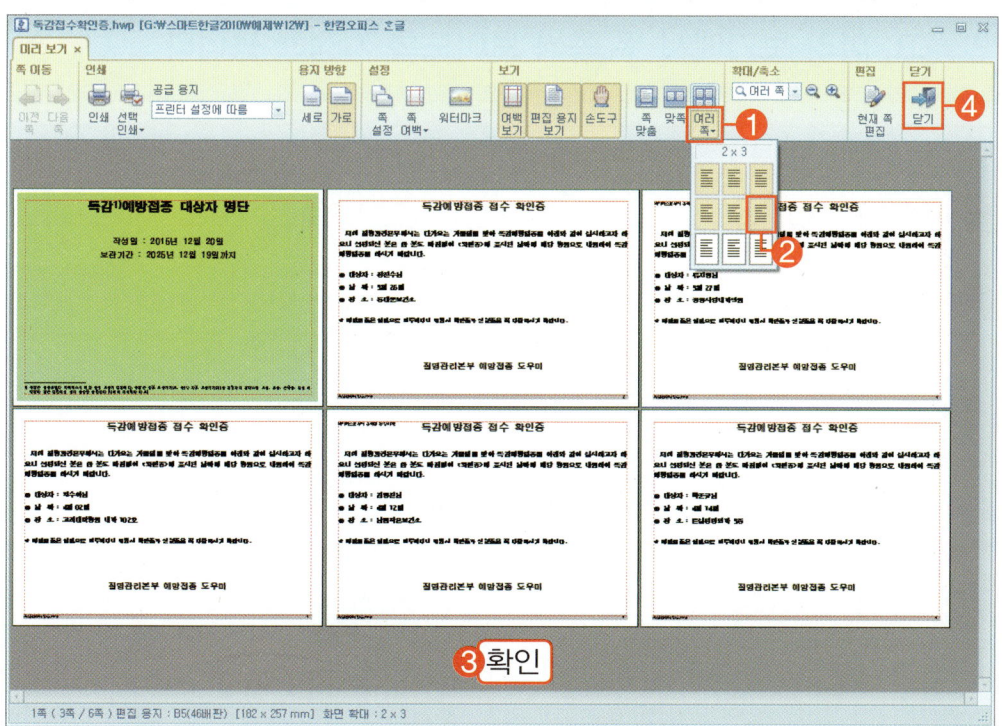

1 '회원발송.hwp' 파일을 불러오기하여 첫 번째 쪽에 새로운 쪽을 삽입하고 그림과 같이 첫 쪽에만 배경을 지정해 봅니다.

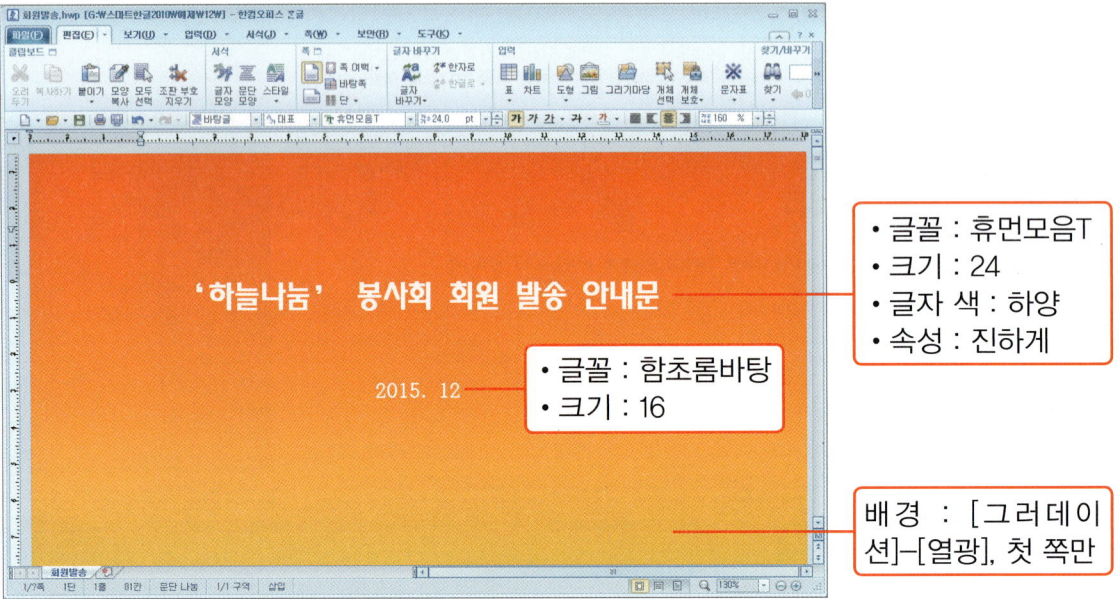

2 첫 쪽을 제외한 모든 쪽에 그림과 같이 '쪽 번호'와 '파일 이름'이 표시되도록 머리말을 만들고, 미리 보기에서 두 쪽씩 보이도록 지정해 봅니다.

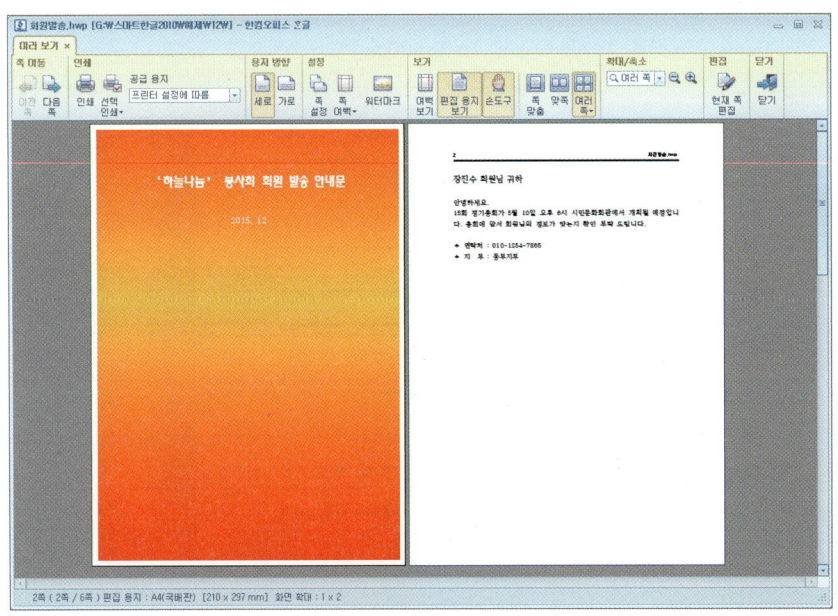

도움터

- 머리말 : 양쪽, [쪽 번호   파일 이름]
- 미리 보기 : [여러 쪽]–[2×2]

13 통일성 있는 문서 만들기

이번 장에서는 문서의 전체적인 통일성을 유지하기 위해 서식을 복사하여 다른 글자(문단)에 적용하는 방법에 대해 알아봅니다. 또한 찾아 바꾸기 기능을 이용해 단어를 통일하고 특정 도형에 하이퍼링크를 삽입하여 참조된 웹페이지로 바로 이동할 수 있는 방법도 익혀보도록 하겠습니다.

01강 프로그램 환경 변경하기

오늘의 학습!!
* 프로그램을 설치하고 한글 메뉴로 변경해 보자.

02강 스위트홈3D 시작하기

오늘의 학습!!
* 프로그램의 환경값을 변경해 보자.
* 파일을 열고 작업화면을 살펴 보자.

 무엇을 배울까요?

→ 서식 복사하기
→ 찾아 바꾸기
→ 하이퍼링크 삽입하기
→ 쪽 번호 매기기

서식 복사하기

01 '메뉴설명.hwp' 파일을 불러오기한 후, '01강' 글자 앞으로 커서를 이동합니다. [편집] 탭-[클립보드] 그룹-[모양 복사( )]를 클릭합니다. [모양 복사] 대화상자가 나타나면 '**글자 모양**'을 선택하고 [복사] 단추를 클릭합니다.

02 상황 선의 **쪽 표시 영역을 클릭**합니다. [찾아가기] 대화상자가 나타나면 '**쪽**'을 **선택**한 후 '**5**'를 **입력**하고 [가기] 단추를 클릭합니다.

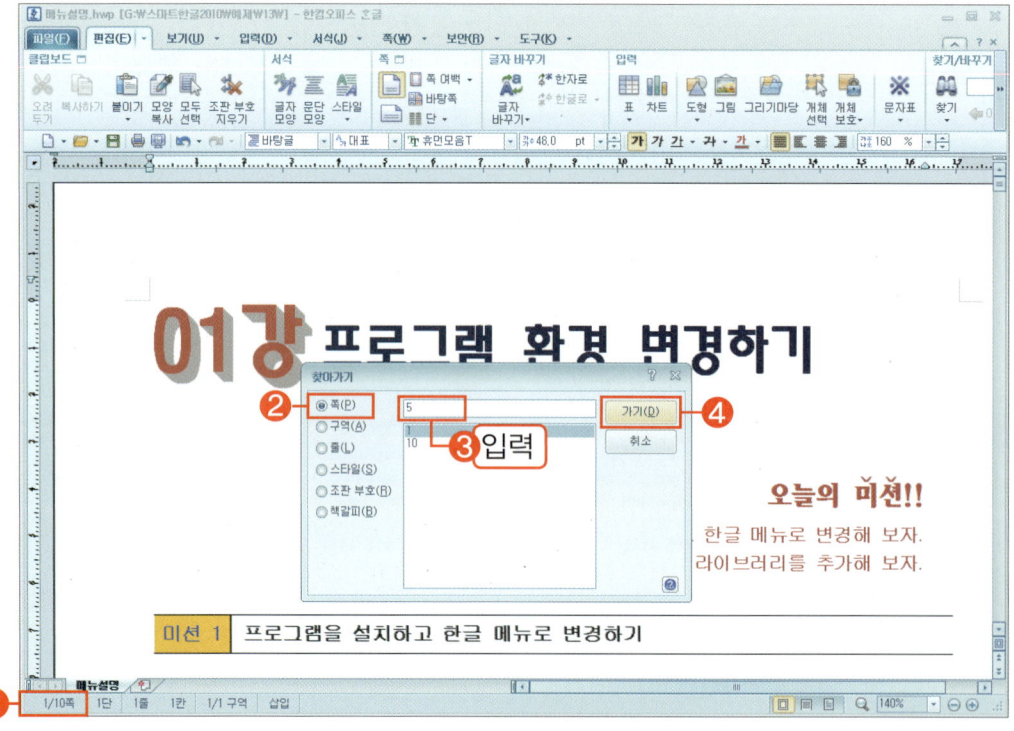

03 화면이 5쪽으로 이동합니다. '02강' 글자를 블록 지정한 후 [편집] 탭-[클립보드] 그룹-[모양 복사(　)]를 클릭합니다.

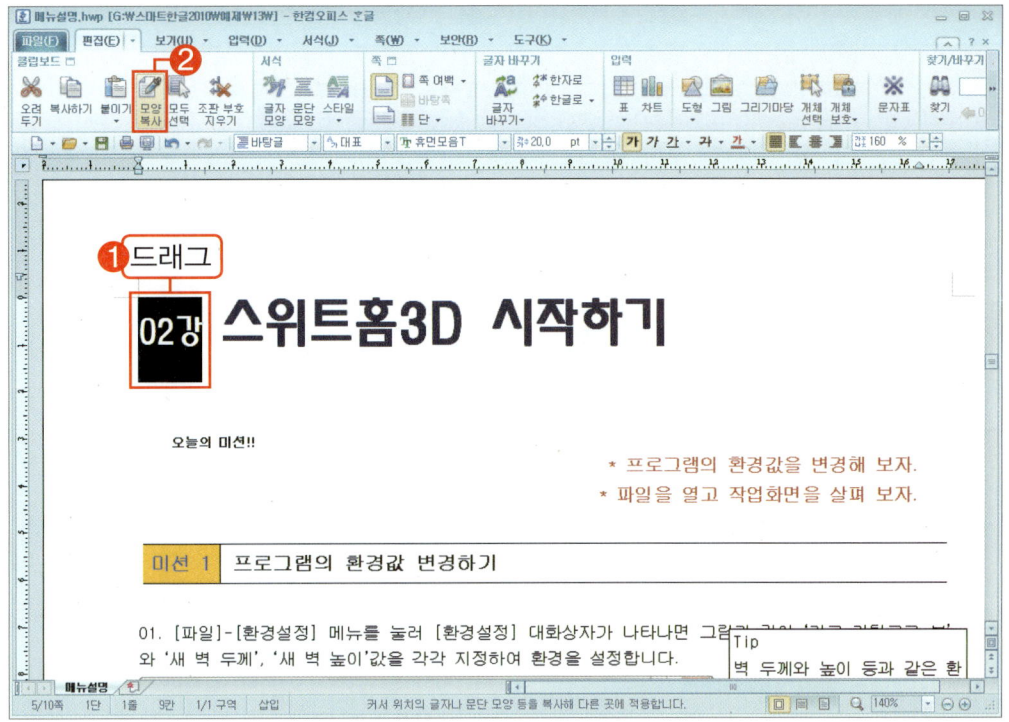

04 '01강'에서 복사한 글자 모양 서식이 '02강' 글자에 적용되는 것을 확인합니다.

05 상황 선의 **쪽 표시 영역을 클릭**합니다. [찾아가기] 대화상자가 나타나면 **'쪽'을 선택**한 후 **'1'을 입력**하고 [가기] 단추를 클릭합니다.

06 '오늘의' 글자 앞으로 커서를 이동한 후 [모양 복사(✎)]를 클릭합니다. 이번에는 '글자 모양과 문단 모양 둘 다 복사'를 선택하고 [복사] 단추를 클릭합니다.

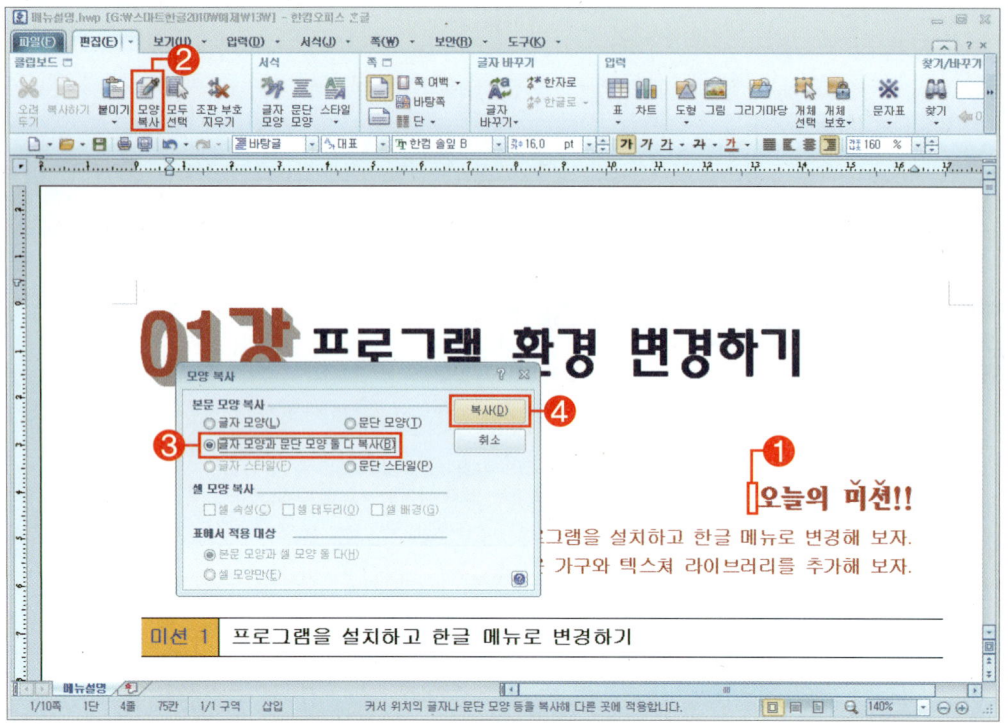

07 상황 선의 **쪽 표시 영역**을 클릭합니다. [찾아가기] 대화상자가 나타나면 **'쪽'**을 선택한 후 **'5'를 입력**하고 [가기] 단추를 클릭합니다.

08 '오늘의 미션' 글자를 블록 지정한 후 [모양 복사(✎)]를 클릭합니다. 글자 모양과 문단 모양 서식이 적용되는 것을 확인합니다.

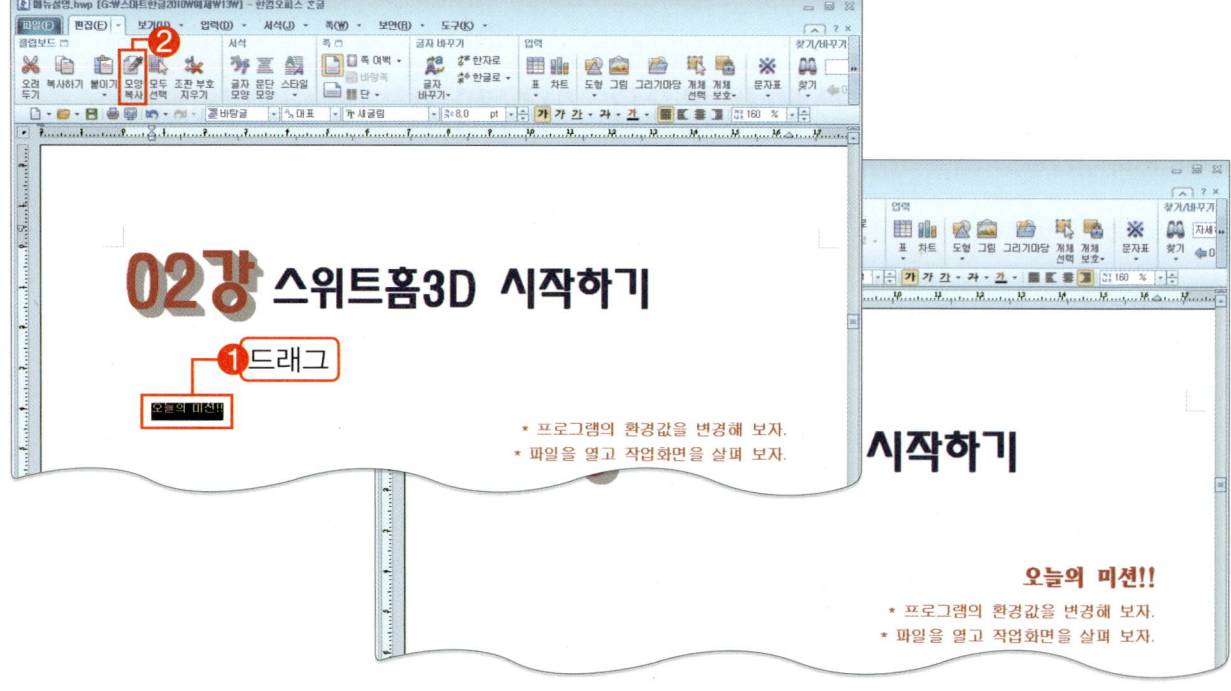

02 찾아 바꾸기 및 하이퍼링크 삽입하기

찾아 바꾸기

01 [편집] 탭-[찾기/바꾸기] 그룹-[찾기(찾기)]-[찾아 바꾸기]를 선택합니다.

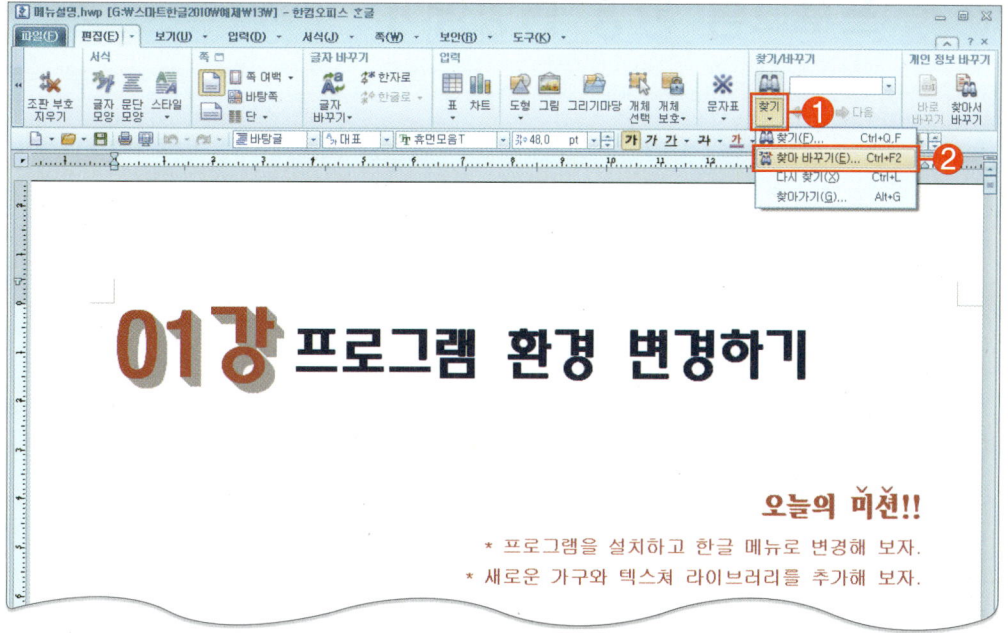

02 [찾을 내용]에 '미션', [바꿀 내용]에 '학습'을 각각 입력합니다. [찾을 방향]은 '문서 전체'를 선택한 후 [모두 바꾸기] 단추를 클릭합니다.

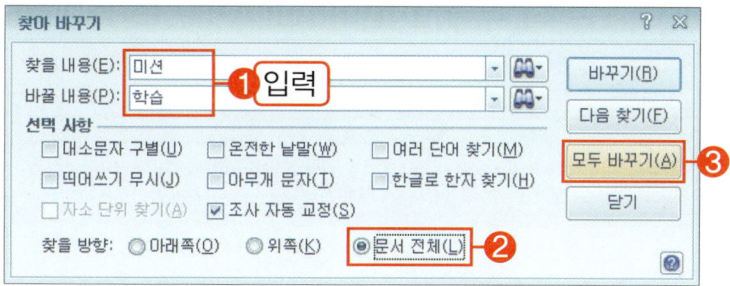

03 바꾸기 결과 횟수를 표시하는 대화상자가 표시되면 [확인] 단추와 [닫기] 단추를 순서대로 클릭합니다.

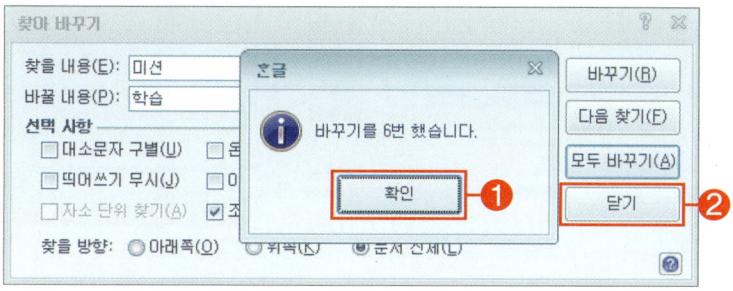

04 문서의 모든 '미션' 글자가 '학습'으로 변경된 것을 확인합니다.

하이퍼링크 삽입하기

01 상황 선의 **쪽 표시 영역을 클릭**합니다. [찾아가기] 대화상자가 나타나면 **'쪽'을 선택**한 후 **'4'를 입력**하고 [가기] 단추를 **클릭**합니다.

02 'Click' 도형을 **선택**한 후 [입력] 탭-[참조] 그룹-[하이퍼링크( )]를 **클릭**합니다.

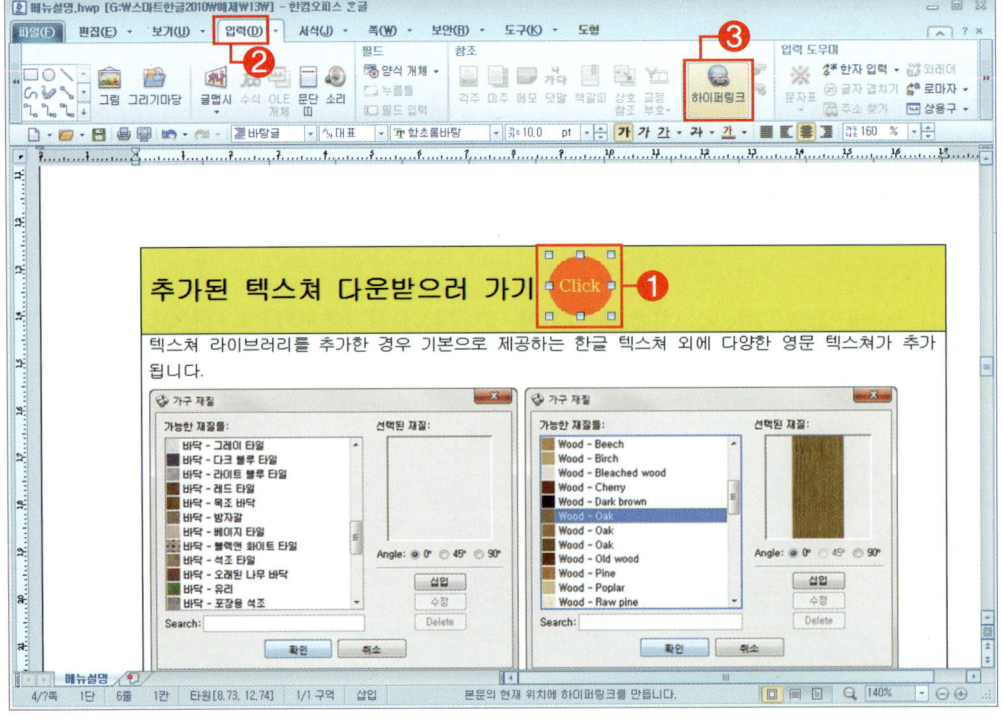

03 [연결 종류]를 '웹 주소'로 선택하고 [연결 대상] 입력란에 'http://www.naver.com'을 입력한 후 [넣기] 단추를 클릭합니다.

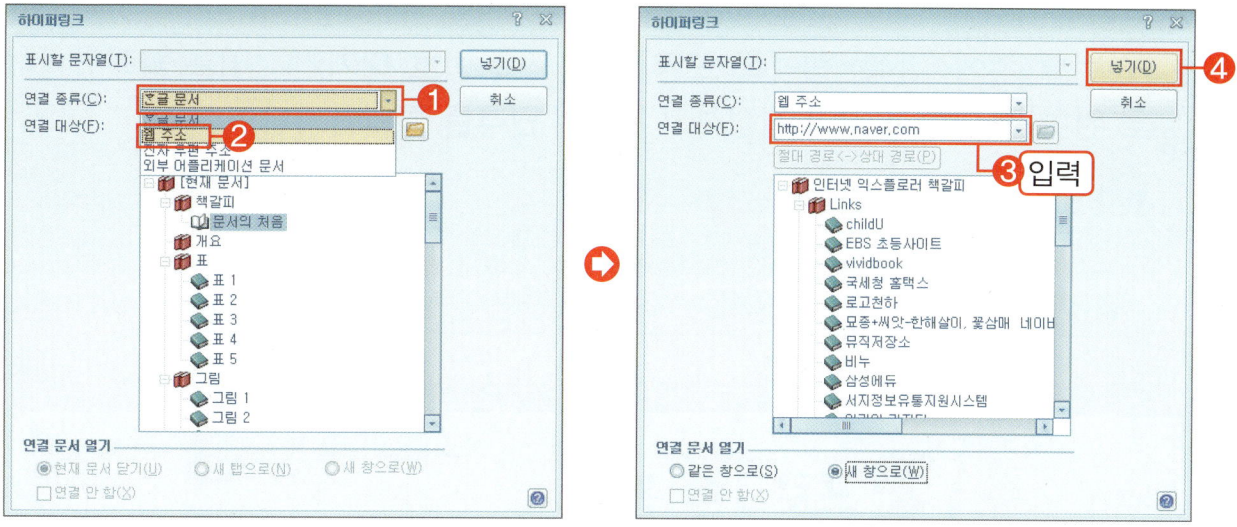

04 Esc 키를 눌러 도형 선택을 해제한 후 'Click' 도형에 마우스 포인터를 위치하면 마우스 포인터 모양이 '링크 선택(👆)' 모양으로 변경됩니다. **클릭**하면 연결된 웹 페이지가 실행됩니다.

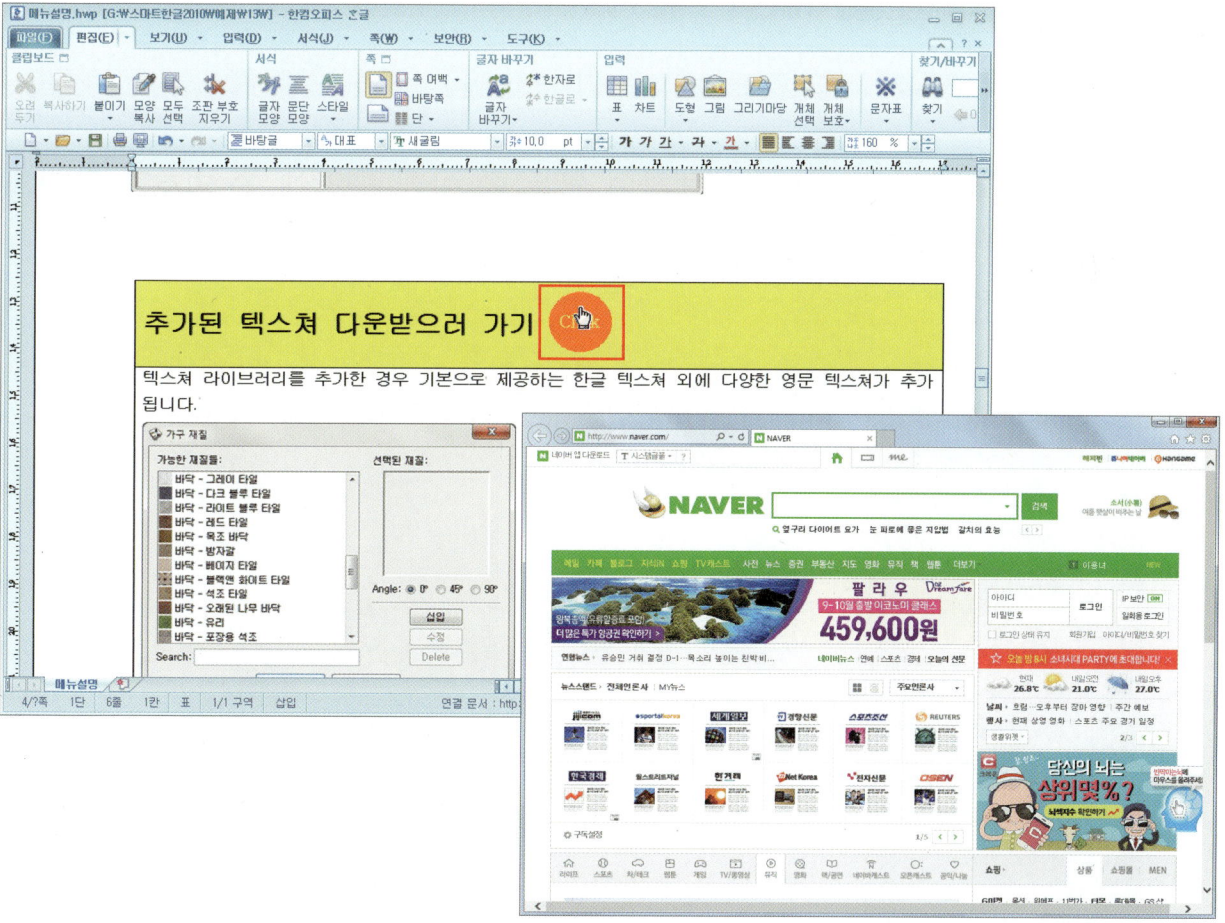

쪽 번호 매기기

01 첫 번째 쪽에서 [쪽] 탭-[쪽 모양] 그룹-[쪽 번호 매기기()]를 클릭합니다. [번호 위치]를 그림과 같이 지정하고 [넣기] 단추를 클릭합니다.

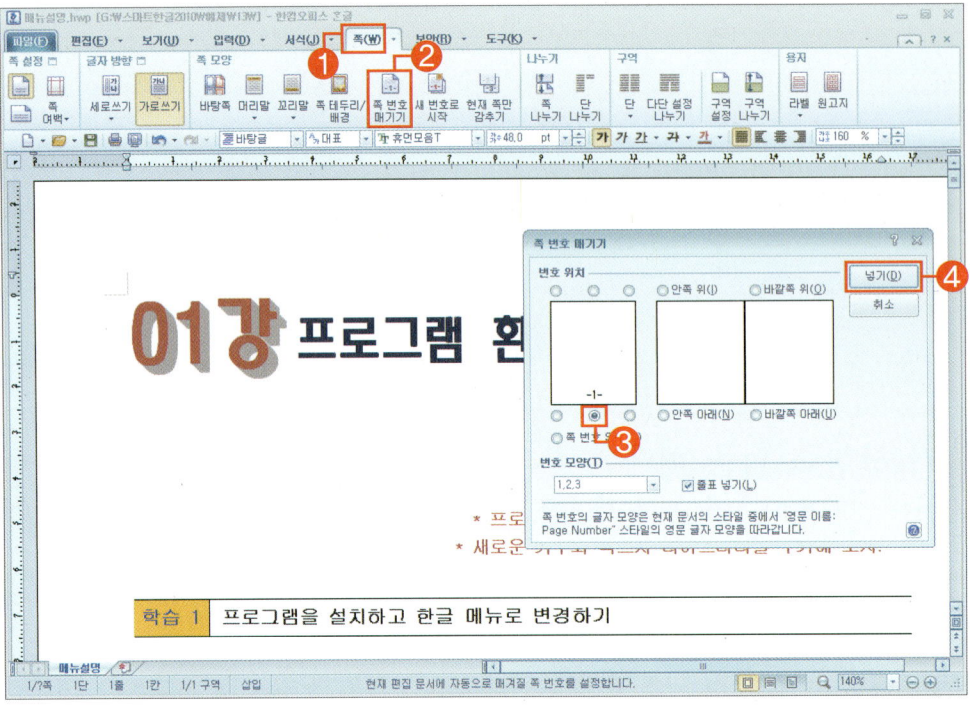

02 [파일]-[미리 보기] 메뉴를 선택하여 모든 쪽 아래 중앙에 **쪽 번호가 표시되는 것**을 확인합니다. [미리 보기] 탭-[닫기] 그룹-[닫기()]를 클릭합니다.

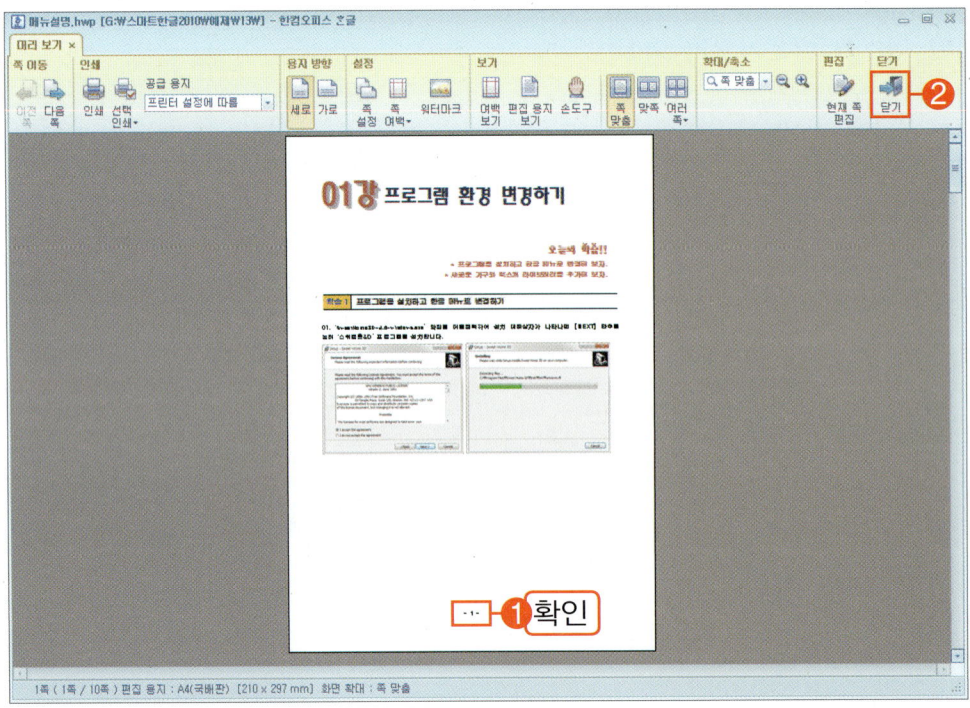

1 '보험약관.hwp' 파일을 불러오기하여 첫 번째 쪽 '제1조(보험계약의 성립)'에 적용된 글자 모양 서식을 다른 항목에 복사해 봅니다.

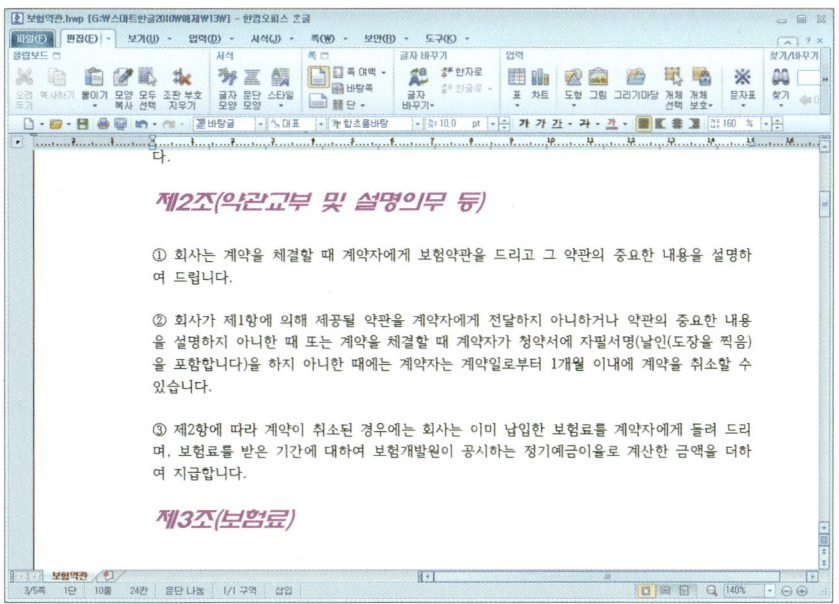

2 찾아 바꾸기 기능을 이용해 모든 '회사'를 '개인'으로 바꾸기하고, 그림을 클릭할 경우 '네이버' 홈페이지로 이동되도록 하이퍼링크를 설정해 봅니다.

- 네이버 주소 : http://www.naver.com

오피스 앱

◎ 다양한 오피스 앱

오피스 앱을 활용하면 doc, docx, ppt, pptx, xls, xlsx, hwp, pdf 등의 파일 형식을 가진 파일들을 스마트폰에서 보거나 편집할 수 있습니다.

▲ 폴라리스 오피스　　　▲ 한컴오피스 (한컴스페이스)　　　▲ OfficeSuite + PDF Editor

선택한 앱에 따라 지원되는 기능 및 구성이 다릅니다. 앱을 검색한 후 [앱 정보]를 터치하면 특징과 기능에 대한 설명을 살펴볼 수 있습니다.

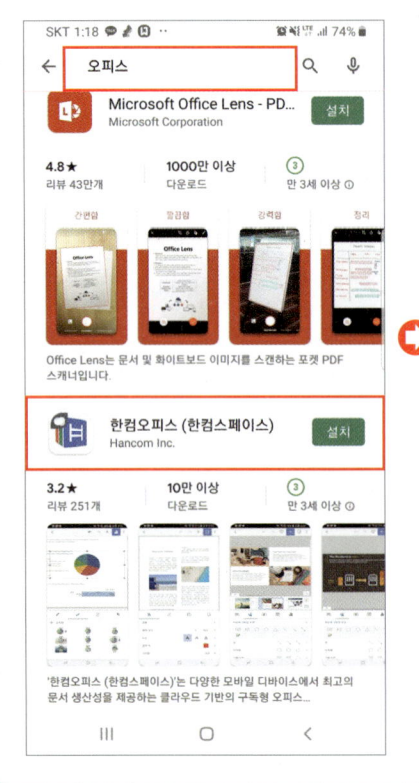 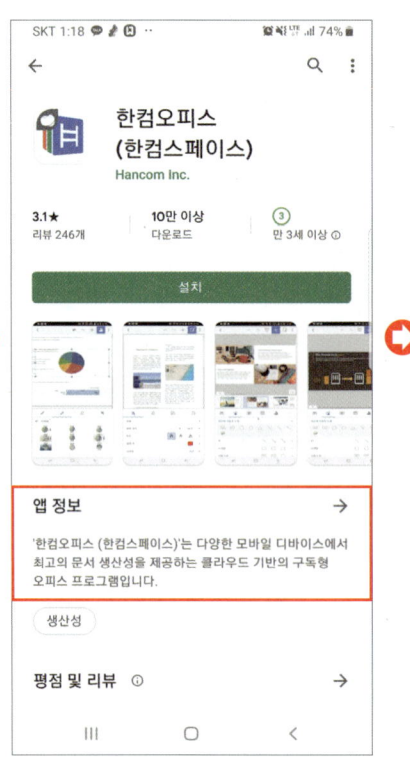 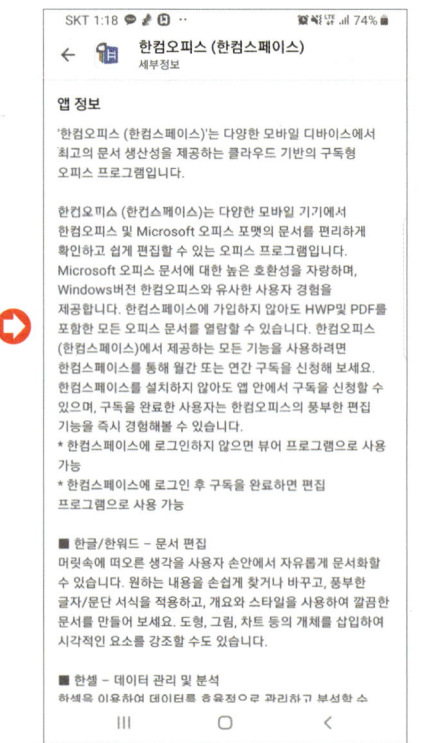

◎ 한컴 오피스 살펴보기

한글, 한셀, 한쇼, 한워드가 설치됩니다. 문서마당을 통해 무료로 제공되는 다양한 양식을 볼 수 있으며, 로그인을 하지 않으면 읽기 전용으로 문서를 열어 볼 수 있습니다. 로그인을 한 후 유료 서비스를 가입하면 글자 및 문단 서식을 적용하고, 도형과 그림 등의 개체를 삽입하는 등의 문서 편집을 할 수 있습니다.

▲ 첫 화면 　　　　▲ 문서마당 　　　　▲ 문서 보기

◎ 폴라리스 오피스 살펴보기

문서 보기 및 문서 작성, 편집이 가능합니다.

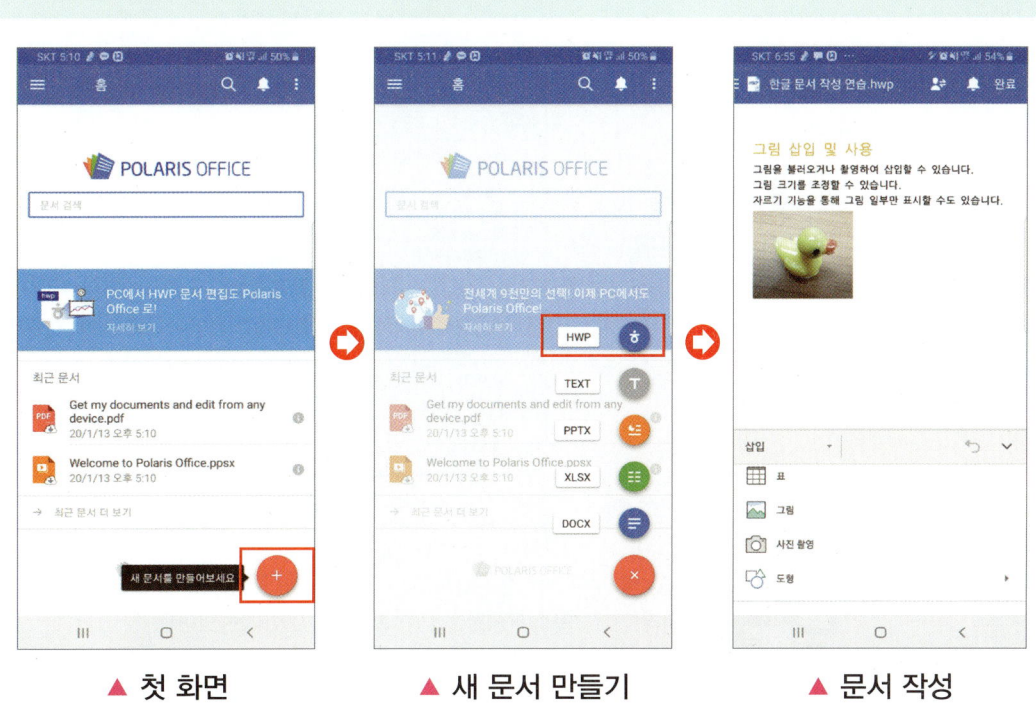

▲ 첫 화면 　　　　▲ 새 문서 만들기 　　　　▲ 문서 작성

소스파일 다운로드 방법

01 인터넷을 실행하여 시대인 홈페이지에 접속합니다.
　※ www.sdedu.co.kr/book

02 [로그인]을 합니다.
　※ '시대' 회원이 아닌 경우 [회원가입]을 클릭하여 가입한 후 로그인합니다.

03 화면 아래쪽의 [빠른 서비스]에서 [자료실]을 클릭합니다.

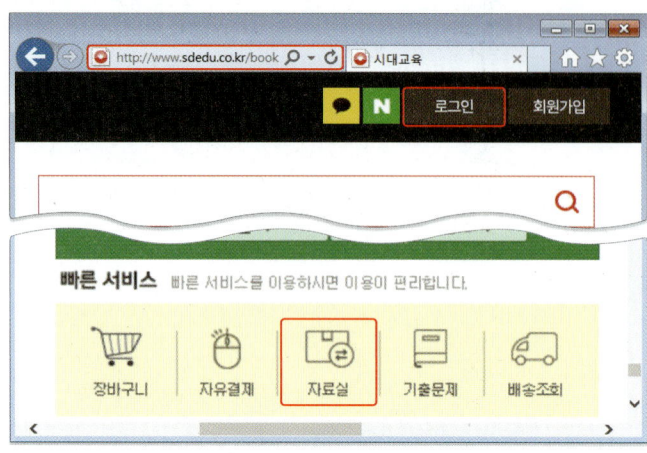

04 [프로그램 자료실]을 클릭합니다.

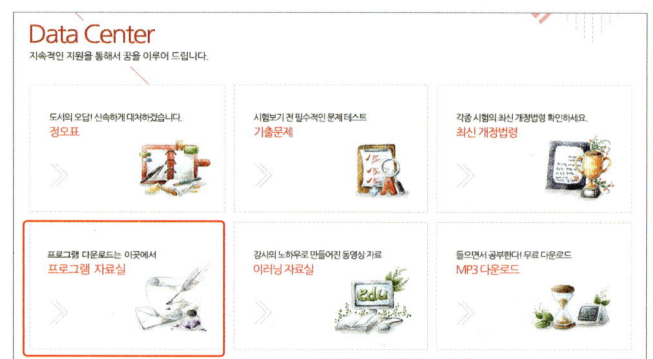

05 목록에서 학습에 필요한 자료 파일을 찾아 선택합니다.
　※ 검색란을 이용하면 목록을 줄일 수 있습니다.

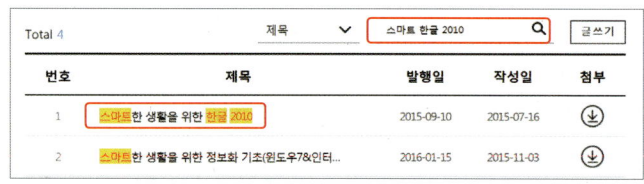

06 첨부된 zip(압축 파일) 파일을 클릭하여 사용자 컴퓨터에 저장합니다.

07 압축을 해제한 후, 연습을 시작합니다.
　※ 프로그램(s/w)은 제공하지 않습니다.

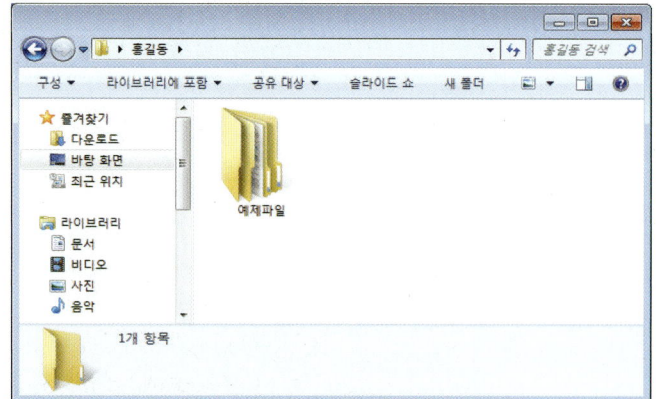

듬꾹이, 담꾹이, 꾹꾹이는 독자를 생각하는 마음으로 더 알찬 정보와 지식들을 듬뿍 도서에 담았다는 의미로 탄생하게 된 '시대인'의 브랜드 캐릭터입니다.